船舶智能避碰与操纵

李 冰 刘洪丹 著

科学出版社

北 京

内 容 简 介

本书以船舶控制的理论以及船舶智能避碰研究为基础,在介绍船舶运动模型、船舶受力分析以及船舶航向控制的基础上,对船舶碰撞危险度进行建模,从而实现了基于智能算法的船舶智能避碰策略,并对避碰策略的避碰效果提出了评估方案。本书全面系统地阐述了船舶智能避碰的全过程,为船舶智能避碰技术的实现提供了有价值的研究思路,有利于船舶智能避碰技术的应用发展。

本书适用于智能船舶领域的科研人员,也可供船舶与海洋工程、控制科学与工程等专业的研究生、高年级本科生使用。

图书在版编目（CIP）数据

船舶智能避碰与操纵 / 李冰,刘洪丹著. —北京：科学出版社,2023.11
ISBN 978-7-03-071146-5

Ⅰ. ①船… Ⅱ. ①李… ②刘… Ⅲ. ①船舶避让操纵②船舶航行－避碰规则 Ⅳ. ①U675.96②U692.1

中国版本图书馆 CIP 数据核字（2021）第 272597 号

责任编辑：姜 红 韩海童 / 责任校对：邹慧卿
责任印制：徐晓晨 / 封面设计：无极书装

科 学 出 版 社 出版
北京东黄城根北街 16 号
邮政编码：100717
http://www.sciencep.com

天津市新科印刷有限公司 印刷
科学出版社发行　各地新华书店经销
*

2023 年 11 月第 一 版　开本：720×1000　1/16
2024 年 1 月第二次印刷　印张：13
字数：262 000
定价：128.00 元
（如有印装质量问题，我社负责调换）

前　言

船舶碰撞事故可能会造成人员伤亡、财产损失，也可能会对生态环境造成破坏，因此它是航海安全和海洋环境保护领域科研人员一直以来关注的问题。尤其是在海上运输业繁荣发展、海洋环境复杂的情况下，如何为船舶驾驶员提供合理的导航信息这一问题得到了广泛的研究。与此同时，随着《1972年国际海上避碰规则》（简称《国际海上避碰规则》）的出台，航海界专家、学者和船舶驾驶人员对规则和惯例进行了大量深入的探讨和研究，重视对船舶避碰问题的研究和实践。在此基础上，人们开始用信息论、系统论和控制论的观点研究海上避碰问题，取得了不少成果。船舶自动决策研究不仅是海上自动化系统研究的关键技术，也是国防航海学术界一直以来重点关注的前沿课题。

作者基于对船舶运动模型的分析，以在船舶避碰实现过程中涉及的船舶信息的接收与分析、目标跟踪、碰撞危险度分析、会遇局面的判断、智能避碰的实现为主线，完成本书撰写。本书共分为5章。第1章介绍了船舶智能避碰技术研究的背景和意义，船舶碰撞危险度模型及船舶智能避碰技术的研究现状，为后续船舶智能避碰奠定基础。第2章介绍了船舶运动模型的分析，船舶受力分析，以及船舶航向控制的基本原理。第3章是船舶数据的处理，包括船用数据的解析与预测，以及船舶自动识别系统与北斗导航卫星系统的融合，提高船舶航迹信息的有效性。第4章分析影响船舶碰撞危险度的因素，介绍了两船和多船的碰撞危险度分析模型，并通过全局敏感性以及不确定性分析，评价船舶碰撞危险度模型的性能。第5章为船舶智能避碰策略，分别以量子狼群算法、细菌觅食算法完成对两船和多船的避碰路径规划，并提出了智能避碰方案评估方法。

本书在撰写过程中得到了哈尔滨工程大学智能科学与工程学院刘胜教授的大力支持，在此深表谢意。同时也对参与本书资料整理的邓蓉、刘琪、张若曦、白若兰、张杰、李铭泽表示深深的感谢。

船舶智能避碰的研究由来已久，海上环境复杂多变，技术发展及应用也日新月异，本书意在抛砖引玉，期待更多更好的船舶智能避碰技术能够实现，但由于作者学术水平有限，书中难免有不妥之处，希望读者批评指正。

作　者
2022年12月

目　录

前言

第1章　绪论 ··· 1
1.1　船舶智能避碰技术研究的背景和意义 ··· 1
1.2　船舶碰撞危险度模型的研究现状 ·· 2
1.3　船舶智能避碰技术的研究现状 ··· 3
    1.3.1　基于启发式算法实现船舶智能避碰 ··· 3
    1.3.2　基于确定性算法实现船舶智能避碰 ··· 5
参考文献 ·· 8

第2章　船舶运动模型 ··· 11
2.1　船舶运动力学分析 ·· 11
2.2　船舶六自由度运动模型 ·· 16
2.3　船舶运动模型的简化与船舶受力分析 ··· 17
    2.3.1　船舶运动模型简化 ·· 17
    2.3.2　船舶受力分析 ·· 18
2.4　船舶操纵性分析 ··· 22
2.5　船舶避碰受力分析 ·· 30
2.6　航向系统建模与分析 ··· 34
2.7　船舶航向控制原理 ·· 38
    2.7.1　船舶航向控制 ·· 38
    2.7.2　操舵改变航向的原理 ·· 40
参考文献 ·· 41

第3章　船舶数据的处理 ··· 42
3.1　船舶 AIS 数据的解析与修正 ··· 42
    3.1.1　船舶 AIS 数据格式 ··· 42
    3.1.2　船舶 AIS 数据解析 ··· 44
    3.1.3　船舶 AIS 轨迹数据的修正 ·· 46

3.2 基于BP神经网络的船舶AIS数据预测 ... 52
3.3 北斗导航卫星系统在船舶AIS中的应用 ... 58
 3.3.1 BDS/GPS组合定位模型与原理 ... 58
 3.3.2 滤波算法 ... 63
 3.3.3 船舶AIS组合定位 ... 70
 3.3.4 船舶AIS组合导航输出校正 ... 71
 3.3.5 船舶AIS组合导航仿真与分析 ... 71
参考文献 ... 79

第4章 船舶碰撞危险度模型的建立 ... 80

4.1 船舶避碰相关参数及理论 ... 80
4.2 船舶碰撞危险度多参数建模与分析 ... 83
 4.2.1 船舶运动参数模型的建立 ... 83
 4.2.2 船舶碰撞危险度的计算 ... 84
 4.2.3 相关危险隶属度函数 ... 85
4.3 灰色关联分析确定多船碰撞危险度 ... 88
 4.3.1 灰色关联分析概述 ... 88
 4.3.2 多船碰撞危险度模型的建立 ... 90
 4.3.3 多船碰撞危险度模型的仿真验证与分析 ... 92
4.4 船舶碰撞危险度云模型的建立 ... 95
 4.4.1 船舶碰撞危险度云模型参数的概念划分 ... 97
 4.4.2 船舶碰撞危险度云模型规则库的建立 ... 100
 4.4.3 船舶碰撞危险度云模型的推理机制 ... 101
 4.4.4 船舶碰撞危险度云模型的算法仿真 ... 102
 4.4.5 船舶碰撞危险度云模型的仿真与分析 ... 103
4.5 基于全局敏感性和不确定性的船舶碰撞危险度分析 ... 110
 4.5.1 Morris筛选法概述 ... 111
 4.5.2 船舶碰撞危险度全局敏感性分析 ... 113
 4.5.3 信息熵理论基础 ... 116
 4.5.4 船舶碰撞危险度不确定性分析 ... 117
参考文献 ... 123

第5章 船舶智能避碰建模与仿真 ... 124

5.1 量子狼群算法在船舶智能避碰中的应用 ... 124
 5.1.1 量子狼群算法概述 ... 124
 5.1.2 船舶避碰过程建模分析 ... 133

  5.1.3 基于量子狼群算法的船舶避碰实现 …………………………… 137
5.2 细菌觅食算法在船舶智能避碰中的应用 ………………………………… 146
  5.2.1 优化细菌觅食算法实现原理 …………………………………… 146
  5.2.2 基于细菌觅食算法的船舶智能避碰建模 ……………………… 149
  5.2.3 船舶智能避碰方案的建立 ……………………………………… 151
  5.2.4 船舶智能避碰方案仿真与分析 ………………………………… 153
  5.2.5 细菌觅食算法在多船会遇避碰中的应用 ……………………… 163
  5.2.6 基于循环避碰重点船的多船会遇避碰策略 …………………… 165
  5.2.7 多船会遇避碰仿真与分析 ……………………………………… 167
5.3 确定性船舶智能避碰方案可行性评估建模与仿真 ……………………… 172
  5.3.1 避碰时机的确定 ………………………………………………… 173
  5.3.2 避碰行动的选择 ………………………………………………… 174
  5.3.3 船舶避碰方案评估建模 ………………………………………… 176
  5.3.4 两船避碰方案评估建模与仿真 ………………………………… 186
  5.3.5 多船避碰方案评估建模与仿真 ………………………………… 190

参考文献 ……………………………………………………………………………… 197

第1章

绪 论

海上船舶碰撞事故在海上交通事故中占有很大比例，是船舶海上安全航行的首害。随着海上贸易的发展和人们对海洋资源需求的日益增加，每年都有大量的船舶碰撞事故发生，给世界带来了巨大的生命和财产损失，也严重破坏了原有海洋生态环境。如何避免航行中的船舶发生碰撞是确保船舶安全航行的重要环节，也一直是国际航海界非常重视的问题。其中，减少人为操纵失误是降低船舶碰撞事故率和提高船舶航行安全的关键。目前，世界各国都在寻求有效的船舶智能避碰辅助决策系统，以减少海上碰撞事故的发生[1]。

■ 1.1 船舶智能避碰技术研究的背景和意义

船舶避碰领域还有很多问题有待解决，船舶碰撞事故仍然时有发生。如何有效地避免船舶碰撞，以及如何实现避碰系统的自动化和智能化，减轻船舶驾驶员的劳动强度和心理负担等问题，迄今为止，还没有令航海人员普遍满意的有效解决方案，也是目前国内外航海界研究的热门课题。因此，对船舶智能避碰系统的研究有重要的意义，具体总结为以下几个方面。

（1）船舶智能避碰是船舶智能化的一个基础性研究方向，其能促进综合船桥系统的发展。作为船舶智能化重要组成部分的船舶智能避碰系统是综合船桥系统的核心组成部分，船舶智能避碰研究的发展水平基本能够说明现代综合船桥的发展水平，船舶智能避碰研究的发展过程中可以通过对已形成的船舶智能系统进行全面分析，从中找出可以共同使用的模块，应用到船舶智能避碰中，提高综合船桥领域资源利用率的同时，促进船舶智能避碰系统更快地发展。

（2）船舶智能避碰在提高航行安全性的同时减轻了船舶驾驶员劳动强度。"人-环境-船"系统中，环境是一个复杂的、不确定的系统。由于劳动强度大等，船员经常受心理和外界因素干扰，这也是造成事故发生的主要原因。船舶智能避碰系统航行过程中应用现代化的仪器和设备自动获取客观的信息，从而得到基于这些信息的智能避碰决策，辅助船舶驾驶员完成避碰决策，这不仅减轻了船舶驾驶员劳动强度，更重要的是提高了船舶航行的安全性。

（3）船舶智能避碰能够提高船舶交通管理（vessel traffic service，VTS）系统的响应速度。许多港口都安装有 VTS 系统，VTS 系统利用收集的交通信息为依据对船舶交通实施控制，对其辖区内的船舶提供信息服务、助航服务和交通组织服务。但是，现在大部分的 VTS 系统，由于缺少船舶智能避碰决策功能，很难在较短的时间内给出船舶避碰决策的指导性建议，因此 VTS 系统急需船舶智能避碰系统，以提高 VTS 系统的快速反应能力与指导服务的有效性。

1.2 船舶碰撞危险度模型的研究现状

完善的船舶智能避碰系统的建立有利于智能船桥系统的发展。整个船舶智能避碰系统的建立涉及目标船信息收集、会遇态势的分析、碰撞危险度的判定、避碰时机的选择、避碰方案的确定、避碰行动的采取。船舶驾驶员对避碰行动进行评估，确定该方案的有效性和可行性，并建立我船智能避碰的数据库，将该避碰案例存入数据库中，便于以后为船舶驾驶员实施避碰提供参考案例。

本章在描述了一个完整的船舶智能避碰系统的基础上，研究了船舶智能避碰系统中的重要组成部分，即船舶碰撞危险度（collision risk index，CRI）模块。CRI对于船舶安全航行是一个非常重要的参数，其用来衡量船舶之间可能会发生碰撞的概率，是避碰时机选择的重要依据。当多船避让时，船舶驾驶员可以据此决定采取避碰行动的顺序和时机，因而找到一种适合的方法来计算碰撞危险度是船舶智能避碰系统中的重要环节。

当前，在计算船舶碰撞危险度的方法上，许多学者都提出了自己的想法，因此计算船舶碰撞危险度的方法也多种多样，基于对船舶碰撞危险度的理解、描述、衡量[2-3]，主要的方法有以下几种：模糊数学计算方法、反向传播（back propagation，BP）神经网络法、遗传算法、灰色关联分析法等，以及较新的危险模式免疫控制算法、细菌觅食算法等。研究表明，BP 神经网络法[4]的计算误差较小，自学能力很强，但是没有考虑目标船方位对船舶操作的影响，其碰撞危险度并不能直接反映避让的难易程度，以此作为采取避碰行动的依据不够充分，特别是用于内河这种复杂航行环境下，难以保证得出的危险度与实际危险情况相符，且由于需要对大量样本进行学习，其运算速度慢，失败的可能性较大。灰色关联分析法尽管计算简单、结果明确，但不能计算出船舶碰撞危险度的绝对数值，且其只能计算出有多个目标船时，各个目标船相对于我船的碰撞危险度。而模糊数学计算方法虽然在计算量上较大，但其在计算精度上拥有无与伦比的优势，且其能够直接计算出两船碰撞危险度大小。

近年来，对船舶碰撞危险度的研究中重点考虑最近会遇距离与最近会遇时间两个主要指标。除了上述两个指标外还需要考虑两船的距离、目标船方位、两船航速比等指标[5]，后来的学者也都趋向于利用这些指标建立综合评判模型[6-7]。运用模糊数学计算方法建立各个指标的隶属度函数，但在指标综合时用权重相乘却不是很合理，因为权重会削弱实际的碰撞危险情况。目前，学者又重新构建避碰决策方法评价标准，应用模糊层次分析法、灰色理论、多目标决策方法等对碰撞危险度进行评价。另外，还有学者基于船舶自动识别系统（automatic identification system，AIS）雷达融合信息建立了船舶避碰模型和危险度模型，这为船舶碰撞危险度的研究提供了新的思路和方法。

1.3 船舶智能避碰技术的研究现状

船舶避碰决策和航线规划的重要目标之一是为在航船舶寻找一条最优或次优的航行路线，该航线应当既能够成功避免与周围动态和静态目标的碰撞（安全性），又能够使船舶的航行距离尽可能小，转向和变速的次数尽可能少（经济性）。从船舶智能避碰系统观点出发，船舶智能避碰领域的研究大体可以划分为软件开发研究和硬件开发研究两大方面。从目前船舶避碰决策的研究来看，船舶避碰策略主要可以分为两个类型，即启发式算法和确定性算法。

启发式算法是一类来源于仿生学模仿社会性生物的群体性优化算法，代表性算法有蚁群算法、粒子群算法、人工鱼群算法、细菌觅食算法、人工蜂群算法、差分演化算法等。其中，蚁群算法和粒子群算法在船舶智能避碰领域有一定研究，它们在智能避碰决策算法方面具有良好的应用前景，但蚁群算法和粒子群算法同时还存在易陷入局部极值点、搜索精度不高、进化后期收敛速度慢等特点，因此仍需对算法进行深度混合，不断提高其计算性能，以便提高船舶智能避碰方案生成质量，缩短避碰方案的生成时间。确定性算法则主要包括多智能体方法、转向时机与幅度决策、模糊逻辑编码等。

1.3.1 基于启发式算法实现船舶智能避碰

对于启发式算法来说，当避碰中涉及的船舶数量过多，则会增加计算量，甚至会导致无法在较短时间内寻找到最优的避碰路径。但是，在实际避碰过程中，船舶驾驶员必须快速地做出决策，并执行避碰行动。因此，目前该类启发式算法存在的一个问题是算法搜寻效率差，不能保证在规定的时间内收敛到令人满意的结果。启发式算法存在的另外一个问题是一致性问题，即由于算法中存在很多随机变量，往往会导致在相同条件下的多次运算结果之间存在差别。因此需要对智能算法所得避碰结果的局部扰动情况进行统计分析，以验证智能算法在生成船舶避碰方案中的可靠性。

1. 遗传算法

2003 年，Nikolos 等[8]利用遗传算法研究多船避碰问题，通过建立三层融合模型，即原始数据融合、多智能体联合融合和分布式规划融合得到最终的避碰模型。2005 年，王则胜[9]基于遗传算法进行了船舶避碰行动的研究，该研究中根据目标船与我船构成的方位、距离、航速比、最近会遇距离和最近会遇时间等参数对碰撞危险度进行定量评价，并据此建立适应度函数模型，最后利用遗传算法寻找最优转向幅度。2006 年，邹晓华等[10]针对船舶避碰决策系统中的船舶运动趋势和避碰时机，应用遗传算法实时预测各目标船相对我船在下一时刻的运动参数，预估目标船相对我船的最近会遇距离和最近会遇时间。2006 年，程细得等[11]利用遗传算法对内河船舶避碰的最优路径选择问题进行了研究，将航道边界和障碍物作为约束条件，进而按照一定的优化准则设计适应度函数，利用算法的空间寻优能力逐步逼近最优航线。2010 年，Tsou 等[12-13]利用遗传算法为船舶寻找一条安全经济的航行路线，研究中既考虑了船舶安全性，又考虑了避碰的代价问题，并在地理信息系统（geographic information system，GIS）上进行显示和操作。2012 年，Szlapczynski 等[14]将遗传算法和博弈论相结合，并将其应用于解决多船避碰问题，根据会遇情况计算出近似最优的路径，其研究重点是解决避碰算法的复杂度问题。2013 年，李瑶[15]基于遗传算法建立船舶避碰决策行动模型，其在船舶避碰分析的基础上，用遗传算法对船舶避碰问题进行编码，从而能够得到一条有效避碰路径。Smierzchalski 等[16]和 Szlapczynski[17]基于分布式遗传算法实现船舶海上避碰路径规划，将任务分解为几个独立的部分，从而体现分步策略的优越性。

2. 蚁群算法

2007 年，何祖军等[18]提出了基于蚁群算法实现自治式潜水器避碰移动对象的方法，该方法以最短路径和跟踪保持为目标函数，使得路径搜索快速且高效。2010 年，王莹等[19]为了弥补人工绘制航线的缺陷，采用改进蚁群算法规划舰船的航线，获得了舰船在障碍物环境下的最优航线。2010 年，Tsou 等[20]以电子航海（e-navigation）为主体框架，基于蚁群算法构建船舶避碰模型，建立一条"安全经济"的避碰路径。2012 年，Escario 等[21]改进了蚁群算法的搜索方式，提高了算法的搜索性能，用于解决船舶避碰多参数优化的问题。2013 年，Szlapczynski[22]将进化粒子群算法应用到船舶智能避碰策略当中，并涉及多船会遇工况，完成船舶智能避碰。2014 年，Lazarowska[23]将蚁群算法应用于船舶避碰路径规划中，且该方法能用在开阔和限制性水域，能够增强船舶的自动控制性能，并将其应用于智能船舶框架中，推动了船舶自动化的实现。2015 年，Lazarowska[24]提出了一种基于蚁群算法的动态环境路径规划方案,该方案可应用于船上的决策支持系统或智能障碍物探测和避免系统,该方案是无人水面载具导航、制导和控制系统的组成部分。

3. 粒子群算法

2009年,王得燕等[25]利用雷达进行一系列观测,获得避让要素,在建立碰撞危险度评价模型的基础上,将粒子群算法应用到多船避碰的复杂问题中,从而找出最优的解决方案,有助于多船避碰决策系统的智能化设计与开发。2011年,田雨波等[26]为了提高粒子群算法的收敛性能,将免疫算法的免疫信息处理机制引入粒子群算法中,形成免疫粒子群算法,并将其应用到船舶智能避碰当中,得到了合理有效的避碰方案。2013年,刘利强等[27]针对船舶全局路径规划中的多路径规划问题,提出一种基于小生境粒子群优化的多路径规划方法,该方法借鉴遗传算法求解多峰函数的思想,在基本粒子群优化算法的基础上,引入小生境生成、隔离进化和交叉算子等策略,并采用主群粒子进行区域划分,使用子群粒子完成区域内的局部寻优,从而实现船舶多路径规划。

4. 其他智能算法

2012年,白一鸣等[28]提出危险模式免疫算法适用于复杂问题的求解,并将该算法应用于优化船舶避碰策略。结合船舶碰撞危险度及船舶运动数学模型等相关领域知识,实现了船舶避碰策略的优化。2012年,Ahn等[29]基于神经网络和模糊集理论,应用模糊神经算法建立了船舶避碰系统。2013年,马文耀等[30]将新型的细菌觅食算法应用到船舶避碰中,提出一种基于细菌觅食算法的避碰航路优化算法,充分利用该算法并行搜索能力强、搜索速度快的优点,得到船舶避碰优化参数。2014年,Lee等[31]将模糊关系积应用到船舶避碰当中,并建立了船舶避碰有效性的评估函数,提出的避碰行动符合《国际海上避碰规则》(International Regulations for Preventing Collisions at Sea,COLREGS)。2015年,Wei等[32]将猫群算法应用到船舶避碰当中,确定经济的船舶避碰路径。2014年,Simsir等[33]基于神经网络建立了避碰决策支持系统,能够预测船舶三分钟后的位置,从而判断是否有碰撞危险,结合VTS系统进行播报预防船舶碰撞。2016年,曹海[34]指出船舶运输由于航道的限制,船舶数量急剧上升,船与船之间如何保持有效的安全距离显得尤为重要。人工免疫网络的出现为解决此类问题提供了新思路,会对现有船舶智能避碰系统形成一种良好的补充,从而保证整个航行的安全,其在未来会有较大的发展前景。

1.3.2 基于确定性算法实现船舶智能避碰

确定性算法可以克服启发式算法中参数设置不确定的缺点,但是这种方法需要依赖专家的主观意识，可能会造成得到的规划航线不是最优解，甚至会出现专家判断失误造成规划航线严重偏离最优解的后果。

1. 模糊逻辑避碰决策方法

针对启发式算法存在的一些不足，研究人员考虑采取确定性的算法进行避碰决策。模糊逻辑算法的基本思想是结合船舶驾驶员的实际经验、《国际海上避碰规则》的相关要求，以及船舶的航行参数等构建一系列的形式为"If-Then"模糊规则，形成模糊规则库，并根据实际的船舶会遇情况调用规则库中的某些相似的规则，最后利用证据理论等方法对这些规则进行合成，得到最终的决策结果。

2000年，毕修颖[35]、孙立成[36]研究了船舶避碰时目标船对我船的威胁程度，利用模糊决策和神经网络等方法建立了碰撞危险度模型，并进一步验证模型的实际应用效果。2001年，Huang等[37]将模糊逻辑算法与专家系统（expert system）的基本思想结合，研究了转向避碰时的船舶自动控制问题。2004年，Lee等[38]将模糊逻辑算法与虚拟力场理论相结合研究避碰决策问题，该研究仅仅局限在两船会相遇的情况。2005年，Liu等[39]将模糊逻辑和人工神经网络相结合，提出一种用于避碰决策的模糊推导神经网络模型，该模型将船舶会遇情况进行分类，利用自我学习的方式从大量样本中选取一个最优值作为最终决策结果，是一种确定性算法和启发式算法相结合的避碰方法。2006年，Kao等[40]则从海事监控的角度，将基于模糊逻辑的避碰决策方法嵌入VTS系统和AIS中，用于船舶碰撞事故的预警。2009年，Perera等[41]则研究了在《国际海上避碰规则》要求下的决策问题，同样构建了基于模糊逻辑的决策支持系统，并且对存在冲突情况下的决策问题进行了探索性研究。2010年，Perera等[42]将模糊逻辑与贝叶斯网络理论相结合，提出一种复杂局面下的连续决策模型，用于应对多船会遇等复杂局面下的避碰决策。2011年，Perera等[43]提出一种模糊警戒环形区域的概念，根据该区域的形状和船舶驾驶员的主观判断来确定与周围船舶的碰撞风险，从而构建模糊成员函数，通过模糊推导系统得到一条目标船避让我船的最优路线。该路线要求目标船从模糊警戒环形区域外部绕过我船，该模型不仅在我船为让路船的情况下能够发挥作用，而且在目标船为让路船，但是目标船没有及时采取措施的情况下，我船也可以做出积极的响应，有效避免碰撞事故的发生。

2. 多智能体避碰决策方法

多智能体（multi-agent）避碰决策方法虽然是分布式的，但是在同一个智能体内的船舶仍然需要采用集中式的方式进行航线规划，在实用化方面会受到一定的限制。此外，目前很多避碰决策中得到的船舶航线由多个转向点组成，即采用一次性的决策方法得到船舶从起点到终点的航行路线,而实际情况则是船舶根据周围船舶交通态势实时地进行决策,只有在与周围船舶或静态目标存在碰撞风险的情况下才进行避碰操作,而且很多研究显示,即使是在多船会遇的局面下,船舶也只需要进行一次操作即可避免碰撞[44]。

2006 年,刘宇宏等[45]建立了一个船舶避碰多智能体决策支持系统(ship collision avoidance multi-agent decision support system,SCA-MADSS),设计了 SCA-MADSS 的组织结构,并给出了该结构的形式化描述,提出了船舶避碰联盟的概念及其构造原则。SCA-MADSS 是以互利和缓解整体碰撞危险局面为目标的多智能体避碰决策支持系统,将每艘船视为一个理性智能体,将多船避碰决策过程视为一个多智能体决策过程,利用各个个体的智能性和多智能体的协作能力来解决船舶避碰问题,从而在一定程度上实现了人、船合一的思想,降低了多船避碰问题求解的难度,为解决船舶避碰问题提供了一条新途径。2008 年,Liu 等[46]的研究中提出两种智能体的概念,即船舶智能体和 VTS 系统,并通过三层融合进行航线规划,即原始数据融合层、多智能体之间的融合层,以及分布式规划融合层。该模型可以降低多船航线规划中的不一致性,具有较高的经济性。杨神化[47]提出了基于多智能体理论模型的多船舶智能体避碰决策支持系统。该系统创新性地实现了船舶智能体描述、船舶智能体信念更新模型、船舶智能体的承受心理模型、船舶智能体避碰决策算法和船舶自动避碰仿真平台构建等,构建了一个全新的船舶避碰系统。2009 年,胡巧儿等[48]提出一种基于协商的避碰决策模型,分别建立了协商意愿模型、避碰行动偏好模型、碰撞危险度的容忍度模型以及协商策略模型,通过船舶之间的协商有效降低避碰的代价。2013 年 Kreutzmann 等[49]以及 2015 年刘芳武[50]提出了应用于船舶碰撞避免的信息融合模型,该模型包含源数据融合、多群组融合及方案融合 3 个融合层次。每个船舶个体通过源数据融合过程计算出多个碰撞避免方案,从而减少碰撞的风险。同时不同的群组被创建,包含了不同的船舶和避碰方案,船舶交通管理系统多智能体能够将处于同一群组的方案进行集成和修改,并选出最优的方案分发给相应的船舶个体。

3. 转向时机与幅度决策

在宽广水域中两船会遇,转向是最有效的避碰方式,转向决策包括转向角度决策与转向时机决策。转向时机可用开始避让两船间距离表述,主要有两种确定方式,一是基于数据挖掘与人工智能技术处理的经验数据,二是由数学模型解算,两种方式都要考虑当时环境情况、会遇态势、两船静态及运动参数等。对于在转向避碰行动中应采取多大幅度的转向角,可以利用避碰几何的知识进行求解[51]。2007 年,Wang[52]基于船舶碰撞危险度研究了转向避碰的船舶避碰仿真系统,并将其集成为避碰软件以便于操作方便。2010 年,Zou[53]基于分解协调的方法计算了船舶避碰的最佳转角。2012 年,Nguyen 等[54]为船舶驾驶员提供了一种基于转向避碰的船舶智能避碰策略，该策略能适应于各种海上交通状况。2013年，Haris等[55]确定了当前分析船舶碰撞的方法可分成如下的三类：实验的方式分析、数据分析、简化分析模型。2014年，Perera等[56]呈现了自主导航评估实验平台，执行船舶智能避碰操作。2015年，He等[57]基于我船和目标船对遇情况下的碰撞危险度指数、时间紧迫危险的大小以及国际航海条例，判定实现了船舶自动转向避碰的过程。

参 考 文 献

[1] 朱泌. 多船会遇的船舶智能避碰专家系统研究与仿真[D]. 武汉：武汉理工大学, 2004.

[2] Aven T. Risk assessment and risk management: review of recent advances on their foundation[J]. European Journal of Operational Research, 2016, 253(1): 1-13.

[3] Coze J, Pettersen K, Reiman T. The foundations of safety science[J]. Safety Science, 2014, 67: 1-5.

[4] 路泽永. 遗传神经网络算法在船舶碰撞危险度确定中的应用[J]. 舰船科学技术, 2016(1A): 85-87.

[5] 陈建华, 陈红卫, 刘科. 基于模糊神经网络的一种船舶碰撞危险度计算方法[J]. 舰船科学技术, 2008, 30(2): 135-138.

[6] 王刚. 船舶扩展式博弈避碰决策系统建立与仿真研究[D]. 大连：大连海事大学, 2014.

[7] Qu X B, Meng Q, Su Y L. Ship collision risk assessment for the Singapore strait[J]. Accident Analysis and Prevention, 2011, 43(6): 2030-2036.

[8] Nikolos I K, Valavanis K P, Tsourveloudis N C, et al. Evolutionary algorithm based offline/online path planner for UAV navigation[J]. IEEE Transactions on Systems, Man, and Cybernetics, Part B (Cybernetics), 2003, 33(6): 898-912.

[9] 王则胜. 基于遗传算法的船舶避碰决策研究[D]. 上海：上海海事大学, 2005.

[10] 邹晓华, 倪天权. 遗传算法在船舶转向避碰幅度决策中的应用研究[J]. 舰船电子对抗, 2006, 29(3): 66-69.

[11] 程细得, 刘祖源. 基于遗传算法的内河船舶避碰路径优化研究[J]. 中国航海, 2006(2): 38-40.

[12] Tsou M C, Kao S L, Su C M. Decision support from genetic algorithms for ship collision avoidance route planning and alerts[J]. Journal of Navigation, 2010, 63(1): 167-182.

[13] Tsou M C. Integration of a geographic information system and evolutionary computation for automatic routing in coastal navigation[J]. Journal of Navigation, 2010, 63(2): 323-341.

[14] Szlapczynski R, Szlapczynska J. On evolutionary computing in multi-ship trajectory planning[J]. Applied Intelligence, 2012, 37(2): 155-174.

[15] 李瑶. 遗传算法在船舶避碰行动决策中的应用研究[D]. 大连：大连海事大学, 2013.

[16] Smierzchalski R, Kuczkowski L, Kolendo P, et al. Distributed evolutionary algorithm for path planning in navigation situation[J]. TransNav, the International Journal on Marine Navigation and Safety of Sea Transportation, 2013, 7(2): 293-300.

[17] Szlapczynski R. Evolutionary ship track planning within traffic separation schemes-evaluation of individuals[J]. TransNav, the International Journal on Marine Navigation and Safety of Sea Transportation, 2013, 7(2): 301-308.

[18] 何祖军, 齐亮. 基于蚁群算法的AUV动目标避碰规划的方法研究[J]. 舰船科学技术, 2007, 29(6): 86-89.

[19] 王莹, 刘维亭. 基于改进蚁群算法的舰船航路规划研究[J]. 现代电子技术, 2010, 332(21): 186-188, 196.

[20] Tsou M C, Hsueh C K. The study of ship collision avoidance route planning by ant colony algorithm[J]. Journal of Marine Science and Technology, 2010, 18(5): 746-756.

[21] Escario J B, Jimenez J F, Giron-Sierra J M. Optimisation of autonomous ship manoeuvres applying ant colony

第 1 章 绪 论

optimisation metaheuristic[J]. Expert Systems with Applications, 2012, 39(11): 10120-10139.

[22] Szlapczynski R. Evolutionary sets of safe ship trajectories within traffic separation schemes[J]. Journal of Navigation, 2013, 66(1): 65-81.

[23] Lazarowska A. Ant colony optimization based navigational decision support system[J]. Procedia Computer Science, 2014, 35: 1013-1022.

[24] Lazarowska A. Ship's trajectory planning for collision avoidance at sea based on ant colony optimisation[J]. Journal of Navigation, 2015, 68(2): 291-307.

[25] 王得燕, 刘以安. 粒子群算法在多船避碰决策中的应用[J]. 计算机工程与设计, 2009, 30(14): 3380-3382.

[26] 田雨波, 潘朋朋. 免疫粒子群算法在船舶避碰上的应用研究[J]. 中国航海, 2011(1): 48-53.

[27] 刘利强, 汪相国, 范志超. 基于小生境粒子群优化的船舶多路径规划方法[J]. 计算机工程, 2013, 39(9): 227-232.

[28] 白一鸣, 韩新洁, 孟宪尧. 危险模式免疫控制算法优化船舶避碰策略[J]. 中国航海, 2012(2): 29-32.

[29] Ahn J H, Rhee K P, You Y J. A study on the collision avoidance of a ship using neural networks and fuzzy logic[J]. Applied Ocean Research, 2012, 37(3): 162-173.

[30] 马文耀, 杨家轩. 基于细菌觅食算法的避碰航路优化研究[J]. 大连海事大学学报, 2013, 39(2): 21-24.

[31] Lee Y, Kim S G, Kim Y G, et al. Fuzzy relational product for collision avoidance of autonomous ships[J]. Intelligent Automation & Soft Computing, 2014, 21(1): 21-38.

[32] Wei Z K, Zhao K, Wei M. Decision-making in ship collision avoidance based on cat-swarm biological algorithm[C]. International Conference on Computational Science & Engineering, 2015: 114-122.

[33] Simsir U, Amasyal M F, Bal M, et al. Decision support system for collision avoidance of vessels[J]. Applied Soft Computing, 2014, 25(1): 369-378.

[34] 曹旭. 人工免疫算法的船舶避碰智能策略研究[J]. 舰船科学技术, 2016, 38(1A): 10-12.

[35] 毕修颖. 船舶碰撞危险度及避碰决策模型的研究[D]. 大连: 大连海事大学, 2000.

[36] 孙立成. 船舶避碰决策数学模型的研究[D]. 大连: 大连海事大学, 2000.

[37] Huang Z N, Yang Z M, Jiang C J. The design of fuzzy collision-avoidance expert system implemented by H_∞-autopilot[J]. Journal of Marine Science and Technology, 2001, 9(1): 25-37.

[38] Lee S M, Kwon K Y, Joh J. A fuzzy logic for autonomous navigation of marine vehicle satisfying COLREGS guidelines[J]. International Journal of Control Automation & Systems, 2004, 2(2): 171-181.

[39] Liu Y H, Shi C J. A fuzzy-neural inference network for ship collision avoidance[C]. International Conference on Machine Learning and Cybernetics, 2005: 4754-4759.

[40] Kao S L, Lee K T, Chang K Y, et al. A fuzzy logic method for collision avoidance in vessel traffic service[J]. Journal of Navigation, 2006, 60(1): 17-31.

[41] Perera L P, Carvalho J P, Soares C G. Decision making system for the collision avoidance of marine vessel navigation based on COLREGS rules and regulations[C]. 13th Congress of International Maritime Association of Mediterranean, 2009: 1121-1128.

[42] Perera L P, Carvalho J P, Guedes C. Bayesian network based sequential collision avoidance action execution for an ocean navigational system[J]. IFAC Proceedings Volumes, 2010, 43(20): 266-271.

[43] Perera L P, Carvalho J P, Soares C G. Fuzzy logic based decision making system for collision avoidance of ocean navigation under critical collision conditions[J]. Journal of Marine Science & Technology, 2011, 16(1): 84-99.

[44] Tam C K, Bucknall R. Cooperative path planning algorithm for marine surface vessels[J]. Ocean Engineering, 2013, 57: 25-33.

[45] 刘宇宏, 胡甚平, 施朝健, 等. 船舶避碰多 Agent 决策支持系统的设计[J]. 中国航海, 2006(4): 82-85.

[46] Liu Y H, Wang S Z, Du X M. A multi-agent information fusion model for ship collision avoidance[C]. International

Conference on Machine Learning and Cybernetics, 2008: 6-11.

[47] 杨神化. 基于 multi-agent 的船舶避碰决策支持系统[D]. 上海: 上海海事大学, 2008.

[48] 胡巧儿, 胡勤友. 基于协商的船舶避碰仿真系统的设计及分析[J]. 中国航海, 2009, 32(1): 54-59.

[49] Kreutzmann A, Wo I D, Dylla F, et al. Towards safe navigation by formalizing navigation rules[J]. TransNav, the International Journal on Marine Navigation and Safety of Sea Transportation, 2013, 7(2): 161-168.

[50] 刘芳武. 一种多智能体信息融合船舶避碰系统[J]. 舰船科学技术, 2015(3): 198-201.

[51] 张国伟. 船舶转向避让效应及最佳转向避让时机的研究[D]. 大连: 大连海事大学, 2012.

[52] Wang Y, Shi X, Bian X, et al. Realization of integration technology of ship collision avoidance system based on HLA[C]. International Conference on Integration Technology, 2007: 293-296.

[53] Zou X H. A study on collision avoidance of ships with decomposition-coordination method[C]. International Conference on Multimedia Technology, 2010: 1-4.

[54] Nguyen M, Nguyen V T, Tamaru H. Automatic collision avoiding support system for ships in congested waters and at open sea[C]. International Conference on Control, 2012.

[55] Haris S, Amdahl J. Analysis of ship-ship collision damage accounting for bow and side deformation interaction[J]. Marine Structures, 2013, 32: 18-48.

[56] Perera L P, Carvalho J P, Soares C G. Solutions to the failures and limitations of mamdani fuzzy inference in ship navigation[J]. IEEE Transactions on Vehicular Technology, 2014, 63(4): 1539-1554.

[57] He Y X, Huang L W, Xiong Y, et al. The research of ship ACA actions at different stages on head-on situation based on CRI and COLREGS[J]. Journal of Coastal Research, 2015, 73: 735-740.

# 第 2 章

船舶运动模型

人类文明的进步与海洋运输密切相关。水运是完成地区间、国与国间大宗货物贸易有效、经济的运输方式。海上行船充满了风、浪、雾、礁的危险，如何科学地操纵和控制船舶，使之安全、准时地到达目的港，是一个影响重大的问题。为了掌握船舶运动规律和船舶驾驶技术，人类已经奋斗了多个世纪，至今已经取得斐然的成就。船舶运动控制已从手动发展到自动，从单个系统的自动化提高到综合自动化，从简单的控制装置发展成计算机化、网络化的体系结构。船舶运动控制已经形成一门独立的科学，国内外大批专家学者从事相关的理论研究和工程实践。船舶运动控制科学正在为促进我国的社会发展和国际经济文化交流发挥特有的作用。

2.1 船舶运动力学分析

同一般物体的力学运动一样，船舶运动问题也有运动学问题和动力学问题之分。单纯描述船舶位置、速度、加速度，以及姿态、角速度、角加速度随时间变化的问题属于运动学问题。研究船舶受到力和力矩的作用后，如何改变运动位置和姿态的问题属于动力学问题。由于运动的相对性，对运动学问题来说，参考系的选择几乎不受什么限制。而对动力学问题来说则不然，因为牛顿定律的成立依赖一定的参考系，这种参考系称为惯性参考坐标系，只有在惯性参考坐标系下才能运用牛顿定律。

为了定量描述船舶的运动，本节采用两种右手直角坐标系：固定于地球（海面）的定坐标系 $E\xi\eta\zeta$ （或 $O_1x_1y_1z_1$ ）和固定于船舶的船体坐标系 $Oxyz$ （图 2.1）。

固定于地球（海面）的坐标系又称为定坐标系，坐标系原点 E 是任意选定的、固定于地球表面的，通常可选择在 $t=0$ 时船舶重心 G 所在的位置。$E\xi$ 轴在静水平面内，通常它可选择为船舶总的运动方向。$E\eta$ 轴选择为 $E\xi$ 轴在静水平面内沿顺时针旋转 90° 的方向上。$E\zeta$ 轴选择为垂直于静水平面，指向地心。定坐标系是惯性参考坐标系，在此坐标系下可运用牛顿定律推理得到不同形式的动力学定律[1]。

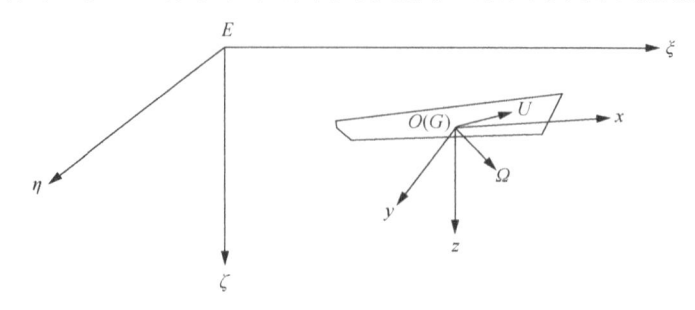

图 2.1　船舶运动的两种坐标系

固定于船舶的坐标系又称为动坐标系（图 2.2），坐标系原点 O 通常取在船舶的重心处，随船体一起运动。Ox 轴取为垂直于舯纵剖面，指向船首。Oy 轴取为垂直于舯横剖面，指向右舷。Oz 轴取为垂直于水线面，指向龙骨。动坐标系固结于船体上，以便从船舶角度描述其任意形式的运动，因此除了做匀速直线运动的情况外，都不能被认为是惯性参考坐标系。

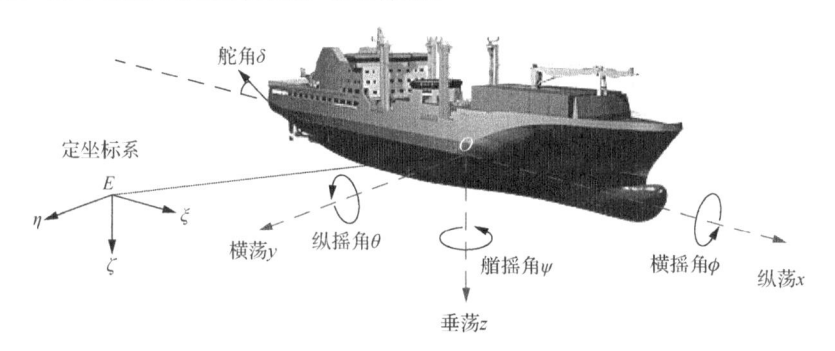

图 2.2　动坐标系

定坐标系虽然是惯性参考坐标系，但很多情况下使用起来不够方便，比如在研究船与周围海水间的相互作用力时，因为水动力决定于船体与海水的相对运动，用定坐标系参数来表达就很困难。又如在用定坐标系参数表示船体转动惯量时，形式上就会很复杂。因此在分析船舶运动时，我们广泛采用动坐标系，只有在讨论船舶的空间轨迹时，才使用定坐标系。

国际拖曳水池会议（International Towing Tank Conference，ITTC）所推荐的动坐标系下船舶运动符号如表 2.1 所示。

表 2.1 船舶运动符号表示

运动形式	运动参数	x 轴	y 轴	z 轴
直线	位移	纵荡 x	横荡 y	垂荡 z（升沉）
	速度	u	v	ω
旋转	角度	横摇角 ϕ	纵摇角 θ	艏摇角 ψ
	角速度	p	q	r
作用力	力	X	Y	Z
	力矩	K	M	N

船运动方向和船首方向是有区别的，有些情况下两者可能一致，但更多情况下两者是不一致的。船运动方向用速度向量 U 表示。下面讨论一下船运动速度向量与定坐标系间的相对角位置。

向量与坐标系间的相对角位置，可用三个方向角或向量在坐标轴的三个分量来表达。但研究船舶运动时，还需采用具有明确物理概念的其他表示方法。这里先介绍速度向量与定坐标系间相对角位置的表示方法。速度向量 U 与定坐标系之间的相对角位置用航迹角 γ 来表示，如图 2.3 所示。

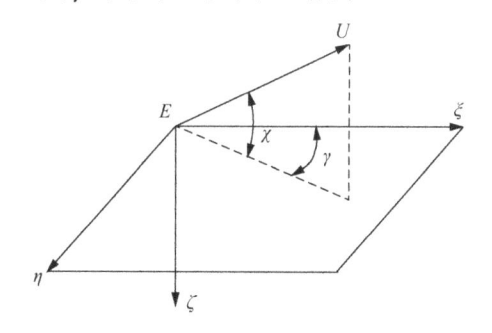

图 2.3 航迹角

速度向量 U 的航迹角从物理概念出发的定义具体如下。

（1）潜浮角 χ：船舶速度向量 U 与 ξ 坐标取正值的半个 $E\xi\eta$ 坐标平面间的夹角。$\chi>0$ 表示上浮，$\chi<0$ 表示下潜。

（2）航迹角 γ：U 所在铅垂面与 ξ 轴正半轴之间的夹角，即 U 在 $E\xi\eta$ 坐标平面上的投影线与 ξ 轴正半轴之间的夹角。$-\pi \leqslant \gamma \leqslant \pi$，$\gamma>0$ 表示相对 ξ 轴右偏航，$\gamma<0$ 表示相对 ξ 轴左偏航。

潜浮角处于铅垂面内，相对水平面计算；航迹角处于水平面内，相对 ξ 轴计算。应特别注意以下要点：一是定坐标系最具明显识别特征的是水平面，通过向此平面投影来区分和定义两角；二是两角都由定坐标系起算作为角的正方向；三是航迹角 γ 对于其转轴 ζ 的正向、潜浮角 χ 对于其转轴 η 的正向都保持右手系的关系；四是航迹角是指与坐标轴 $E\xi$ 正半轴或与正半坐标平面 $E\xi\eta$ 间的夹角。速度向量 U 可用 U_ξ，U_η，U_ζ 表示，也可等效地用 U 和 χ，γ 表示。速度向量 U 可

用潜浮角和航迹角表示为

$$U = \begin{bmatrix} U_\xi \\ U_\eta \\ U_\zeta \end{bmatrix} = \begin{bmatrix} U \cos \chi \cos \gamma \\ U \cos \chi \sin \gamma \\ -U \sin \chi \end{bmatrix} \tag{2.1}$$

由式（2.1）可得下面的变换关系：

$$U = \sqrt{U_\xi^2 + U_\eta^2 + U_\zeta^2} \tag{2.2}$$

$$\chi = \begin{cases} -\arctan \dfrac{U_\zeta}{\sqrt{U_\xi^2 + U_\eta^2}}, & U_\xi \geqslant 0 \\ \pi - \arctan \dfrac{U_\zeta}{\sqrt{U_\xi^2 + U_\eta^2}}, & U_\zeta \geqslant 0, U_\xi < 0 \\ -\pi - \arctan \dfrac{U_\zeta}{\sqrt{U_\xi^2 + U_\eta^2}}, & U_\zeta < 0, U_\xi < 0 \end{cases} \tag{2.3}$$

$$\gamma = \begin{cases} \arctan \dfrac{U_\eta}{U_\xi}, & U_\xi \geqslant 0 \\ \pi + \arctan \dfrac{U_\eta}{U_\xi}, & U_\eta \geqslant 0, U_\xi < 0 \\ -\pi + \arctan \dfrac{U_\eta}{U_\xi}, & U_\eta < 0, U_\xi < 0 \end{cases} \tag{2.4}$$

此外，速度向量 U 与动坐标系三轴间的相对角位置关系用漂角 β 和冲角 α 表示，如图 2.4 所示。漂角和冲角一般统称为水动角。

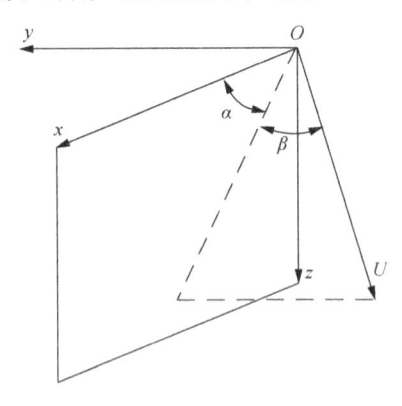

图 2.4　水动角

速度向量 U 的水动角从物理概念出发的定义具体如下。

（1）漂角 β：速度向量 U 与其在 x 坐标轴取正值的半个舯横剖面的投影线间

的夹角。$-\pi \leq \beta \leq \pi$，$\beta > 0$ 表示左舷向，$\beta < 0$ 表示右舷向。

（2）冲角 α：速度向量 U 在舯横剖面上的投影线与 x 轴间的夹角。$\alpha > 0$ 表示水流冲击船首下侧，$\alpha < 0$ 表示水流冲击船首上侧。

注意 α 要在舯横剖面内计算，应先扣除漂角，即舯横剖面投影后再计算冲角 α。速度向量 U 可用冲角 α 和漂角 β 表示为

$$U = \begin{bmatrix} u \\ v \\ \omega \end{bmatrix} = \begin{bmatrix} U\cos\beta\cos\alpha \\ -U\sin\beta \\ U\cos\beta\sin\alpha \end{bmatrix} \tag{2.5}$$

U 可用 u、v、ω 表示，也可等效地用 U、α、β 表示，由上式得反变换关系为

$$U = \sqrt{u^2 + v^2 + \omega^2} \tag{2.6}$$

$$\alpha = \arctan\frac{\omega}{v}, u \geq 0 \tag{2.7}$$

$$\beta = -\arctan\frac{v}{\sqrt{u^2 + \omega^2}}, u \geq 0 \tag{2.8}$$

上面定义了航迹角、潜浮角、漂角和冲角。定义角正方向的原则是所有角一律对该角的转轴正向保持右手系关系，例如，χ 相对于 η 轴，γ 相对于 ζ 轴的右手系关系。保持统一的右手系关系对于进行正确的角度加减运算，保证作加法时角度增加、作减法时角度减小，使运算概念清晰是很重要的。

定坐标系和动坐标系可由一系列转换互相转化。设由 $E\xi\eta\zeta$ 坐标系出发，令两坐标系原点 E 和 O 重合，做三次初等旋转可达到 $Oxyz$ 坐标系，即

$$O\xi\eta\zeta \xrightarrow[\text{绕}O\zeta\text{轴旋转}]{C_1(\psi)} Ox_1y_1\zeta \xrightarrow[\text{绕}Oy_1\text{轴旋转}]{C_2(\theta)} Oxy_1z_1 \xrightarrow[\text{绕}Ox\text{轴旋转}]{C_3(\phi)} Oxyz \tag{2.9}$$

$E\xi\eta\zeta$ 绕 $O\zeta$ 轴转角为 ψ，绕 Oy_1 轴转角为 θ，绕 Ox 轴转角为 ϕ。$C_1(\psi)$、$C_2(\theta)$ 和 $C_3(\phi)$ 分别为对应的旋转变换矩阵。这种经三次旋转完成变换方案的优点是，三次转角 ψ、θ 和 ϕ 具有较明确的物理意义。可以在比较简单的情形下指出三个转角各自的性质。首先，设想原来 ζ 轴与 z 轴已经重合，动坐标系 $Oxyz$ 只要绕 ζ 轴旋转 ψ 即可使两坐标系重合的情况，这时船舶只是艏向变化，因此称 ψ 角为艏摇角。其次，设想原来 η 轴与 y 轴已经重合，动坐标系 $Oxyz$ 只要绕 η 轴旋转 θ 即可使两坐标系重合，这时船舶只有俯仰变化，因此称 θ 角为纵摇角。再次，设想原来 ξ 轴与 x 轴已经重合，只要绕 ξ 轴旋转 ϕ 即可使两坐标系重合的情况，这时船舶有横滚动，因此称 ϕ 角为横摇角。

两坐标系之间的变换关系为

$$\begin{bmatrix} \xi \\ \eta \\ \zeta \end{bmatrix} = \Lambda \begin{bmatrix} x \\ y \\ z \end{bmatrix} \tag{2.10}$$

式中，Λ 为旋转变换矩阵：

$$\Lambda = \begin{bmatrix} \cos\psi\cos\theta & \cos\psi\sin\theta\sin\phi - \sin\psi\cos\phi & \cos\psi\sin\theta\cos\phi + \sin\psi\sin\phi \\ \sin\psi\cos\theta & \sin\psi\sin\theta\sin\phi + \cos\psi\cos\phi & \sin\psi\sin\theta\cos\phi - \cos\psi\sin\phi \\ -\sin\theta & \cos\theta\sin\phi & \cos\theta\cos\phi \end{bmatrix} \quad (2.11)$$

在船舶运动控制中，也常常需要在两个坐标系中进行角速度的转换。例如从罗经上读到的航向是相对于地面坐标的，而船舶上的角速度陀螺测量的是动坐标系中的船舶艏摇角速度。两个坐标系中转动角速度的关系表示如下：

$$\begin{bmatrix} \dot\phi \\ \dot\theta \\ \dot\psi \end{bmatrix} = \begin{bmatrix} 1 & \sin\phi\tan\theta & \cos\phi\tan\theta \\ 0 & \cos\phi & -\sin\phi \\ 0 & \sin\phi/\cos\theta & \cos\phi/\cos\theta \end{bmatrix} \begin{bmatrix} p \\ q \\ r \end{bmatrix} \quad (2.12)$$

式中，$\dot\phi$ 为船舶横摇角速度；$\dot\theta$ 为船舶纵摇角速度；$\dot\psi$ 为船舶艏摇角速度。

2.2 船舶六自由度运动模型

由动量定理出发推导船舶空间运动的三个轴向位移方程。对于船舶在定坐标系下的运动有

$$\frac{dH}{dt} = F_\Sigma \quad (2.13)$$

$$H = mU_G \quad (2.14)$$

式中，H 为船体的动量；t 为时间；m 为船舶的质量；U_G 为船舶重心的速度；F_Σ 为船舶所受的外力。将 H、F_Σ、U_G 向动坐标投影就得到动坐标系下的关系式，设船舶重心在动坐标系下坐标的位置向量 $R_G = [x_G \ y_G \ z_G]^T$，它由动坐标系的原点指向重心，重心速度 U_G 与船舶动坐标系原点的速度 U 的关系为

$$U_G = U + \Omega \times R_G \quad (2.15)$$

式中，Ω 为船舶的转动角速度。

船舶沿动坐标系三轴方向的平移运动方程为

$$m\begin{bmatrix} \dot u \\ \dot v \\ \dot \omega \end{bmatrix} + \begin{bmatrix} \omega q - vr \\ ur - \omega p \\ vp - uq \end{bmatrix} + \begin{bmatrix} z_G\dot q - y_G\dot r \\ x_G\dot r - z_G\dot p \\ y_G\dot p - x_G\dot q \end{bmatrix} + \begin{bmatrix} (y_Gp - x_Gq)q + (z_Gp - x_Gr)r \\ (z_Gq - y_Gr)r + (x_Gq - y_Gp)p \\ (x_Gr - z_Gp)p + (y_Gr - z_Gq)q \end{bmatrix} = \begin{bmatrix} X_\Sigma \\ Y_\Sigma \\ Z_\Sigma \end{bmatrix} \quad (2.16)$$

式中，u、v、ω 分别是纵荡速度、横荡速度、垂荡速度；$\dot u$、$\dot v$、$\dot \omega$ 分别为纵荡加速度、横荡加速度、垂荡加速度；p、q、r 分别是横摇角速度、纵摇角速度、艏摇角速度；$\dot p$、$\dot q$、$\dot r$ 分别是横摇角加速度、纵摇角加速度、艏摇角加速度；X_Σ、Y_Σ、Z_Σ 分别表示船舶沿 X、Y、Z 方向所受到的合力。

下面由动量定理出发推导船舶空间运动的三个绕坐标轴旋转的运动方程，对

于船舶在定坐标系下的运动,船舶对原点动量矩的变化率等于该瞬时外力合力对原点的矩,即

$$\frac{dL}{dt} = T_\Sigma \quad (2.17)$$

式中,L 为船舶对定坐标系原点的动量矩;T_Σ 为船舶所受的外力对定坐标系原点的力矩。当重心不是动坐标系原点时,船舶对定坐标系原点的总动量矩为

$$L = R_G \times mU + J\Omega \quad (2.18)$$

式中,J 为船舶对原点不在重心的坐标系的惯性矩阵。

进而得到船舶旋转运动的三个展开方程为

$$\begin{bmatrix} J_x & J_{xy} & J_{xz} \\ J_{yx} & J_y & J_{yz} \\ J_{zx} & J_{zy} & J_z \end{bmatrix} \begin{bmatrix} \dot{p} \\ \dot{q} \\ \dot{r} \end{bmatrix} + \begin{bmatrix} (J_{zx}p + J_{zy}q + J_z r)q - (J_{yx}p + J_y q + J_{yz}r)r \\ (J_x p + J_{xy}q + J_{xz}r)r - (J_{zx}p + J_{zy}q + J_z r)p \\ (J_{yx}p + J_y q + J_{yz}r)p - (J_x p + J_{xy}q + J_{xz}r)q \end{bmatrix}$$

$$+ m \begin{bmatrix} y_G \dot{\omega} - z_G \dot{v} \\ z_G \dot{u} - x_G \dot{\omega} \\ x_G \dot{v} - y_G \dot{u} \end{bmatrix} + m \begin{bmatrix} y_G (vp - uq) + z_G (\omega p - ur) \\ z_G (\omega q - vr) + x_G (uq - vp) \\ x_G (ur - \omega p) + y_G (vr - \omega q) \end{bmatrix} = \begin{bmatrix} K_\Sigma \\ M_\Sigma \\ N_\Sigma \end{bmatrix} \quad (2.19)$$

式中,K_Σ、M_Σ、N_Σ 分别是船舶受到的横摇合外力矩、纵摇合外力矩和艏摇合外力矩。

式(2.16)和式(2.19)是船舶空间运动的六自由度运动模型。

2.3 船舶运动模型的简化与船舶受力分析

船舶数学模型的线性化主要用于在不同的情况下进行船舶控制器的设计;当运用于船舶闭环系统仿真研究以及进行船舶运动特性模拟时,必须要采用船舶非线性耦合模型,而且应当采用尽可能准确的非线性模型来表述被控对象的动态特性,这样才能达到仿真研究的目的。

2.3.1 船舶运动模型简化

当只考虑纵荡、横荡、艏摇、横摇四个自由度运动时,忽略纵摇与垂荡运动对上述四个自由度的影响,即 $\omega = \dot{\omega} = q = \dot{q} = 0$,将其代入式(2.8)和式(2.11)分别得到纵荡、横荡、艏摇、横摇四个自由度的船舶运动方程:

$$\begin{cases} m(\dot{u} - vr) = X_\Sigma \\ m(\dot{v} + ur) = Y_\Sigma \\ J_{zG}\dot{r} = N_\Sigma \\ J_{xG}\dot{p} = K_\Sigma \end{cases} \quad (2.20)$$

即

$$\begin{aligned}
m(\dot{u} - vr) &= X_\Sigma = X_I + X_H + X_R + X_P + X_D \\
m(\dot{v} + ur) &= Y_\Sigma = Y_I + Y_H + Y_R + Y_D \\
J_{zG}\dot{r} &= N_\Sigma = N_I + N_H + N_R + N_D \\
J_{xG}\dot{p} &= K_\Sigma = K_I + K_H + K_R + K_D
\end{aligned} \qquad (2.21)$$

式中，I、H、R、P、D 分别代表流体惯性、流体黏性、舵、桨和环境干扰。

船舶水平面运动研究通常只考虑纵荡、横荡和艏摇三个自由度，船舶航向保持时，可在平衡点的邻域上将右端水动力部分进行泰勒级数展开，只保留一阶小量可得到：

$$\begin{cases}
X = X_0 + X_{\dot{u}}\dot{u} + X_{\dot{v}}\dot{v} + X_{\dot{r}}\dot{r} + X_u u + X_v v + X_r r \\
Y = Y_0 + Y_{\dot{u}}\dot{u} + Y_{\dot{v}}\dot{v} + Y_{\dot{r}}\dot{r} + Y_u u + Y_v v + Y_r r \\
N = N_0 + N_{\dot{u}}\dot{u} + N_{\dot{v}}\dot{v} + N_{\dot{r}}\dot{r} + N_u u + N_v v + N_r r
\end{cases} \qquad (2.22)$$

通过分析线性流体动力导数的性质可知，由于船型左右对称于舯纵剖面，不论横荡速度向左还是向右，对于船舶的纵轴方向的流体动力都具有相同的值，故 $X_v = 0$，同理可推知 $X_{\dot{v}} = 0$，$X_r = 0$，$X_{\dot{r}} = 0$，$Y_u = 0$，$Y_{\dot{u}} = 0$，$N_u = 0$，$N_{\dot{u}} = 0$。

船舶运动线性化模型为

$$\begin{cases}
(m - X_{\dot{u}})\dot{u} = X_u(u - u_0) + X_R + X_P + X_D \\
(m - Y_{\dot{v}})\dot{v} - Y_{\dot{r}}\dot{r} = Y_v v + (Y_r - mu_0) + Y_R + Y_D \\
(J_{zz} - N_{\dot{r}})\dot{r} - N_{\dot{v}}\dot{v} = N_v v + N_r r + N_R + N_D
\end{cases} \qquad (2.23)$$

补充内在蕴含关系式 $\dot{\psi} = r$，得

$$\begin{cases}
(m - X_{\dot{u}})\dot{u}_c = X_u(u - u_0) + X_R + X_P + X_D \\
(m - Y_{\dot{v}})\dot{v} - Y_{\dot{r}}\dot{r} = Y_v v + (Y_r - mu_0) + Y_R + Y_D \\
(J_{zz} - N_{\dot{r}})\dot{r} - N_{\dot{v}}\dot{v} = N_v v + N_r r + N_R + N_D \\
\dot{\psi} = r
\end{cases} \qquad (2.24)$$

方程式（2.24）左端是船舶自身运动所产生的惯性力和力矩，方程式（2.24）右端是船舶所受的合外力与合外力矩。

2.3.2 船舶受力分析

从分析和应用的角度来看，作用于运动中船舶上的力可分三类，即流体动力、主动力（控制力）和环境干扰力。船舶重力和水的静压力形成的浮力相互平衡，对此不再进行讨论。控制力用于使船舶进行预期的操纵运动，通常包括螺旋桨推力、舵叶的转船力。环境干扰力主要由海风、海浪、海流引起。

船舶所受水动力与船舶所处环境和航行状态息息相关，船舶所处的环境复杂多变，且船舶航行状态也并非一成不变，故作用在船体上的水动力和水动力矩十分复杂，很难用精确的公式加以描述。此外，水动力还与船舶自身船型如船长、

船宽等参数相关,且船舶运动过程中的耦合也会对船舶所受水动力造成一定影响,在船舶运动幅度较大时,还会产生非线性现象等。一般在船舶运动控制的研究中,只讨论在某一运动平衡状态附近有小幅度变化时的微幅运动;船舶航行区域流体的性质,包括流体密度、黏度、流场等流体参数,以及流体的运动速度和方向等,都对水动力有着一定的影响。综上所述可将水动力用如下形式表示:

$$\left.\begin{array}{c}F_{\text{hyd}}\\M_{\text{hyd}}\end{array}\right\}=f(u,v,\omega,p,q,r,\dot{u},\dot{v},\dot{\omega},\dot{p},\dot{q},\dot{r}) \tag{2.25}$$

式中,F_{hyd}为船舶水动力;M_{hyd}为船舶水动力矩。

船体水动力和水动力矩由流体惯性力(矩)、黏性力(矩)、恢复力(矩)和其他耦合水动力(矩)组成。

由经典流体力学可知,在无限的理想流场中做匀速直线运动的任意形状物体不受流体惯性阻力。若该物体做变速或旋转运动,迫使周围的流体介质产生变速,继而流体必然会施加反作用力于运动物体,此即为流体惯性力,流体惯性力(矩)是船舶在流体中加速运动受到的力(矩),是加速度的函数,即与船舶运动加速度 $\dot{u}$、$\dot{v}$、$\dot{\omega}$、$\dot{p}$、$\dot{q}$、$\dot{r}$ 相关,可近似认为是加速度的线性组合。

阻尼力(矩)是船舶运动受到的力和力矩,是与船舶速度相关的函数。因此船舶阻尼力(矩)与船舶速度 u、v、ω、p、q、r 相关,船舶阻尼力认为是速度的线性组合,阻尼力矩是角速度的线性组合。假设水动力函数为

$$f(u,v,\omega,p,q,r,\dot{u},\dot{v},\dot{\omega},\dot{p},\dot{q},\dot{r}) \tag{2.26}$$

平面运动的水动力函数为

$$G(u,v,\omega,\dot{u},\dot{v},\dot{\omega},\delta) \tag{2.27}$$

则将水动力函数进行泰勒级数展开:

$$\begin{aligned}G&=G(u,v,r,\dot{u},\dot{v},\dot{r},\delta_r)\\&=G_0+\sum_{k=1}^{\infty}\frac{1}{k!}\left[\left(\Delta u\frac{\partial}{\partial u}+\Delta v\frac{\partial}{\partial v}+\Delta r\frac{\partial}{\partial r}+\Delta\dot{u}\frac{\partial}{\partial\dot{u}}+\Delta\dot{v}\frac{\partial}{\partial\dot{v}}+\Delta\dot{r}\frac{\partial}{\partial\dot{r}}+\Delta\delta_r\frac{\partial}{\partial\delta_r}\right)^k G\right]\end{aligned} \tag{2.28}$$

式中,

$$G_0=G(u_0,v_0,r_0,\dot{u}_0,\dot{v}_0,\dot{r}_0,\delta_{r0})$$

$$\Delta u=u-u_0$$

$$\Delta v=v-v_0$$

$$\Delta r=r-r_0$$

$$\Delta\dot{u}=\dot{u}-\dot{u}_0$$

$$\Delta\dot{v}=\dot{v}-\dot{v}_0$$

$$\Delta\dot{r}=\dot{r}-\dot{r}_0$$

$$\Delta\delta_r=\delta_r-\delta_{r0}$$

应当指出，船舶水动力问题，即船舶与水之间的相互作用问题是十分复杂的。至今为止，很多方面的问题尚未获得圆满解决，所以现在还不能提出全面和完善的理论对各种船舶水动力问题做出完全确切的解释且给予妥善的解决。在工程上，按照惯例，常常是接受一些相对合理的假设，使问题得以简化。在这里要做的一个重要假设是认为势流理论中的流体力与 $\dot{u},\dot{v},\dot{r}$ 成比例的结论对实际流体近似成立。对理想流体，船舶惯性水动力 $\dot{u}$、船舶加速度 $\dot{v}$ 和艏摇角加速度 $\dot{r}$ 之间有简单的线性关系，不含任何 $\dot{u},\dot{v},\dot{r}$ 的高次项和 $\dot{u},\dot{v},\dot{r}$ 与 u,v,r 的耦合项。这里把这一结论推广到实际流体。另外，$\dot{u},\dot{v},\dot{r}$ 与 δ_r 间的耦合是存在的，但因其数值相对较小，可以忽略。根据以上假设，函数 G 表达式中将不含任何 $\dot{u},\dot{v},\dot{r}$ 的高次项和 $\dot{u},\dot{v},\dot{r}$ 与 u,v,r,δ_r 的耦合项。与此相应，其泰勒级数展开式中也将不含 $\Delta\dot{u},\Delta\dot{v},\Delta\dot{r}$ 的高次项和 $\Delta\dot{u},\Delta\dot{v},\Delta\dot{r}$ 与 $\Delta u,\Delta v,\Delta r,\Delta\delta_r$ 的耦合项。于是式（2.28）可相应简化为

$$G = G_0 + \left(\Delta\dot{u}\frac{\partial}{\partial\dot{u}} + \Delta\dot{v}\frac{\partial}{\partial\dot{v}} + \Delta\dot{r}\frac{\partial}{\partial\dot{r}}\right)G$$

$$+ \sum_{k=1}^{\infty}\frac{1}{k!}\left[\left(\Delta u\frac{\partial}{\partial u} + \Delta v\frac{\partial}{\partial v} + \Delta r\frac{\partial}{\partial r} + \Delta\delta_r\frac{\partial}{\partial\delta_r}\right)^k G\right] \quad (2.29)$$

对水平面运动，甚至一般的空间运动，用得最多的展开点或称工作点是

$$u = U, v = r = \delta_r = \dot{u} = \dot{v} = \dot{r} = 0 \quad (2.30)$$

此工作点所对应的工作状态是沿船 x 轴的等速直线航行，一般称为匀速直航工作点。把工作点的参数代入式（2.29）可进一步得到

$$G = G_0 + \frac{\partial G}{\partial\dot{u}}\dot{u} + \frac{\partial G}{\partial\dot{v}}\dot{v} + \frac{\partial G}{\partial\dot{r}}\dot{r} + \sum_{k=1}^{\infty}\frac{1}{k!}\left\{\left[(u-U)\frac{\partial}{\partial u} + v\frac{\partial}{\partial v} + r\frac{\partial}{\partial r} + \delta_r\frac{\partial}{\partial\delta_r}\right]^k G\right\}$$

$$= G(U,0,0,0,0,0) + \frac{\partial G}{\partial\dot{u}}\dot{u} + \frac{\partial G}{\partial\dot{v}}\dot{v} + \frac{\partial G}{\partial\dot{r}}\dot{r} + \frac{\partial G}{\partial u}(u-U) + \frac{\partial G}{\partial v}v + \frac{\partial G}{\partial r}r + \frac{\partial G}{\partial\delta_r}\delta_r$$

$$+ \frac{1}{2}\left[\frac{\partial^2 G}{\partial u^2}(u-U)^2 + \frac{\partial^2 G}{\partial v^2}v^2 + \frac{\partial^2 G}{\partial r^2}r^2 + \frac{\partial^2 G}{\partial\delta_r^2}\delta_r^2 + 2\frac{\partial^2 G}{\partial u\partial v}(u-U)v \right.$$

$$\left. + 2\frac{\partial^2 G}{\partial u\partial r}(u-U)r + 2\frac{\partial^2 G}{\partial u\partial\delta_r}(u-U)\delta_r + 2\frac{\partial^2 G}{\partial v\partial r}vr + 2\frac{\partial^2 G}{\partial v\partial\delta_r}v\delta_r + 2\frac{\partial^2 G}{\partial r\partial\delta_r}r\delta_r\right]$$

$$+ \frac{1}{3!}\left[\frac{\partial^3 G}{\partial u^3}(u-U)^3 + \frac{\partial^3 G}{\partial v^3}v^3 + \frac{\partial^3 G}{\partial r^3}r^3 + \frac{\partial^3 G}{\partial\delta_r^3}\delta_r^3 + 3\frac{\partial^3 G}{\partial u^2\partial v}(u-U)^2 v\right.$$

$$\left. + \cdots + 3\frac{\partial^3 G}{\partial u\partial\delta_r^2}r\delta_r^2 + 6\frac{\partial^3 G}{\partial u\partial v\partial r}(u-U)vr + \cdots + 6\frac{\partial^3 G}{\partial v\partial r\partial\delta_r}vr\delta_r\right] + \cdots$$

$$(2.31)$$

常使用的水动力表达形式为

$$\begin{aligned}G = &G_0 + G_{\dot{u}}\dot{u} + G_{\dot{v}}\dot{v} + G_{\dot{r}}\dot{r} + G_u(u-U) + G_v v + G_r r + G_{\delta_r}\delta_r + G_{uu}(u-U)^2 \\&+ G_{vv}v^2 + G_{rr}r^2 + G_{\delta_r\delta_r}\delta_r^2 + G_{uv}(u-U)v + G_{ur}(u-U)r + G_{u\delta_r}(u-U)\delta_r \\&+ G_{vr}vr + G_{v\delta_r}v\delta_r + G_{r\delta_r}r\delta_r + G_{uuu}(u-U)^3 + G_{vvv}v^3 + G_{rrr}r^3 + G_{\delta_r\delta_r\delta_r}\delta_r^3 \\&+ G_{uuv}(u-U)^2 v + \cdots + G_{r\delta_r\delta_r}r\delta_r^2 + G_{uvr}(u-U)vr + \cdots + G_{vr\delta_r}vr\delta_r + \cdots \end{aligned} \quad (2.32)$$

水动力系数可做如下分类。

（1）零阶水动力系数：展开点处的常值水动力系数 G_0。

（2）一阶水动力系数（水动力导数）：加速度系数 $G_{\dot{u}}$、$G_{\dot{v}}$；艏摇角加速度系数 $G_{\dot{r}}$；速度系数 G_u、G_v；艏摇角速度系数 G_r；舵角系数 G_{δ_r}。

（3）二阶水动力系数（非线性水动力系数）：二阶速度系数 G_{uu}、G_{vv}；二阶艏摇角速度系数 G_{rr}；二阶舵角系数 $G_{\delta_r\delta_r}$；二阶耦合系数 G_{uv}、G_{ur}、$G_{u\delta_r}$、G_{vr}、$G_{v\delta_r}$、$G_{r\delta_r}$。

（4）三阶水动力系数（非线性水动力系数）：三阶速度系数 G_{uuu}、G_{vvv}；三阶艏摇角速度系数 G_{rrr}；三阶舵角系数 $G_{\delta_r\delta_r\delta_r}$；三阶耦合系数 G_{uuv}、$G_{r\delta_r\delta_r}$、G_{uvr}、$G_{vr\delta_r}$ 等。

在实际应用中，一般较少使用水动力高阶模型，根据使用场合的不同和对计算精度的要求可以选用一阶和二阶模型。

在式（2.31）中只保留一阶项和零阶项就得到水动力函数的一阶近似表达式：

$$G = G_0 + G_{\dot{u}}\dot{u} + G_{\dot{v}}\dot{v} + G_{\dot{r}}\dot{r} + G_u(u-U) + G_v v + G_r r + G_{\delta_r}\delta_r \quad (2.33)$$

因为在水平面运动中广义力 G 泛指 X, Y, N，把 X, Y, N 分别代入 G 后就得到水平面运动水动力函数的一阶展开式：

$$\begin{aligned}X &= X_0 + X_{\dot{u}}\dot{u} + X_{\dot{v}}\dot{v} + X_{\dot{r}}\dot{r} + X_u(u-U) + X_v v + X_r r + X_{\delta_r}\delta_r \\ Y &= Y_0 + Y_{\dot{u}}\dot{u} + Y_{\dot{v}}\dot{v} + Y_{\dot{r}}\dot{r} + Y_u(u-U) + Y_v v + Y_r r + Y_{\delta_r}\delta_r \\ N &= N_0 + N_{\dot{u}}\dot{u} + N_{\dot{v}}\dot{v} + N_{\dot{r}}\dot{r} + N_u(u-U) + N_v v + N_r r + N_{\delta_r}\delta_r \end{aligned} \quad (2.34)$$

一阶展开式中出现的各系数和对应项的物理意义为：X_0, Y_0, N_0——匀速直航工作点下船所受到的 x 向、y 向水作用力和绕 z 轴的水作用力矩；$X_{\dot{u}}\dot{u}, Y_{\dot{u}}\dot{u}, N_{\dot{u}}\dot{u}$——在工作点状态下，当船做 x 轴方向的加速运动 $\dot{u}$ 时所受到的 x 向、y 向水作用力和绕 z 轴的水作用力矩；$X_{\dot{v}}\dot{v}, Y_{\dot{v}}\dot{v}, N_{\dot{v}}\dot{v}$——在工作点状态下，当船做 y 轴方向的加速运动 $\dot{v}$ 时所受到的 x 向、y 向水作用力和绕 z 轴的水作用力矩；$X_{\dot{r}}\dot{r}, Y_{\dot{r}}\dot{r}, N_{\dot{r}}\dot{r}$——在工作点状态下，当船做绕 z 轴的角加速运动时所受到的 x 向、y 向水作用力和绕 z 轴的水作用力矩；$X_u(u-U), Y_u(u-U), N_u(u-U)$——在工作点状态下，当船做 x 轴方向匀速运动 u 时所受到的 x 向、y 向水作用力增量和绕 z 轴的水作用力矩增量；$X_v v, Y_v v, N_v v$——在工作点状态下，当船做 y 轴方向匀速运动 v 时所受到的 x 向、y 向水作用力和绕 z 轴的水作用力矩；$X_r r, Y_r r, N_r r$——在工作点状态下，当船做绕 z 轴的匀角速运动时所受到的 x 向、y 向水作用力和绕 z 轴的水作用力矩；$X_{\delta_r}\delta_r, Y_{\delta_r}\delta_r, N_{\delta_r}\delta_r$——在工作点状态下，匀速操舵角 δ_r 时船所受到的 x 向、y 向水作用力和绕 z 轴的水作用力矩。

恢复力（矩）存在于船舶六自由度运动中的横摇、纵摇和垂荡三个自由度的运动中，艏摇、横荡、纵荡不存在恢复力（矩），也就是说在没有外力的情况下船舶会保持艏摇、横荡、纵荡的初始状态和在恢复力（矩）作用下的横摇、纵摇和垂荡平衡状态。

除了惯性力（矩）、黏性力（矩）和恢复力（矩），水动力还包括非线性水动力项和复杂的耦合水动力项。非线性水动力项是由船舶运动的高阶分量引起的，耦合水动力项是各自由度运动之间的相互影响，耦合水动力项中会由于船体的对称结构而忽略为零。

综上所述，四自由度船舶非线性运动模型中的水动力和水动力矩采用如下形式：

$$\begin{aligned}
X_{\mathrm{hyd}} &= X_u u + X_{vr} vr + X_{vv} v^2 + X_{rr} r^2 + X_{\phi\phi}\phi^2 \\
Y_{\mathrm{hyd}} &= Y_v v + Y_r r + + Y_p p Y_\phi \phi + Y_{vvv} v^3 + Y_{rrr} r^3 + Y_{vvr} v^2 r + Y_{vrr} v r^2 \\
&\quad + Y_{vv\phi} v^2 \phi + Y_{v\phi\phi} v \phi^2 + Y_{rr\phi} r^2 \phi + Y_{r\phi\phi} r \phi^2 \\
K_{\mathrm{hyd}} &= K_v v + K_r r + K_p p + K_\phi \phi + K_{vvv} v^3 + K_{rrr} r^3 + K_{vvr} v^2 r + K_{vrr} v r^2 \\
&\quad + K_{vv\phi} v^2 \phi + K_{v\phi\phi} v \phi^2 + K_{rr\phi} r^2 \phi + K_{r\phi\phi} r \phi^2 \\
N_{\mathrm{hyd}} &= N_v v + N_r r + N_p p + N_\phi \phi + N_{vvv} v^3 + N_{rrr} r^3 + N_{vvr} v^2 r + N_{vrr} v r^2 \\
&\quad + N_{vv\phi} v^2 \phi + N_{v\phi\phi} v \phi^2 + N_{rr\phi} r^2 \phi + N_{r\phi\phi} r \phi^2
\end{aligned} \quad (2.35)$$

2.4 船舶操纵性分析

船舶操纵性指船舶按照驾驶人员的意图保持或改变航速和航向的性能。操纵性对船舶航行安全和经济效能都有重要影响。船舶操纵性是通过船舶驾驶员运用操纵装置实现的，船上的操纵装置有舵和螺旋桨等。有些船舶还采用侧推器、方位推进器等提高船舶的操纵性[2]。

操纵性能主要包括船舶航向的稳定性、改向性及保向性，船舶的回转性能，船舶的变速运动性能等。

1. 船舶直航稳定性

物体的运动稳定性是相对于不同的运动参数而言的。所以，要讨论船的运动稳定性，就必须指明是针对哪一运动参数，如艏摇角速度 r、冲角 α、艏摇角 ψ 或

横向位置 y_{1G} 等。船受到扰动后的四种可能运动情况，如图 2.5 所示。

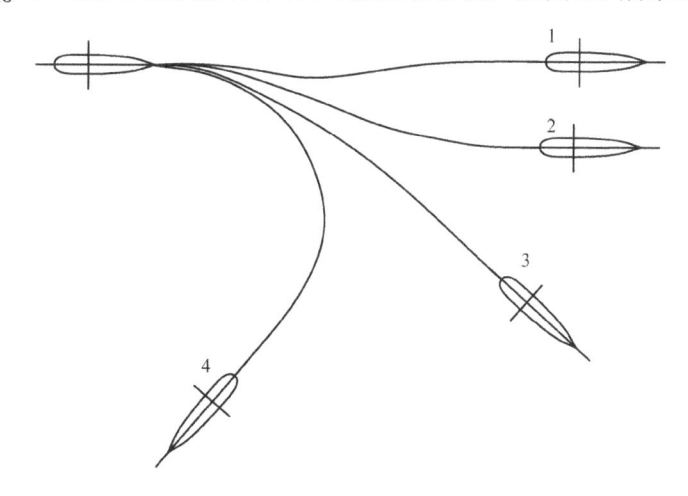

图 2.5　船舶直航运动的四种稳定性

（1）图中 1 表示船受到扰动后，并在扰动消失后，其重心轨迹最终恢复为原来的航线，称为"航迹稳定性"，因为对于 r, ψ, y_{1G} 三个参数来说，都有

$$t \to \infty, r \to 0, \psi \to \psi_0, y_{1G} \to y_{1G_0}$$

（2）图中 2 表示船受到扰动后，并在扰动消失后，其重心轨迹最终恢复为与原来的航线平行的另一直线，称它具有"航向稳定性"，对此种情况有

$$t \to \infty, r \to 0, \psi \to \psi_0, y_{1G} \neq y_{1G_0}$$

（3）图中 3 表示船受到扰动后，并在扰动消失后，其重心轨迹最终恢复为一条直线，但航向发生了变化，称为"直线稳定性"，对此种情况有

$$t \to \infty, r \to 0, \psi = \psi_0 + \Delta\psi \neq \psi_0, y_{1G} \neq y_{1G_0}$$

（4）图中 4 表示船受到扰动后，并在扰动消失后，其重心轨迹最终沿扰动传播方向，不具备航向可控性，对此种情况有

$$t \to \infty, r \to 0, \psi \to \alpha, y_{1G} \neq y_{1G_0}$$

船舶自动回到原来的航向，称为航向自动稳定性。操舵回到原来的航向，称为控制稳定性。自动稳定性是船的自身属性，或称为船的固有稳定性。然而，对于实际的船，一般都只具有直线自动稳定性，不具有航向和航迹的自动稳定性，只能通过操舵来实现航向与航迹的稳定性。

2. 船舶回转性能

当船舶以一定航速在水面上航行时，给定一个舵角指令，在转舵机构的带动下，使舵转至某一固定舵角，则操舵后船舶即开始在水平面内做回转运动，其重心轨迹如图 2.6 所示。船舶开始操舵时，其重心的瞬时位置看作回转运动的起始点，也称为执行操舵点，随后船舶的运动状态将经过一系列的动态变换，从而进入最后的定常回转。回转圈的主要特征参数包括：

（1）横距——转艏 90°时，船舶重心所在位置与船舶原航行方向之间的垂直距离，若该值越小，则回转性就越好。

（2）进距——也称纵距，转艏 90°时，船舶在原航行方向上所前进的直线距离。其数值越大，表示船舶对初始时刻的操舵反应越迟钝，即应舵较慢，船舶操纵性较差。

（3）战术直径——转艏 180°时，舯纵剖面与船舶的原航行方向之间的距离，其值越小，则回转性越好。

（4）回转直径——定常回转阶段船舶重心轨迹回转圈的直径。通常采用相对回转直径来代表回转性能的优劣。

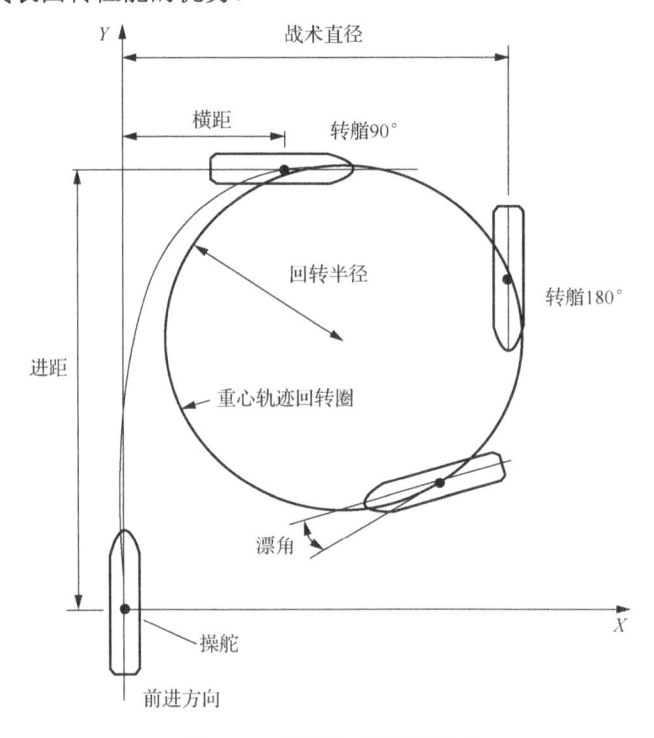

图 2.6　回转圈及回转圈要素

3. 船舶回转运动的三个阶段

船舶的回转运动可以分为转舵阶段、过渡阶段和定常回转阶段。

（1）转舵阶段。

船舶从开始转舵起至转到规定舵角止，称为转舵阶段或初始回转阶段，如图 2.7

所示。在该阶段中，船速开始下降但幅度甚微，漂角也已出现但量较小，回转艏摇角速度不大，但回转艏摇角加速度最大。由于船舶的运动惯性，船舶重心 CG 基本上沿原航向滑进，在舵力转船力矩 M_δ 的作用下，船首操舵一侧回转的趋势，重心则有向操舵相反方向的微量横移，与此同时，船舶因舵力位置比重心位置低而出现少量内倾。

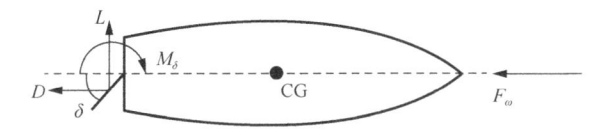

图 2.7　船舶回转的转舵阶段

（2）过渡阶段。

船舶从转舵完成开始至进入定常回转的阶段，称为过渡阶段，如图 2.8 所示。操舵后，由于船舶出现向操舵相反一侧横移而使其运动方向发生改变，形成了漂角 β。越来越明显的斜航运动将使船舶进入加速回转阶段，同时伴有明显的降速。该阶段中，回转艏摇角速度、横移速度和漂角均逐步增大，水动力 F_ω 的作用方向由第一阶段来自正前方，逐渐改变为来自船首外舷方向。由于水动力 F_ω 作用点较重心更靠近船首，因而产生水动力转船力矩 M_β，方向与舵力转船力矩 M_δ 一致，使船舶加速回转；与此同时，随着回转艏摇角速度的不断提高，又会产生不断增大的船舶回转阻矩，从而使回转艏摇角加速度不断降低，艏摇角速度的增加受到限制。

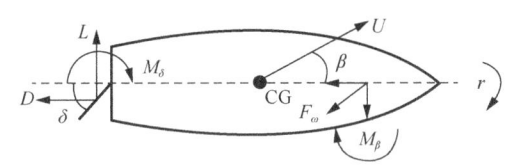

图 2.8　船舶回转的过渡阶段

（3）定常回转阶段。

船舶的运动状态经过过渡阶段发展，作用力和力矩达到新的平衡阶段，称为定常回转阶段，如图 2.9 所示。随着回转的不断发展，一方面，舵力的下降使舵力转船力矩 M_δ 减小，水动力 F_ω 的作用点 W 随着漂角的增大而不断后移，水动力转船力矩 M_β 减小。另一方面，随着回转艏摇角速度的增加，由阻止船舶回转的 R_f、R_a 所构成的水动力转船力矩 M_f、M_a 也同时增大。当漂角 β 增加到一定值时，作用于船舶的力和力矩达到平衡，即船舶进入定常回转。在该阶段中，船体所受合力矩为零，回转艏摇角加速度为零，回转艏摇角速度达到最大并稳定于该值，船舶降速达到最大值，外倾角、横移速度也趋于定常。船舶以稳定的线速度、艏摇角速度做回转运动，故又称第三阶段为稳定回转运动阶段。不同载况的船舶进入定常回转状态的时间也各不相同。空载船大约在转艏 60°，满载船在转艏 100°～120°进入定常回转阶段。

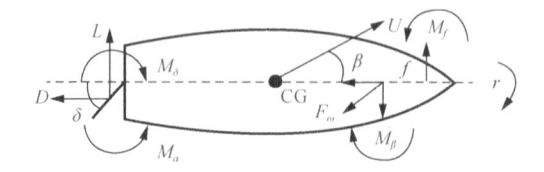

图 2.9 船舶定常回转阶段

当船舶的舵转过某一固定舵角后，船舶各运动参数时间的变化趋势如图 2.10 所示。

影响定常回转直径的因素有以下几点。

（1）船形：回转性与航向稳定性对船形的要求是相互矛盾的，船形肥满、减少艏部侧投影面积，将使回转性变好而稳定性变差。

（2）纵倾：船首纵倾将使回转性变好，稳定性变差。

（3）舵：增大舵面积，合理地选择舵的形状，以提高舵的升力系数；舵布置在船体的不同位置都可以改变船舶的回转性。

（4）航速：航行时产生船体下沉、纵倾和航行兴波，使船所受的水动力发生变化，因而使回转半径随弗劳德数的增大而迅速增大。

（5）回转中的横倾角：集装箱船、滚装船和高速舰船回转时产生较大的横倾角，使水线以下的船形改变，引起水动力参数变化，从而使回转半径减小。

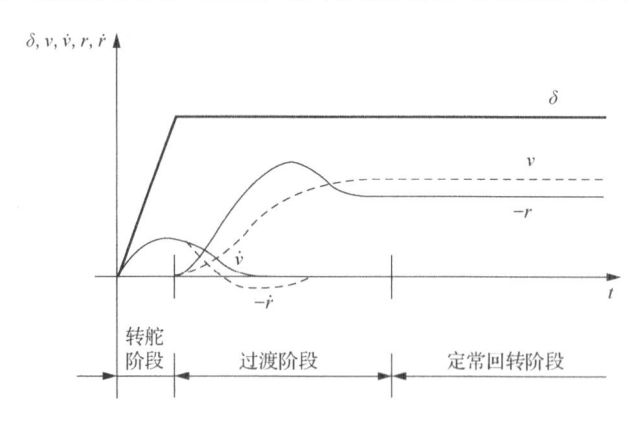

图 2.10 船舶回转过程各运动参数变化趋势

4. 船舶操纵性试验

1）回转试验

回转试验是指在试验航速直航条件下,操左 35°舵角和右 35°舵角或设计最大舵角并保持，使船舶进行左、右转向运动的试验。

(1) 试验方法。

① 保持船舶直线定常航速。

② 在开始回转前约一个船长的航程范围内，记录初始航速、艏摇角及推进器转速等。

③ 发令，迅速转舵到指定的舵角，并维持该舵角。

④ 随着船舶的转向，每隔不超过 20s 的时间间隔，记录轨迹、航速、横倾角及螺旋桨转数等数据。

⑤ 在整个船舶回转中，保持各种控制不变，直至船舶回转 360° 以上，可结束一次试验。

(2) 回转圈及特征参数。

在回转试验中，船舶重心所描绘的轨迹称为回转圈。回转圈是表示船舶回转性能的重要指标。回转圈越小，回转性能越好。

2) Z 形操纵试验

Z 形操纵试验是一种评价船舶偏转抑制性能的试验。同时，可通过 Z 形操纵试验结果求取操纵性指数 K、T。

(1) 试验方法。

以 10°/10°（分子表示舵角，分母表示进行反向操舵时的艏摇角）Z 形操纵试验为例，试验方法简述如下：

① 保持船舶直线定常航速；发令之前记录初始航速、艏摇角及推进器转速等。

② 发令，迅速转右舵到指定的舵角（10°），并维持该舵角。

③ 船舶开始右转，当船舶航向改变量与所操舵角相等时，迅速转左舵到指定的舵角（10°），并维持该舵角。

④ 当船舶向左航向改变量与所操左舵角相等时，迅速转右舵到指定的舵角（10°或20°），并维持该舵角。

⑤ 如此反复进行，操舵达 5 次时，可结束一次试验。

(2) 特征参数。

Z 形操纵试验结果如图 2.11 所示。

① 航向超越角。

航向超越角指每次进行反向操舵后，船首操舵相反一侧继续转动的增加值。可见，航向超越角是从航向变化量方面对船舶转动惯性的一种度量。超越角越大，船舶转动惯性越大。一般用第一超越角和第二超越角作为衡量船舶惯性的参数。

② 航向超越时间。

航向超越时间指每次进行反向操舵时刻起至船首开始向操舵一侧转动的时刻之间的时间间隔。航向超越时间是从时间方面对船舶转动惯性的一种度量。超越时间越长，船舶转动惯性越大。一般用第一超越时间和第二超越时间作为衡量船舶惯性的参数。

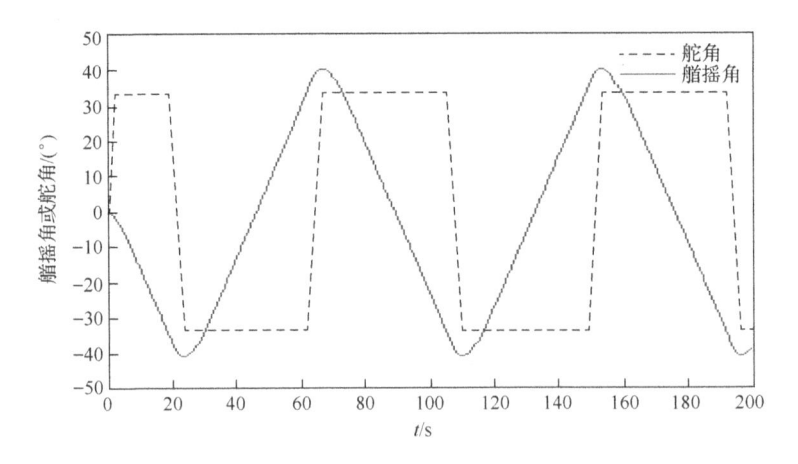

图 2.11 Z 形操纵试验结果

3）螺旋试验

由于船舶在海上不断遇到干扰，因此不能用直接的试验方法测定船舶的航向稳定性和转向运动稳定性，必须用间接的试验方法，即螺旋试验。

（1）试验方法。

① 保持船舶直线定常航速，操舵开始前，记录初始航速、艏摇角及推进器转速等。

② 发令，迅速转舵到一舷指定的舵角，并保持该舵角，使船舶进入旋回状态。

③ 待旋回艏摇角速度达到定常值时，记录相应的艏摇角速度 r 和舵角 δ。

④ 将舵角改变一个规定的角度，再重复测量艏摇角速度 r 和舵角 δ，以 15°舵角为例，依次改变舵角从右 15°→右 10°→右 5°→右 3°→右 1°→0°→左 1°→左 3°→左 5°→左 10°→左 15°→左 10°→左 5°→左 3°→左 1°→0°→右 1°→右 3°→右 5°→右 10°→右 15°，舵角变化一周，回到开始值时，可结束一次试验。

（2）特征参数。

舵角相当于一种干扰，当干扰逐渐减小或消失后，试验结果可以把定常旋回艏摇角速度作为舵角的函数，得到图 2.12 和图 2.13。

图 2.12 中 r 与 δ 具有单值关系，则船舶具有航向稳定性；图 2.13 中 r 与 δ 不具有单值关系。在舵角处于 $a\sim b$ 时，艏摇角速度在 $c\sim d$，r 与 δ 构成一个回环，通常称为螺旋试验的滞后环。

在滞后环范围内，舵角由右舵变化到 0 时，对应的艏摇角速度不等于 0，而为 c 点之值，船舶仍然向右转动。而当舵角变为左舵时，$\delta<a$，只要船舶仍然具有右转的艏摇角速度。这就是常说的反操现象。直到 δ 达到 a 时，船舶突然开始向左转，其后进入正常的左舵左转状态。反之，船舶从左向右变化时，又重复上述过程。滞后环的宽度和高度是衡量船舶运动稳定性的标志。在滞后环以外，船舶运动是稳定的。

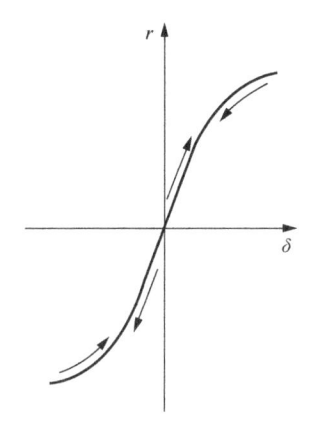

图 2.12　具有航向稳定性的船舶 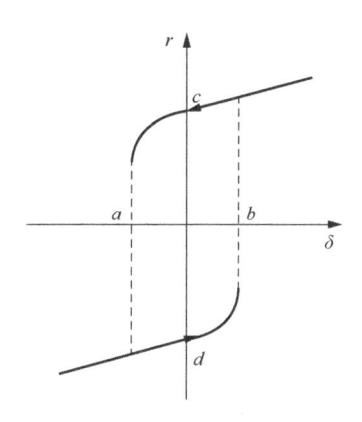　　　　图 2.13　具有航向不稳定性的船舶

4）逆螺旋试验

螺旋试验有需平静海面、很大面积、很长时间等条件的缺点。逆螺旋试验中事先规定一系列回转艏摇角速度值，通过操舵使船舶保持预先规定的艏摇角速度值作定常回转，然后测量该回转艏摇角速度下的平均舵角。

逆螺旋试验测得的参数与螺旋试验是一样的，故试验结果的表达方式相同。对不具有直线运动稳定性的船舶，逆螺旋试验曲线与螺旋试验曲线略有不同，如图 2.14 所示。

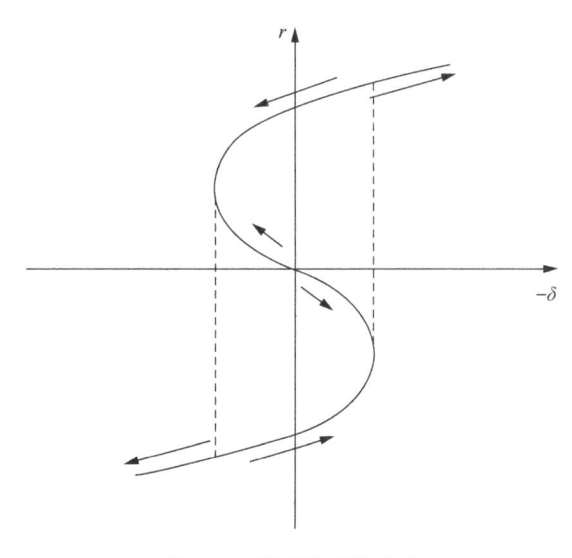

图 2.14　逆螺旋试验曲线

2.5 船舶避碰受力分析

首先设定本节建立的船舶模型是普通排水船,在海上即深水水域平稳匀速航行。船舶本身受到的重力和海水施加的浮力大小相等、方向相反,故在航行时可不做考虑。下面详细讨论三种施加在船体上的力,它们分别是主动力、干扰力和流体动力。

1. 主动力

主动力即船航行的驱动力,主要为螺旋桨推力、舵的转船作用力和侧推力。此外还包括由船上专门的控制设备产生的锚链和缆绳的张力。由于控制和操纵船的动力源不是研究内容的重点,所以在建立船舶模型时,采用一个3×1的控制力矩阵τ来表示施加在船上的驱动力:

$$\tau = \begin{bmatrix} c_1 & c_2 & c_3 \end{bmatrix}^\mathrm{T} \tag{2.36}$$

式中,τ为控制力矩阵;c_1为纵向控制力;c_2为横向控制力;c_3为艏向控制力。

2. 干扰力

干扰力主要是指船体所受到的海上风力、波浪力和流力。风力是由空气流动产生的干扰阻力,实际作用于船体的上层建筑,考虑与否取决于船的具体船型和风的强度。本书采用的船舶模型是上层建筑不大的普通船体,且考虑到仿真时海况良好的假定条件,故可认为风力对船舶航行时的阻碍程度很小。波浪力是由于水下地震波或潮汐力等作用产生的周期性起伏干扰。波浪力的变化十分复杂,会对船体造成振荡型的高频干扰,由于三自由度的船舶模型是研究水平面的船舶运动状态,故不须考虑波浪力引起的干扰影响。流力在不同的标准下有很多的类型分类,在海洋上的船舶运动研究中通常设定为定常均匀流。

3. 流体动力

流体动力是指水面下水与船体表面接触所产生的力。一般情况下,流体分为气体和液体,气体对船体产生的力主要指风力。此处讨论的流体动力特指液体对船体产生的力。流体动力从产生的原因上划分为流体惯性力和流体黏性力。当船舶在海面上运动时,会迫使船体周围的液体做加速或减速运动,由于力的相互作用原理,液体也会施加给船体一个反作用力,即流体惯性力。由于流体惯性力的存在,船舶航行时的质量和惯性矩比其在理想真空中得到的数值要大,这里面多出的那部分值就是附加质量和附加惯性矩。同时，船体在海上航行时，由于海水的黏性，会产生与来流方向垂直的升力和与来流方向一致的阻力，这两个力就是流体黏性力的分力。

由以上的叙述，我们可以得到船体的受力表达式如下：

$$\sum F = F_{主动} + F_{干扰} + F_{流体} = F_{桨} + F_{舵} + F_{侧推} + F_{风} + F_{浪} + F_{流} + F_{惯性} + F_{黏性} \quad (2.37)$$

式中，$F_{主动}$ 表示主动力；$F_{干扰}$ 表示干扰力；$F_{流体}$ 表示流体动力；$F_{桨}$ 表示螺旋桨推力；$F_{舵}$ 表示舵的转船力（舵力）；$F_{侧推}$ 表示侧推力；$F_{风}$ 表示风力；$F_{浪}$ 表示浪力；$F_{流}$ 表示流力；$F_{惯性}$ 表示流体惯性力；$F_{黏性}$ 表示流体黏性力。

船舶所受力矩表达式如下：

$$\sum M = M_{主动} + M_{干扰} + M_{流体} = M_{桨} + M_{舵} + M_{侧推} + M_{风} + M_{浪} + M_{流} + M_{惯性} + M_{黏性}$$
$$(2.38)$$

式中，$M_{主动}$ 表示主动力产生的力矩；$M_{干扰}$ 表示干扰力产生的力矩；$M_{流体}$ 表示流体动力产生的力矩；$M_{桨}$ 表示螺旋桨推力产生的力矩；$M_{舵}$ 表示舵力产生的力矩；$M_{侧推}$ 表示侧推力产生的力矩；$M_{风}$ 表示风力产生的力矩；$M_{浪}$ 表示浪力产生的力矩；$M_{流}$ 表示流力产生的力矩；$M_{惯性}$ 表示流体惯性力产生的力矩；$M_{黏性}$ 表示流体黏性力产生的力矩。

船舶以一定的速度在海面上航行，水与空气都会对其产生阻力。但若想要船体保持前进，则船体受到的推力必须要大于等于阻力。在所研究的三自由度船舶模型中，默认船舶稳定航行，即船是匀速前进的，则此时的纵向推力 c_1 与船舶所受阻力相同。

设定船舶航行时的海况良好，即风浪影响可忽略，且船体的上层建筑较小，考虑到空气的密度很小，所以空气对船舶航行产生的阻力也可忽略。仅考虑水对船舶产生的阻力。根据流体动力施加在船体上的方向来看，由水的黏性所形成的摩擦阻力是沿着船体表面的切向力。而船体所受的摩擦阻力又受许多因素的影响，主要因素有航速、船型和外界条件，其中船舶行驶的航速对于阻力的影响比较大。阻力随着航速变化而变化的曲线称为阻力曲线。当航速为中低速时，即弗劳德数 $Fr = u^2/gL < 0.15$ 时，船体所受的阻力 f 与纵荡速度 u 数值的平方成正比关系，即

$$f = Ku^2 \quad (2.39)$$

式中，K 为阻力系数。船体所受的阻力曲线，如图 2.15 所示。图中，a 曲线表示船舶低速行驶时的阻力曲线，b 曲线表示船舶常速或较高速行驶时的阻力曲线。

当船体保持匀速直线行驶时，只根据航速要求设定 c_1 的值，c_2 和 c_3 均为 0。根据二力平衡原理，船舶在低速行驶时，其纵向控制力需要与阻力大小相等、方向相反才能抵消。即纵向控制力 c_1 与纵荡速度 u 的关系应与上图相似。对建立的

三自由度船舶模型进行多次仿真实验,使纵荡速度从 1kn 增加到 10kn,记录对应控制力,可以得到纵向控制力 c_1 与纵荡速度 u 的关系如图 2.16 所示。

从图 2.16 中可以看出,纵向控制力 c_1 和纵荡速度 u 之间的关系与理论估计相符,在低速时,其斜率较小,随着速度的增加,曲线的斜率也增大。这与阻力和速度之间的关系相似,可认为纵向控制力的大小与纵荡速度的平方也近似成正比。这个关系将作为仿真过程中控制力输入的依据。设定我船与目标船匀速行驶,航速为 10kn,当无横向控制力作用时,航速 $V_{\text{ship}} = u$,据此设定纵向输入力为 $8.356 \times 10^5 \text{N}$,船舶模型在此力的作用下纵荡速度变化如图 2.17 所示。

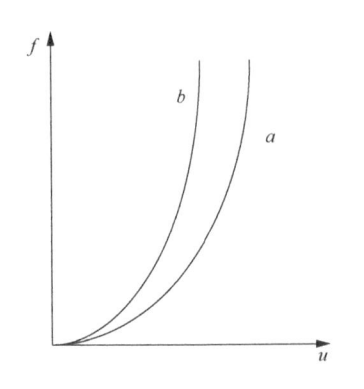

图 2.15 船体所受的阻力与速度关系曲线

图 2.16 纵向控制力 c_1 与纵荡速度 u 的关系曲线

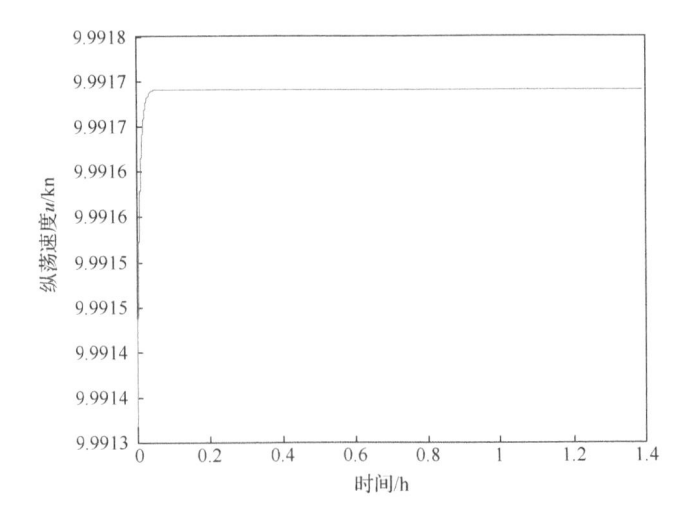

图 2.17 纵荡速度曲线

同样，当船舶开始避碰行为时，需要一个横向控制力进行转向运动。船舶的转向运动用来衡量船舶转舵后做圆弧运动的能力。通过对船舶模型施加不同的横向控制力 c_2 进行旋回试验可以得到横向控制力 c_2 的大小与其轨迹半径 r' 之间的关系，如图 2.18 所示。

根据确立的船舶领域模型和避碰的精度要求，设定 145000N 作为船舶转向时横向控制力的输入值，此时的轨迹半径约为 0.5n mile，船的纵荡速度为 10kn，船舶旋回轨迹如图 2.19 所示。

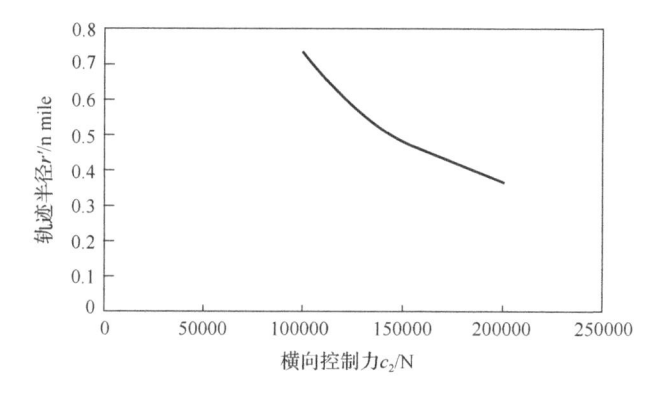

图 2.18　横向控制力 c_2 与轨迹半径 r' 的关系曲线

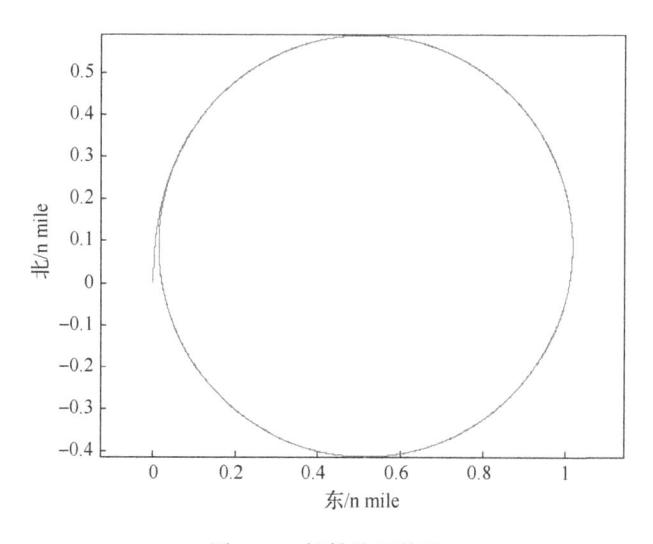

图 2.19　船舶旋回轨迹

船舶在横向控制力为 145000N 时横荡速度的值如图 2.20 所示。由图 2.20 可知，由于横向控制力的输入，横荡速度 v 从 0kn 增长到约 1kn，由 2.1 节可知船舶航速 $V_{\text{ship}} = \sqrt{u^2 + v^2}$，由于横荡速度很小，经运算并不影响航速为 10kn 的设定。

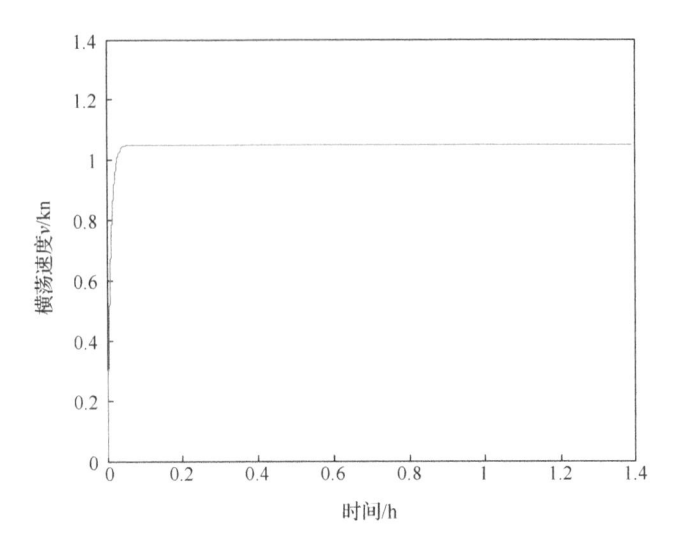

图 2.20 横荡速度曲线

2.6 航向系统建模与分析

在自动控制理论中，应用最多的是线性控制理论。因此在进行控制系统分析和设计时，首先应对控制系统进行线性化处理。众所周知，船舶的动力学运动模型是非线性的，为了能够实现避碰航向控制，通常对船舶运动进行线性化处理。

1. Davidson-Schiff（戴维森-希夫）船舶操纵运动线性模型

如果把动坐标系的原点选在船舶重心 G 处，并考虑船舶的对称性，船舶在平衡位置做小幅运动，则船舶横荡和艏摇的非线性运动方程可以简化成：

$$m(\dot{v}+uv)=Y_\delta\delta+Y_v v+Y_{\dot v}\dot v+Y_r r+Y_{\dot r}\dot r+Y_d \\ I_z\dot r = N_\delta\delta + N_r r + N_{\dot r}\dot r + N_v v + N_{\dot v}\dot v + N_d \quad (2.40)$$

式中，Y_d、N_d 是海浪、海风和海流对船舶的横荡扰动力和艏摇扰动力矩；δ 为舵角。

2. 野本船舶操纵运动模型

野本谦作根据 Davidson-Schiff 模型，于 1957 年提出了两个简单的线性模型[3]。

$$(m-Y_{\dot v})\dot v - Y_v v + (mu-Y_r)r - Y_{\dot r}\dot r = Y_\delta\delta + Y_d \quad (2.41)$$

$$(I_z - N_{\dot r})\dot r - N_r r - N_v v - N_{\dot v}\dot v = N_\delta\delta + N_d \quad (2.42)$$

对式（2.41）和式（2.42）进行拉普拉斯变换得

$$[s(m-Y_{\dot v})-Y_v]v(s)+[s(-Y_{\dot r})+(mu-Y_r)]r(s)=Y_\delta\delta(s)+Y_d(s) \quad (2.43)$$

$$[s(I_z - N_{\dot{r}}) - N_r]r(s) + [s(-N_{\dot{v}}) - N_v]v(s) = N_\delta \delta(s) = N_d(s) \quad (2.44)$$

通过式（2.44）得到 $v(s)$ 的表达式，并将 $v(s)$ 代入式（2.43）得

$$\begin{aligned}
&[(I_z - N_{\dot{r}})(m - Y_{\dot{v}}) - N_{\dot{v}}Y_{\dot{r}}]s^2 r(s) \\
&+ [-(I_z - N_{\dot{r}})Y_v - (m - Y_{\dot{v}})N_r + (mu - Y_r)N_{\dot{v}} - Y_{\dot{r}}N_v]sr(s) \\
&+ [(mu - Y_r)N_v + N_r Y_v]r(s) \\
&= (-Y_v N_\delta + N_v Y_\delta)\delta(s) + [(m - Y_{\dot{v}})N_\delta + N_{\dot{v}}Y_\delta]s\delta(s) + N_v Y_d(s) \\
&+ N_{\dot{v}} s Y_d(s) - Y_v N_d(s) + (m - Y_{\dot{v}})s N_d(s)
\end{aligned} \quad (2.45)$$

定义

$$D_s = (mu - Y_r)N_v + N_r Y_v \quad (2.46)$$

式（2.45）在船舶操纵性理论中称为船舶操作性衡准式；式（2.46）中 D_s 称为稳定衡准数，它是表示船舶操纵运动稳定性的一个重要参数。对于水面船舶，原始的定常运动为沿 Ox 轴的匀速直线运动，当它受到一个航向扰动力后，不经过操舵作用，船舶重心的运动轨迹最终将恢复为一直线，但航向发生了变化。

判别船舶是否具有直线稳定性可以利用稳定衡准数来进行。当 $D_s > 0$ 时，船舶在水平面内的运动具有直线稳定性；$D_s < 0$ 时，则没有直线稳定性。把式（2.45）两边同时除以 D_s，作拉普拉斯反变换，并令

$$\dot{\psi} = r \quad (2.47)$$

于是得二阶野本模型：

$$\tau_1 \tau_2 \dddot{\psi} + (\tau_1 + \tau_2)\ddot{\psi} + \dot{\psi} = K_\delta(\delta + \tau_3 \dot{\delta}) + K_{YD}(Y_d + \tau_4 \dot{Y}_d) + K_{ND}(N_d + \tau_5 \dot{N}_d) \quad (2.48)$$

式中，

$$\tau_1 \tau_2 = \frac{(m - Y_{\dot{v}})(I_z - N_{\dot{r}}) - N_{\dot{v}} Y_{\dot{r}}}{D_s}$$

$$\tau_1 + \tau_2 = \frac{-Y_v(I_z - N_{\dot{r}}) - N_r(m - Y_{\dot{v}}) + (mu - Y_r)N_{\dot{v}} - Y_{\dot{r}}N_r}{D_s}$$

$$\tau_3 = \frac{N_\delta(m - Y_{\dot{v}}) + Y_\delta N_{\dot{v}}}{N_v Y_\delta - Y_v N_\delta}$$

$$\tau_4 = \frac{N_{\dot{v}}}{N_v}$$

$$\tau_5 = -\frac{m - Y_{\dot{v}}}{Y_v}$$

船舶在舵作用下的运动基本上是一个质量很大的物体，做缓慢的转艏运动，于是用一个惯性环节来代表船舶的艏摇运动方程，也就是著名的一阶野本模型，即

$$I_z \ddot{\psi} + N \dot{\psi} = C\delta + N_d \quad (2.49)$$

式中，I_z、N、C分别为船舶的回转惯性力矩系数、回转中所受阻尼力矩系数和舵产生的回转力矩系数。注意，艏摇运动方程中没有恢复力矩项，上式可以改写为

$$T\ddot{\psi} + \dot{\psi} = K\delta + \frac{N_d}{N} \qquad (2.50)$$

式中，$T = I_z/N = \tau_1 + \tau_2 - \tau_3$，$K = C/N$。由前面章节可知，$T$和$K$都具有鲜明的物理意义，它们是被广泛用来评定船舶操纵性的参数，K称为回转性参数，T称为稳定性参数，T和K可以通过船舶在海上做Z形试验得到。

一阶K、T表示的野本模型虽然只是对船舶转向运动的粗糙描述，但是对大型船舶，一阶野本模型还是可以应用于船舶操纵性分析的。一阶野本模型和二阶野本模型如图2.21和图2.22所示。

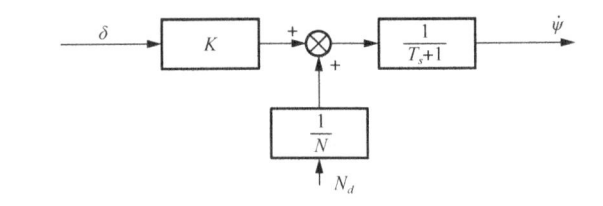

图2.21 一阶野本模型

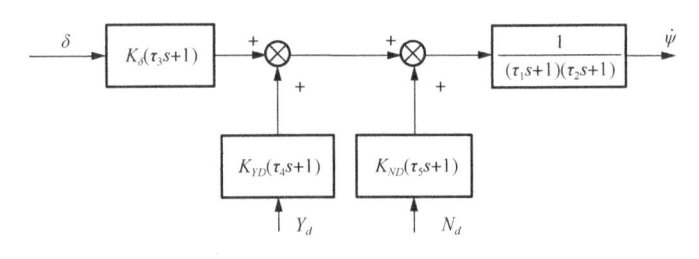

图2.22 二阶野本模型

前面介绍的线性船舶操纵运动模型只适用于船舶航速为常数、在平衡位置做小偏移运动时的操纵运动。当运动参数比较大时，运动方程是非线性的。这里介绍几种比较简单的船舶操纵运动的非线性模型。

根据大量的航行试验结果，野本谦作提出了二阶野本非线性模型，即

$$\tau_1\tau_2\dddot{\psi} + (\tau_1 + \tau_2)\ddot{\psi} + \dot{\psi} + \alpha\dot{\psi}^3 = K_\delta(\delta + \tau_3\dot{\delta}) + K_{YD}(Y_d + \tau_4\dot{Y}_d) + K_{ND}(N_d + \tau_5\dot{N}_d) \qquad (2.51)$$

式（2.51）中的系数$\tau_1\tau_2$、$\tau_1 + \tau_2$和K_δ都和艏摇角速度有关，设有一个非线性函数$H(\dot{\psi})$，令$\dot{\psi} = K_\delta H(\dot{\psi})$并代入式（2.51）中，则可得

$$\dddot{\psi} + \frac{\tau_1 + \tau_2}{\tau_1\tau_2}\ddot{\psi} + \frac{K_\delta}{\tau_1\tau_2}H(\dot{\psi}) = \frac{K_\delta}{\tau_1\tau_2}(\delta + \tau_3\dot{\delta}) + \frac{K_{YD}}{\tau_1\tau_2}(Y_d + \tau_4\dot{Y}_d) + \frac{K_{ND}}{\tau_1\tau_2}(N_d + \tau_5\dot{N}_d) \qquad (2.52)$$

当船舶定常回转时，$\ddot{\psi} = \dot{\psi} = \dot{\delta} = 0$，则式（2.51）简化成（此时无风浪等干扰）

$$\delta = H(\dot{\psi}) \tag{2.53}$$

在大量试验的基础上，野本谦作提出了和实际比较接近的表达式：

$$H(\dot{\psi}) = C_3\dot{\psi}^3 + C_2\dot{\psi}^2 + C_1\dot{\psi} + C_0 \tag{2.54}$$

式中，C_0 是由于船舶的不对称，或单螺旋桨的推力方向与 x 轴不一致引起的；对于不具有直线稳定性的船舶，C_1 是个负值，C_2、C_3 是需要通过试验确定的系数。

在一阶野本模型基础上，式（2.49）扩充成了另一个非线性模型，即

$$\tau\ddot{\psi} + \alpha_1\dot{\psi} + \alpha_3\dot{\psi}^3 = K_\delta\delta + K_{YD}N_d + K_{ND}N_d \tag{2.55}$$

当船舶具有直线稳定性时，式（2.55）中，$\alpha_1 = 1$，否则 $\alpha_1 = -1$。当然式（2.54）也可以写成

$$\tau\ddot{\psi} + H(\dot{\psi}) = K_\delta\delta + K_{YD}N_d + K_{ND}N_d \tag{2.56}$$

上面讨论的非线性模型中，关键的工作是要确定系数 C_0、C_1、C_2 和 C_3。这些系数可由船舶逆螺旋试验的结果得到，读者可参阅有关船舶操纵性的著作。逆螺旋试验实质上是确定艏摇角速度 $\dot{\psi}$ 和舵角 δ 之间的函数关系，即

$$\delta = f(\dot{\psi}) \tag{2.57}$$

图 2.23 给出了具有航向直线稳定性和不具有航向直线稳定性的船舶的逆螺旋试验曲线。只要选择合适的 C_0、C_1、C_2 和 C_3 的值，可使 $H(\dot{\psi})$ 逼近 $f(\dot{\psi})$ 值。

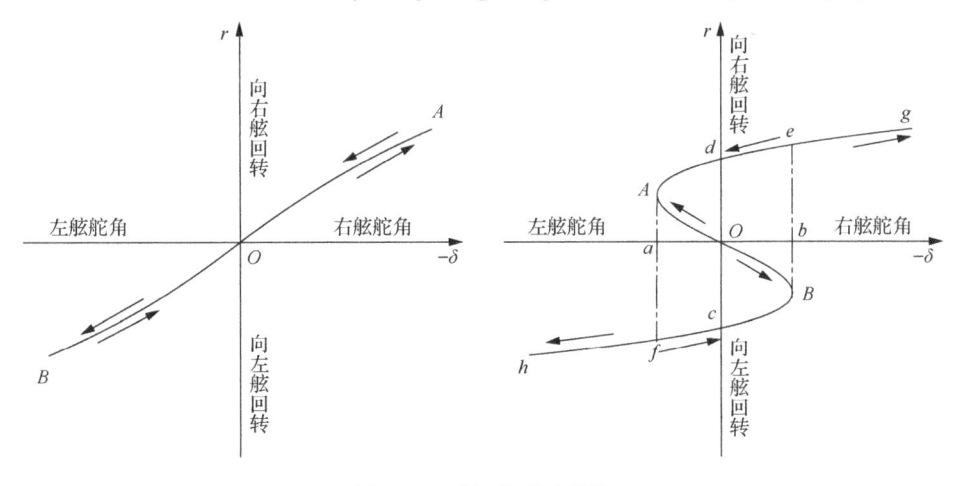

图 2.23 逆螺旋试验曲线

二阶非线性模型的方框图如图 2.24 所示。一阶非线性模型的方框图如图 2.25 所示。

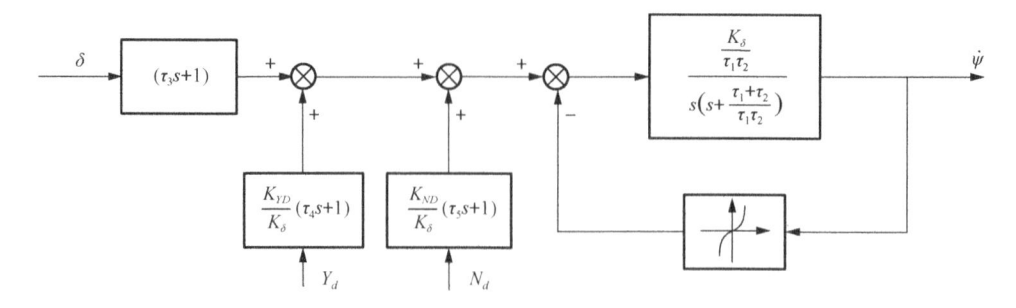

图 2.24　二阶非线性模型的方框图

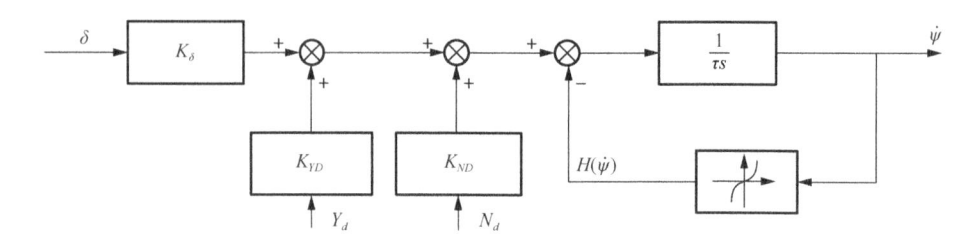

图 2.25　一阶非线性模型的方框图

2.7　船舶航向控制原理

在船舶运动控制中，船舶航向控制是最基本的。无论何种船舶，为了何种使命必须进行航向控制。船舶的航向控制一般通过操纵舵的运动来完成。本节首先给出船舶操纵性模型，讨论船舶的航向控制问题，介绍自动舵的原理及自动舵控制系统的设计方法。

2.7.1　船舶航向控制

船舶航行时，必须对船舶的航向进行控制。为了尽快达到目的或减少燃料的消耗，总是力求船舶以一定的速度作直线航行。这就是船舶的航向保持问题，也就是航向稳定性问题。而在预定航向上发现障碍物或者其他船舶时，必须及时改变航向和航速，这就是船舶的机动性问题。航向稳定性和机动性是衡量一艘船舶操纵性好坏的标志。

实际航行的船舶经常受到海浪、海风和海流等海洋环境的扰动，所以它不可能完全按直线航行。设有 A、B 两艘船，它们在海上的实际航线如图 2.26 所示。其中航向稳定性较好的 A 船，经过很少的操舵即能维持航向，并且航迹也较接近于要求的航线。

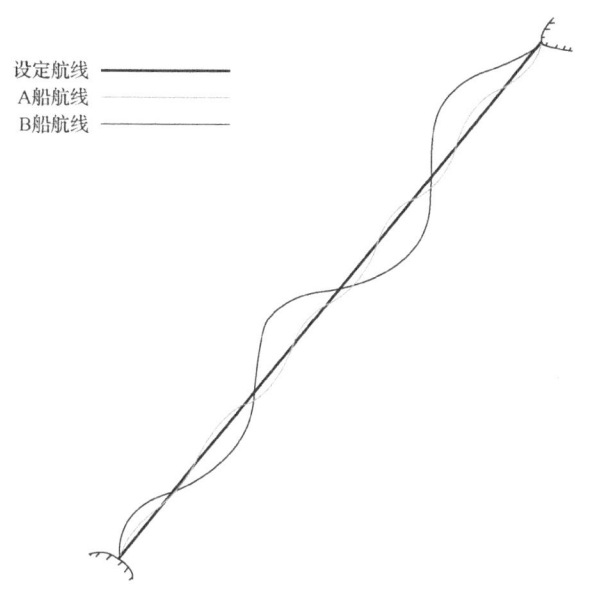

图 2.26　航向稳定性不同的船舶在海上的实际航迹

航向稳定性较差的 B 船则要频繁地进行操纵以纠正航向偏离，并且经过一个曲折得多的航迹。实际航迹的曲折，一方面增加了航程，另一方面由于校正航向偏差而增加了操纵机械和推进机械的功率消耗。通常由于上述原因而增加的功率消耗占主机功率的 2%～3%，而对于航向稳定性较差的船甚至可高达 20%。由此可见，操纵性对使用的经济性有重要影响。

如图 2.27 所示，机动性较好的 A 船，经过较短的时间和在较小的范围内就能改变航向；而机动性较差的 B 船，则要经过较长的时间和在大得多的水域才能完成转向。机动性差的 B 船在狭窄、曲折的航道和船舶较多的水域航行时，会增加碰撞危险。

提高作战舰艇的操纵性，对于提高武器射击的命中率、占据有利阵位和规避敌舰攻击等有重要意义。我们希望船舶既有良好的航向保持功能又有灵敏的机动性。但是在船舶设计中船舶的航向稳定性和机动性往往是矛盾的。一般来说，航向稳定性好的船舶其机动性就差。船舶航向控制装置可以较好地解决这个矛盾。目前，常用的航向控制装置是船舶自动操舵仪，也叫船舶自动舵。

船舶有两种航行状态，即随时改变航向的"机动航行"状态及保持给定航向的"定向航行"状态。船舶在大海中远航时需要长期处在定向航行状态，舰艇在准备攻击时，也需要定向航行，潜艇在水下，不但需要定向航行，而且还要定深航行，定向航行和定深航行状态都要靠操舵来实现。但保持定向航行并不是一件很容易的事情，由于海浪、海风和海流的作用，以及船舶的惯性和船舶本身的不对称（如船舶制造时不对称、载重不对称、双螺旋桨推力不对称等），船舶随时都会偏离给定航向。要使船舶保持给定航向状态，就必须经常操舵。

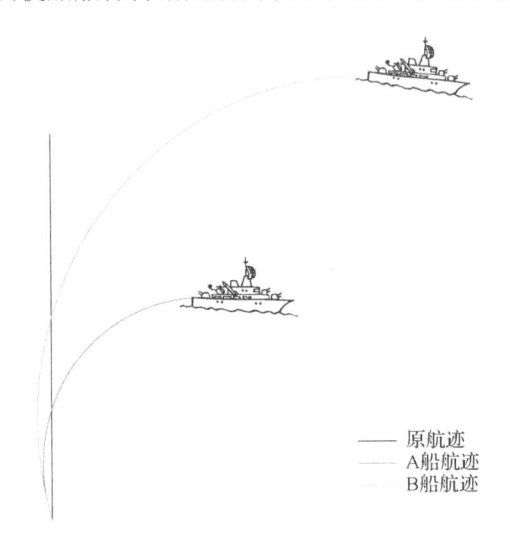

原航迹
A船航迹
B船航迹

图 2.27　机动性不同的船舶改变航向时的不同航迹

2.7.2　操舵改变航向的原理

操舵过程中，通过舵和船舶的一系列水动力作用，船舶就可以改变航向。一艘左右舷形状对称的船舶，舵位于中间位置时，如果沿艏纵剖面方向直线航行，由于流体的对称性，船舶将不会受到侧向力作用，如图 2.28（a）所示。当舵偏转一个 δ 角时，则改变了水流的对称性，首先在舵上产生一个侧向力 Y_p，Y_p 的作用点距船舶重心 G 为 L_p，同时也产生一个绕船舶重心的力矩 $N_p = Y_p \cdot L_p$。如图 2.28（b）所示，在力矩 N_p 作用下，船体相对于水流发生偏转，艏纵剖面与水流速度方向形成一漂角 β，船体也产生一绕重心 G 的艏摇角速度 r，这就进一步改变了水流的对称性，从而产生一个作用于船体的侧向力 Y_s 和绕重心 G 的力矩 N_s。Y_s 和 N_s 都与 β 和 r 有关。因为船体的尺度比舵大得多，Y_s 和 N_s 也比 Y_p 和 N_p 大得多。此后，船舶就主要在 Y_s 和 N_s 的作用下继续做转向和横移运动。这就是利用转舵来改变船舶航向的一个水动力过程。

由此可见，转舵是引起船舶转向的原因，但在整个转向过程中起决定作用的是船体本身所受的水动力及力矩。船舶操纵性的好坏不仅与舵的大小、形状和安装位置等有关，而且和船体形状等有密切的关系。

(a)   (b)

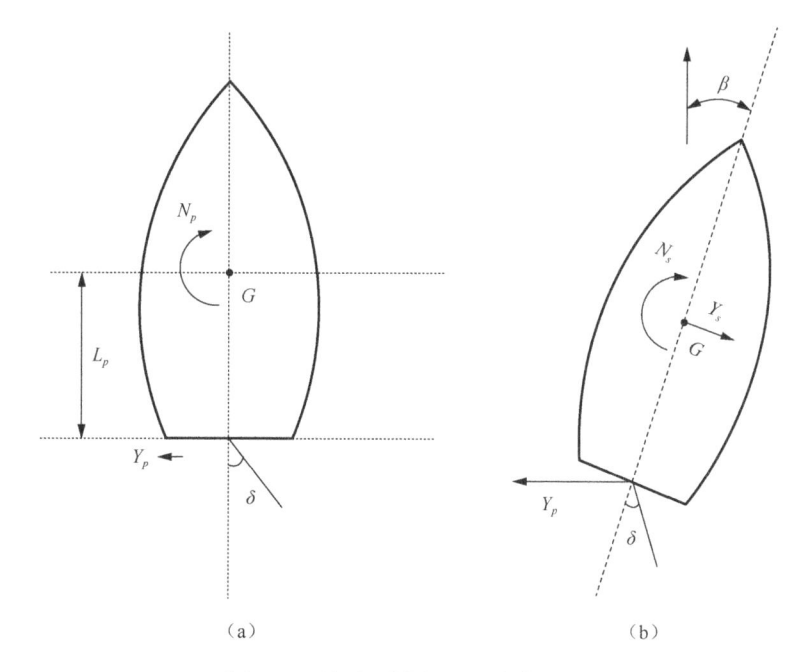

图 2.28　舵-船系统的水动力作用情况

参 考 文 献

[1] 李冰, 綦志刚. 船舶控制原理及其控制系统[M]. 哈尔滨: 哈尔滨工程大学出版社, 2021.

[2] 金鸿章, 姚绪梁. 船舶控制原理[M]. 哈尔滨: 哈尔滨工程大学出版社, 2013.

[3] 郑元洲. 基于操纵推理与视频检测的船桥主动避碰系统研究[D]. 武汉: 武汉理工大学, 2012.

第 3 章

船舶数据的处理

船舶发展有着悠久的历史,其与人类如今的生活也密不可分。随着船舶应用越来越多,船舶自动识别系统(AIS)应运而生,其数据中包含大量的船舶信息,可通过提取这些信息来了解船舶的航行状态。但受 AIS 信号传输、AIS 设备等因素影响,接收到的 AIS 数据会产生丢失或错误,对于研究船舶安全相关问题会产生很大干扰[1]。

3.1 船舶 AIS 数据的解析与修正

AIS 由岸基(基站)设施和船载设备共同组成,是一种新型的集网络技术、现代通信技术、计算机技术、电子信息显示技术为一体的数字助航系统。AIS 诞生于 20 世纪 90 年代,由舰船、飞机的敌我识别器发展而成。AIS 配合全球定位系统(global positioning system,GPS)将船位、航速、改变航向率及航向等船舶动态结合船名、呼号、吃水及危险货物等船舶静态资料由甚高频(very high frequency,VHF)向附近水域船舶及岸台广播,使邻近船舶及岸台能及时掌握附近海面所有船舶的动静态资讯,得以立刻互相通话协调,采取必要避碰行动,有效保障船舶航行安全。

3.1.1 船舶 AIS 数据格式

AIS 报文有以下几种。

明码:以"$"开头,明码报文内容可以直接读出来。

暗码:以"!"开头,报文内容需要通过字符转换和格式定义才能读出。

暗码的数据格式为

! XXYYYY,A,B,C,N,Data,V*HH<CR><LR>

其中,XX 为使用的设备,例如,"AI"是船载标志,"BS"是基站标志。YYY 为语句类型,例如,"VDM"表示封装的是目标船信息,"VDO"表示封装的是我船

信息。A 表示发送本条信息需要的报文条数（因为报文可能很长，需要多个语句）。B 表示本条报文的序列数（1～9），此段不能为空。C 表示连续报文的识别码（0～9），在报文使用一个语句时，该字段可以为空。N 表示报文从信道"A"或"B"接收信息。Data 表示封装的数据部分，封装的最大长度的限制是语句的总字符数不超过 82，对于用多语句传送的报文，本字段最多支持 62 个有效字符，而对于单语句传送的报文，最多支持 63 个有效字符。*表示数据和校验的分隔符。V 表示填充位数（比特数），二进制比特数必须是 6 的倍数，如果不是，要加入 1～5 个填充比特。HH 表示检验字段。AIS 数据采用的是 8 位循环冗余校验（cyclic redundancy check，CRC）码，取其高四位并转化成 16 进制数，构成 AIS 校验码的第一位，低四位转化成 16 进制数后构成 AIS 数据校验码的第二位。当 AIS 数据接收设备接收到一条新的 AIS 报文时，按照 8 位 CRC 对其数据部分进行重校验，如果生成的校验值与报文自带的校验值相同，则表示报文在传输过程中没出错。如果不同，则说明数据在传输过程中出错了。<CR><LR>表示语句结束，是语句结束标志。

AIS 字符编码采用 6bit 二进制串，比特值与 ASCII 码的对照表（表 3.1）如下[2]。

表 3.1　ASCII 码与 6bit 码对照表

ASCII 码	6bit 码	ASCII 码	6bit 码
0	000000	F	010110
1	000001	G	010111
2	000010	H	011000
3	000011	I	011001
4	000100	J	011010
5	000101	K	011011
6	000110	L	011100
7	000111	M	011101
8	001000	N	011110
9	001001	O	011111
:	001010	P	100000
;	001011	Q	100001
<	001100	R	100010
=	001101	S	100011
>	001110	T	100100
?	001111	U	100101
@	010000	V	100110
A	010001	W	100111
B	010010	`	101000
C	010011	a	101001
D	010100	b	101010
E	010101	c	101011

续表

ASCII 码	6bit 码	ASCII 码	6bit 码
d	101100	n	110110
e	101101	o	110111
f	101110	p	111000
g	101111	q	111001
h	110000	r	111010
i	110001	s	111011
j	110010	t	111100
k	110011	u	111101
l	110100	v	111110
m	110101	w	111111

动态信息格式表，如表 3.2 所示。

表 3.2　动态信息格式表

参数	bit 码	说明
信息 ID	6	该信息的识别符
数据终端设备	1	数据终端是否准备就绪（0 表示就绪，1 表示未就绪）
数据指示器	1	指示数据发射是否有效（0 表示无效，1 表示有效）
用户 ID	30	MMSI 码
航行状态	2	表示在航、锚泊、失控、系泊、捕捞等状态
实际航速（SOG）	10	步进为 1/10 kn 的实际航度
经度	28	以 1/10000rad 为单位
纬度	27	以 1/10000rad 为单位
实际航向（COG）	12	以 1/10°为单位
艏向	9	角度（0°~359°）
时间标记	6	报告时的世界时间
备用	1	不用便设置为 0
通信状态	18	SOTDMA 状态
bit 码总计	151	—

注：海上移动业务识别（maritime mobile service identity，MMSI）；实际航速（speed over ground，SOG）；实际航向（course over ground，COG）。

3.1.2　船舶 AIS 数据解析

从 3.1.1 节中可知，想要解析 AIS 数据，需要将 AIS 原始数据的 Data 部分转化为每位 6bit 的二进制码，再对照表 3.2 进行分析。逐段解析数据会消耗人大量精力，十分复杂，用程序实现自动逐条解析可以节省人的精力，高效便利。该程序采用 C#编程语言，开发软件为 Visual Studio 2017，程序流程图见图 3.1。

第 3 章 船舶数据的处理

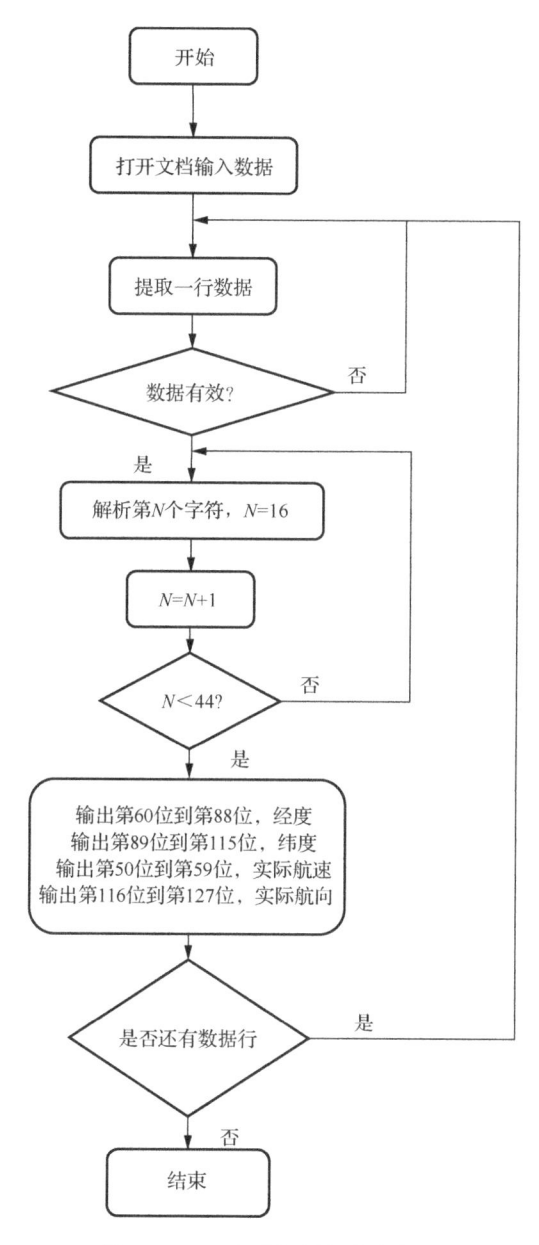

```
                    开始
                     │
                     ▼
              ┌─────────────┐
              │ 打开文档输入数据 │◄──────┐
              └─────────────┘       │
                     │              │
                     ▼              │
              ┌─────────────┐       │
          ┌──►│  提取一行数据  │      │
          │   └─────────────┘       │
          │          │              │
          │          ▼              │
          │       ╱数据╲   否        │
          │      ╱ 有效? ╲──────────┤
          │      ╲      ╱           │
          │       ╲ 是 ╱            │
          │          │              │
          │          ▼              │
          │  ┌──────────────────┐   │
          └──│解析第N个字符，N=16 │   │
             └──────────────────┘   │
                     │              │
                     ▼              │
                ┌─────────┐         │
                │ N=N+1   │         │
                └─────────┘         │
                     │              │
                     ▼              │
                ╱N<44?╲  否         │
                ╲     ╱─────────────┤
                 ╲ 是╱              │
                     │              │
                     ▼              │
          ┌────────────────────────┐│
          │输出第60位到第88位，经度  ││
          │输出第89位到第115位，纬度 ││
          │输出第50位到第59位，实际航速││
          │输出第116位到第127位，实际航向││
          └────────────────────────┘│
                     │              │
                     ▼              │
                ╱是否还╲   是        │
                ╲有数据行╱──────────┘
                     │
                     │ 否
                     ▼
                  ┌────┐
                  │结束 │
                  └────┘
```

图 3.1 AIS 自动解析程序流程图

由 3.1.1 节可知，AIS 原始数据从第 16 位到第 44 位字符是需要解析的数据位，在提出一段有效数据后将第 16 位到第 44 位字符转化为 6bit 码，再用得到的 168 位二进制数据，输出代表各个船舶信息的相应二进制数段。

通过字符串与二进制数的互相转换，以及字符串的定位提取实现了对经纬度、实际航速、实际航向信息的提取以及处理，再通过循环实现 AIS 数据的逐条解析。

在将 AIS 数据信息输入一个 txt 文档时，运行程序后自动输出 AIS 数据当中的经纬度、实际航速与实际航向。实例如下：在记事本中输入 AIS 数据，数据如图 3.2 所示。

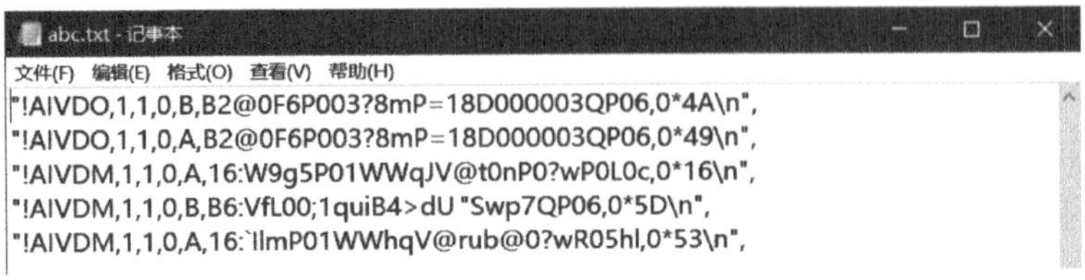

图 3.2　原始 AIS 数据

运行程序，得到结果如图 3.3 所示。

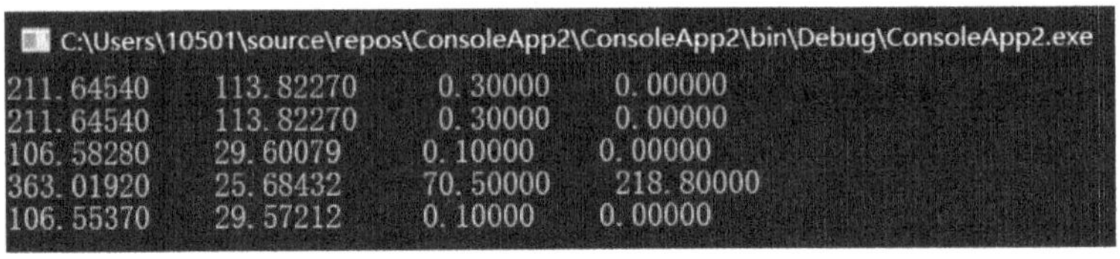

图 3.3　AIS 数据输出结果

输出结果从左到右依次为经度、纬度、实际航速、实际航向。第一行四个数据分别代表了船处于（211.64540°E,113.82270°N），实际航速为 0.3n mile，实际航向为 0.00000°。但由于纬度最多只有 90°，可知这条 AIS 数据信息是错误的。通过分析上述五条信息，排除明显错误的信息，可知船舶的坐标为（106.58280°E, 29.60079°N），数据是静态数据。

3.1.3　船舶 AIS 轨迹数据的修正

1. 三次样条插值基本原理

通过查询相关资料可以了解到，三次样条插值函数的定义为：若函数 $S(x) \in C^2[a,b]$，且在每个小区间 $[x_j, x_{j+1}]$ 上是三次多项式，其中 $a = x_0 < x_1 < \cdots < x_n = b$ 是给定节点，则称 $S(x)$ 是节点 $x_0, x_1, \cdots, x_n$ 上的三次样条插值函数。通过对三次样条插值函数定义的分析，我们可以了解到三次样条插值函数需满足三个条件：第一，$S(x)$ 在 $[a,b]$ 是一个二次、连续、可微函数；第二，$S(x)$ 在每个节点处要等于已知的函数值；第三，在每个小区间 $[x_j, x_{j+1}]$ 上 $S(x)$ 是三次多项式。三次样条插值函数，首先是一个分段三次多项式，我们可以把它设置成为

$$S(x) = a_m x^3 + b_m x^2 + c_m x + d_m, m = 0,1,2,\cdots,n-1 \tag{3.1}$$

式中，a_m, b_m, c_m, d_m 为待定系数，所以 $S(x)$ 一共有 $4n$ 个待定参数。又根据 $S(x)$ 在 $[a,b]$ 上的二阶导数连续的条件，在 n-1 个节点处应满足如下三个连续条件：

$$\begin{cases} S(x_m - 0) = S(x_m + 0) \\ S'(x_m - 0) = S'(x_m + 0) \\ S''(x_m - 0) = S''(x_m + 0) \end{cases} \tag{3.2}$$

共 3n-3 个条件。再加上 S(x) 满足 $S(x_m) = f_m, m = 0,1,2,\cdots,n$，这是 n+1 个条件。加上之前的 3n-3 个条件一共有 4n-2 个条件，仍需 2 个条件才能确定 S(x)。通常可以在 [a,b] 端点 $a = x_0, b = x_n$ 上各加一个条件，称为边界条件。边界条件通常有以下三种形式，第一种是给出两个端点的一阶导数值，即

$$S'(x_0) = f_0', \quad S'(x_n) = f_n' \tag{3.3}$$

第二种是给出两个端点的二阶导数值，即

$$S''(x_0) = f_0'', \quad S''(x_n) = f_n'' \tag{3.4}$$

其特殊情况为

$$S''(x_0) = 0, S''(x_n) = 0 \tag{3.5}$$

称为自然边值条件。第三种是周期边界条件，即当 f(x) 是以 $x_n - x_0$ 为周期的周期函数时，S(x) 也必须是周期函数，这时边界条件满足：

$$\begin{cases} S(x_0 + 0) = S(x_n + 0) \\ S'(x_0 - 0) = S'(x_n + 0) \\ S''(x_0 - 0) = S''(x_n + 0) \end{cases} \tag{3.6}$$

$x_n = x_0$ 时，确定的样条函数 S(x) 为周期样条函数。

2. 三次样条插值实现轨迹修复

从前文内容可知，应该先建立三次样条插值模型，设 x_j、y_j、t_j 分别为纬度、经度、时间。设三次样条插值表达式为

$$S(t) = -M_j \frac{(t-t_{j+1})^3}{6h_j} + M_{i+1} \frac{(t-t_{j+1})^3}{6h_j} + \left(x_j - \frac{M_j h_j^2}{6}\right) \frac{t_{j+1}-t}{h_j} + \left(x_{j+1} - \frac{M_{j+1} h_j^2}{6}\right) \frac{t-t_j}{h_j} \tag{3.7}$$

式中，$t \in [t_j, t_{j+1}], i = 0,1,2,\cdots,n-1$；$M_j$ 为未知参数；$h_j = t_{j+1} - t_j$。

通过对 S(t) 进行求导得到 S'(t)，利用 $S'(t_j+0)=S'(t_j-0)$ 可得

$$\mu_j M_{j-1} + 2M_j + \lambda_j M_{j+1} = d_j \tag{3.8}$$

式中，

$$\mu_j = \frac{h_{j-1}}{h_{j-1} + j} \tag{3.9}$$

$$\lambda_j = \frac{h_j}{h_{j-1} + h_j} \tag{3.10}$$

$$d_j = \frac{6}{h_{j-1}+h_j}\left(\frac{x_{j+1}-x_j}{h_j} - \frac{x_j-x_{j-1}}{h_{j-1}}\right) = 6(t_{j-1},t_j,t_{j+1}) \tag{3.11}$$

由于方程式比未知数少,可以根据边界条件再加上 $j=1$ 和 $j=n$ 时的端点方程求解。从前文内容可知,我们可列出第一种边界条件的端点方程。最后,可以得到关于参数 $M_0,M_1,M_2,\cdots,M_n$ 的 $n+1$ 阶线性方程组,其矩阵方程为

$$\begin{bmatrix} 2 & \lambda_0 & & & \\ \mu_1 & 2 & \lambda_1 & & \\ & \ddots & \ddots & \ddots & \\ & & \mu_{n-1} & 2 & \lambda_{n-1} \\ & & & \mu_n & 2 \end{bmatrix} \begin{bmatrix} M_0 \\ M_1 \\ \vdots \\ M_{n-1} \\ M_n \end{bmatrix} = \begin{bmatrix} d_0 \\ d_1 \\ \vdots \\ d_{n-1} \\ d_n \end{bmatrix} \tag{3.12}$$

根据式(3.12)可求出 $M_0,M_1,M_2,\cdots,M_n$ 的值,即可求出轨迹的三次样条插值函数,进而得到船舶的航迹。

3. AIS 数据修复仿真分析

基于 AIS 数据分析结果,给出两种情况如下。

情况 1:实际航速 10kn,实际航向 45.3°。选出时间间隔为 5s 的 11 个点来实际测试三次样条插值对于修复 AIS 数据单点的可行性。选出的点分别是(125.24973,30.49973),(125.24993,30.49983),(125.24995,30.49993),(125.25003,30.50003),(125.25018,30.50013),(125.25020,30.50023),(125.25028,30.50033),(125.25043,30.50043),(125.25054,30.50054),(125.25056,30.50064),(125.25074,30.50074)。将倒数第三个点(125.25054,30.50054)作为理论点挑出,剩下的 10 个点输入程序中,得到仿真插值结果图见图 3.4,其原始点迹图见图 3.5,其插值后点迹图见图 3.6。通过查询输出的 txt 文件来找到插值点,为(125.25050,30.50054)。

原始点迹图(图 3.5)显示了输入数据的点迹分布,通过观察发现有两点间距过大,可知缺失了一点,而这点便作为被修复的一点。插值后点迹图(图 3.6)显示修复后点迹的分布。

为了验证三次样条插值对 AIS 数据修复的可行性,可将插值点与原始点之间的差值算出来,这就需要用到经纬度计算两点间距离的公式。

(1)计算每一纬度所在经向一度的弧长:

$$S = \frac{\cos b \times [R - B \times (R-r)/90] \times 2\pi}{360} \tag{3.13}$$

式中,B 为计算点所在纬度;R 为赤道半径,取 $R=6378137\text{m}$;r 为极轴半径,取 $r=6356752\text{m}$。

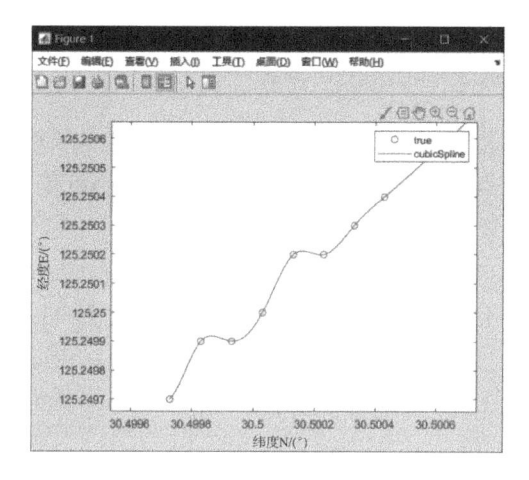

图 3.4　插值结果图（1）

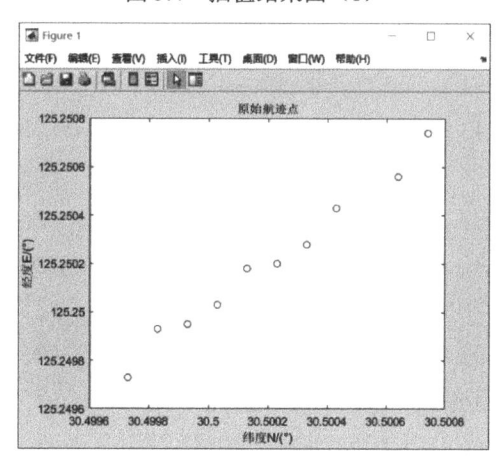

图 3.5　原始点迹图（1）

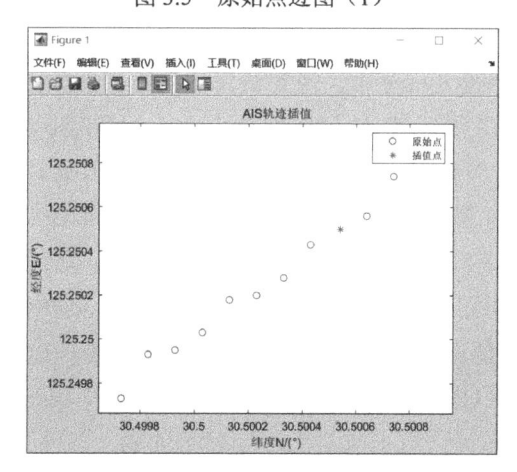

图 3.6　插值后点迹图（1）

（2）两计算点不在同一纬度时，因为所取的计算数据相距极近，所以这里不做考虑。

通过式（3.13），我们得出纬度在30°时每隔1°的经向长度为 $L=99075.576\text{m}$，设 e_c 为插值点与理论点的距离（单位 m），插值点的经度坐标为 Y_c，理论数据的经度坐标为 Y_s，则有误差值为

$$e_c = (Y_c - Y_s) \times L \tag{3.14}$$

误差 $e_c < 20\text{m}$ 时定为不会影响船舶航行的标准。而通过以上公式所得数据，可以求出误差值：

$$e_c = 3.96\text{m} < 20\text{m}$$

符合标准。

情况2：实际航速10kn，实际航向60.7°。挑出时间间隔为5s的30个点来实际测试三次样条插值对于修复多点 AIS 数据的可行性。挑出的点分别是（125.74841,30.86511），（125.74859,30.86521），（125.74878,30.86532），（125.74896,30.86543），（125.74915,30.86553），（125.74933,30.86564），（125.74951,30.86574），（125.74970,30.86585），（125.74988,30.86596），（125.75007,30.86606），（125.75025,30.86617），（125.75044,30.86628），（125.75062,30.86638），（125.75080,30.86649），（125.75099,30.86660），（125.75117,30.86670），（125.75136,30.86681），（125.75154,30.86691），（125.75173,30.86702），（125.75191,30.86713），（125.75209,30.86723），（125.75228,30.86734），（125.75246,30.86745），（125.75265,30.86755），（125.75283,30.86766），（125.75302,30.86777），（125.75320,30.86787），（125.75339,30.86798），（125.75357,30.86809），（125.75376,30.86819）。将其中第4个点，第11个点，第21个点，第22个点，第23个点作为理论点挑出，将剩下的25个点输入程序中，得到仿真插值结果图如图3.7所示。通过查询输出的 txt 文件来找到插值点，分别为（125.74880,30.86542），（125.75024,30.86617），（125.75196,30.86723），（125.75210,30.86735），（125.75226,30.86744），原始点迹图如图3.8所示，插值后点迹图如图3.9所示。

原始点迹图（图3.8）显示了输入数据的点迹分布，通过观察发现有两点间距过大，可知缺失了很多点，而这些点便作为被修复的点。插值结果图（图3.7）显示了程序运行后的插值结果，其中空心点表示真实点迹，曲线则表示插值点连成的线。插值后点迹图（图3.9）显示修复后点迹的分布，其中〇代表真实航迹点，而*代表插值点。

第 3 章　船舶数据的处理

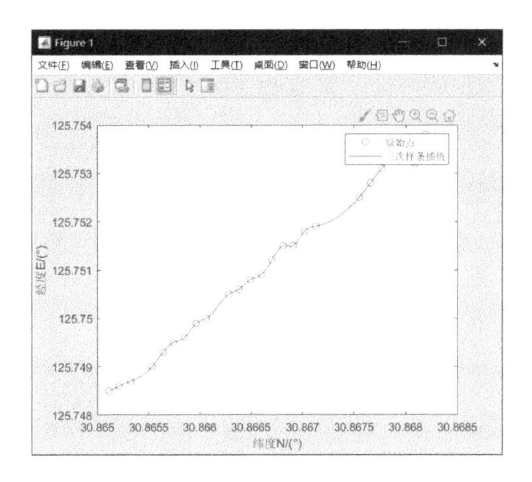

图 3.7　插值结果图（2）

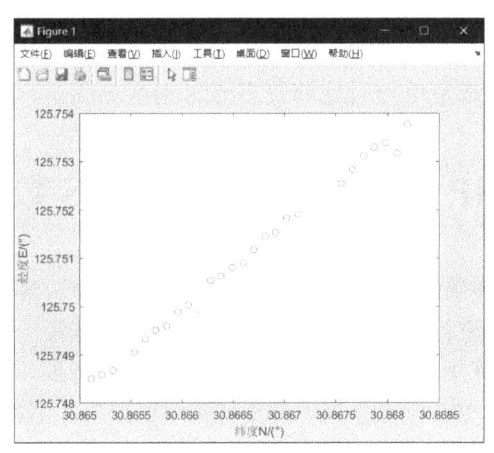

图 3.8　原始点迹图（2）

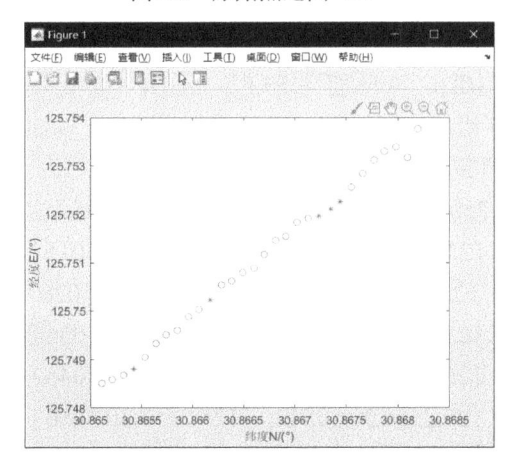

图 3.9　插值后点迹图（2）

可以求出，各个插值点与理论点之间的差值分别为

$$e_{c1} = 15.58\text{m}$$
$$e_{c2} = 0.99\text{m}$$
$$e_{c3} = 12.87\text{m}$$
$$e_{c4} = 17.83\text{m}$$
$$e_{c5} = 19.81\text{m}$$

引入均方根误差：

$$S_c = \sqrt{\frac{\sum_{i=1}^{n} e_{ci}^2}{n}} \tag{3.15}$$

可得 $S_c = 14.96\text{m}$。

通过上述两种情况我们可知三次样条插值对 AIS 数据修复的有效性，在同一段轨迹中，已知点越多，插值出的船舶轨迹方程越贴合实际，插值点与理论点的距离差值越小，因此修复单点时比修复多点时精度更高。

3.2 基于 BP 神经网络的船舶 AIS 数据预测

3.1 节利用三次样条插值修复后得到的完整船舶航迹，本节开展对船舶航迹的预测。将船舶航迹点进行分组，分别建立训练集和测试集，基于 BP 神经网络实现航迹预测，利用训练集对网络的参数进行调整，分别开展以 30 组数据为训练集，60 组数据为训练集，100 组数据为训练集的网络调参，并用测试集测试网络效果。对比预测轨迹与理想轨迹，算出修复精度，如果精度不达标，则重新设置训练集和测试集；如果精度达标，则得到具体的船舶航迹，神经网络预测航迹整体流程如图 3.10 所示。

船舶实际航速为 10kn，实际航向 53.6°，选出以 30 个完整点作为一组数据，共 150 组数据，其中 100 组用作训练集，50 组用作测试集。以 30 组训练样本为一个训练集进行训练，网络调参后利用测试集测试网络效果。下面为一组测试样本的具体分析过程。取出（125.2504,30.5003），（125.2506,30.5005），（125.2507,30.5008），（125.2512,30.5010），（125.2513,30.5013），（125.2516,30.5015），（125.2518,30.5018），（125.2521,30.5020），（125.2523,30.5023），（125.2527,30.5026），（125.2528,30.5028），（125.2531,30.5031），（125.2534,30.5033），（125.2535,30.5036），（125.2538,30.5039），（125.2541,30.5041），（125.2544,30.5044），（125.2546,30.5046），（125.2549,30.5049），（125.2552,30.5051），（125.2554,30.5054），（125.2557,30.5056），（125.2559,30.5059），（125.2562,30.5062），（125.2565,30.5064），（125.2567,30.5067），（125.2570,30.5069），（125.2572,30.5072），（125.2575,30.5074），（125.2578,30.5077）30 个点。

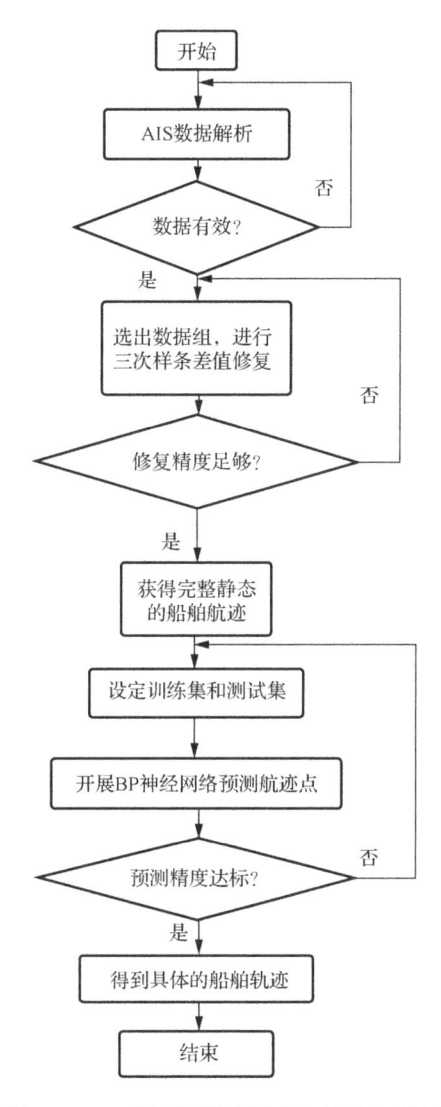

图 3.10 BP 神经网络预测航迹整体流程图

（1）将前 15 个点作为已知点，第 16 个点作为理论点输入程序中开展对 AIS 轨迹单点预测。仿真结果如下：

tensor（[125.2541,30.5041], grad_fn=<AddBackward0>）

通过仿真结果可以看出，预测点为（125.2541,30.5041），通过对比预测点与理论点，可以发现预测点与理论点之间的距离误差值为 0。利用 MATLAB 仿真航迹点，如图 3.11 所示。

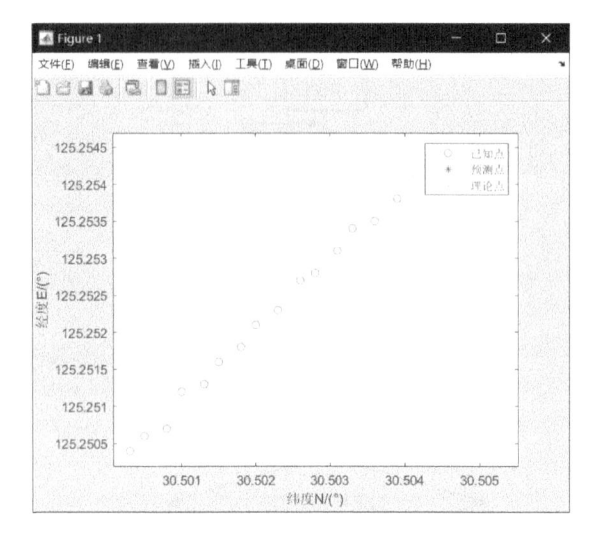

图 3.11　预测航迹仿真图（1）

（2）将前 15 个点作为已知点，后 4 个点作为理论点输入程序中开展对 AIS 轨迹的多点预测。仿真结果如下：

tensor（[125.2540, 30.5041, 125.2543, 30.5044, 125.2545, 30.5046, 125.2548, 30.5049], grad_fn=<AddBackward0>）

通过仿真结果可以看出，预测点为（125.2540,30.5041），（125.2543,30.5044），（125.1245,30.5046），（125.2548,30.5049）。引入均方根误差，通过对比预测点与理论点，可以发现预测点与理论点之间的距离误差值的均方根误差 S_{c1}=8.91m。利用 MATLAB 仿真航迹点，如图 3.12 所示。

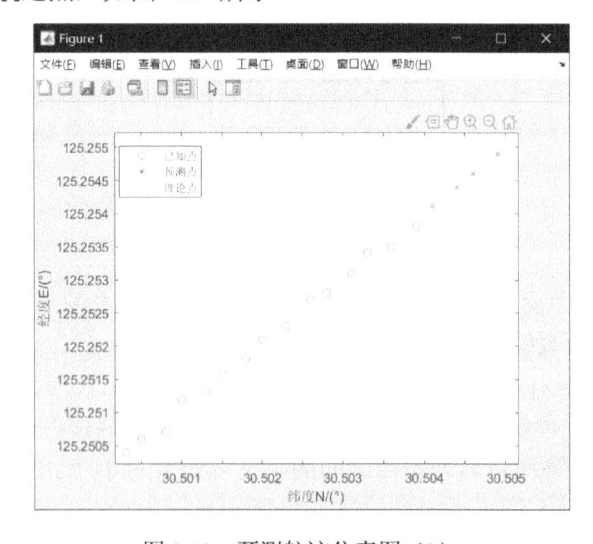

图 3.12　预测航迹仿真图（2）

（3）将前 15 个点作为已知点，后 8 个点作为理论点输入程序中开展对 AIS 轨迹的多点预测。仿真结果如下：

tensor（[125.2540, 30.5041, 125.2543, 30.5044, 125.2545, 30.5046, 125.2547, 30.5049, 125.2551, 30.5051, 125.2552, 30.5054, 125.2556, 30.5056, 125.2558, 30.5059], grad_fn=<AddBackward0>）

通过仿真结果可以看出，预测点为（125.2540,30.5041），（125.2543,30.5044），（125.1245,30.5046），（125.2547,30.5049），（125.2551,30.5051），（125.2552,30.5054），（125.2556,30.5056），（125.2558,30.5059）。引入均方根误差，通过对比预测点与理论点，可以发现预测点与理论点之间的距离误差值的均方根误差 S_{c2}=12.41m。利用 MATLAB 仿真航迹点，如图 3.13 所示。

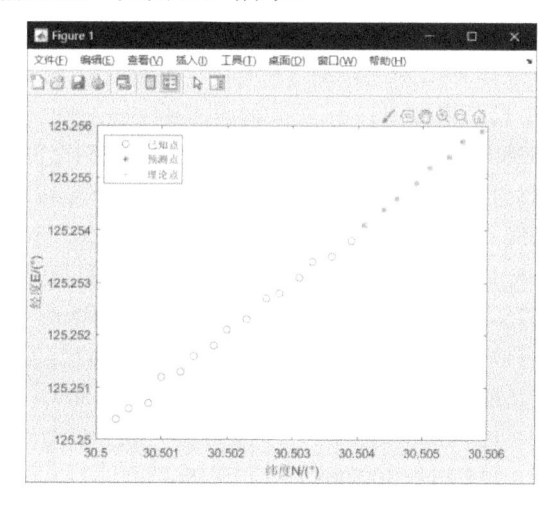

图 3.13　预测航迹仿真图（3）

（4）将前 15 个点作为已知点，后 12 个点作为理论点输入程序中开展对 AIS 轨迹的多点预测。仿真结果如下：

tensor（[125.2539, 30.5040, 125.2542, 30.5043, 125.2544, 30.5045, 125.2547, 30.5048, 125.2550, 30.5050, 125.2552, 30.5053, 125.2555, 30.5055, 125.2557, 30.5058, 125.2560, 30.5061, 125.2563, 30.5063, 125.2565, 30.5066, 125.2568, 30.5068], grad_fn=<AddBackward0>）

通过仿真结果可以看出，预测点为（125.2539,30.5040），（125.2542,30.5043），（125.2544,30.5045），（125.2547,30.5048），（125.2550,30.5050），（125.2552,30.5053），（125.2555,30.5055），（125.2557,30.5058），（125.2560,30.5061），（125.2563,30.5063），（125.2565,30.5066），（125.2568,30.5068）。引入均方根误差，通过对比预测点与理论点，可以发现预测点与理论点之间的距离误差值的均方根误差 S_{c2}=18.82m。利用 MATLAB 仿真航迹点，如图 3.14 所示。

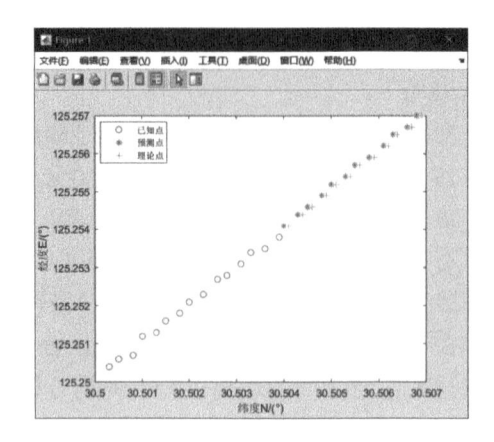

图 3.14　预测航迹仿真图（4）

（5）将前 15 个点作为已知点，后 15 个点作为理论点输入程序中开展对 AIS 轨迹的多点预测。仿真结果如下：

tensor（[125.2538, 30.5040, 125.2541, 30.5043, 125.2543, 30.5045, 125.2546, 30.5048, 125.2549, 30.5050, 125.2551, 30.5053, 125.2554, 30.5055, 125.2556, 30.5058, 125.2559, 30.5061, 125.2562, 30.5063, 125.2564, 30.5066, 125.2567, 30.5068, 125.2569, 30.5071, 125.2572, 30.5073, 125.2575, 30.5076], grad_fn=<AddBackward0>）

通过仿真结果可以看出，预测点为（125.2538,30.5042），（125.2541,30.5043），（125.2543,30.5045），（125.2546,30.5050），（125.2549,30.5050），（125.2551,30.5053），（125.2554,30.5055），（125.2556,30.5058），（125.2559,30.5061），（125.2562,30.5063），（125.2564,30.5066），（125.2567,30.5068），（125.2569,30.5071），（125.2572,30.5075），（125.2575,30.5076）。通过对比预测点与理论点，可以算出各个预测点与其相应理论点之间的距离误差值的均方根误差 S_c=18.72m。利用 MATLAB 仿真航迹点，如图 3.15 所示。

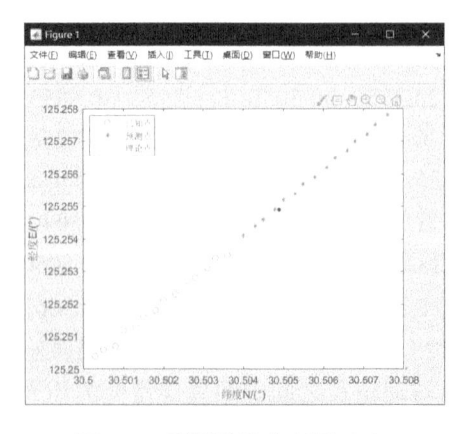

图 3.15　预测航迹仿真图（5）

通过以上数据,可以发现随着预测点数的增多,预测精度会先逐渐下降,最后趋于平稳。同理,将整个测试集带入网络中进行测试,最终得到的各个预测点与其相应理论点之间的距离误差值的均方根误差平均值仿真结果如图 3.16 所示。

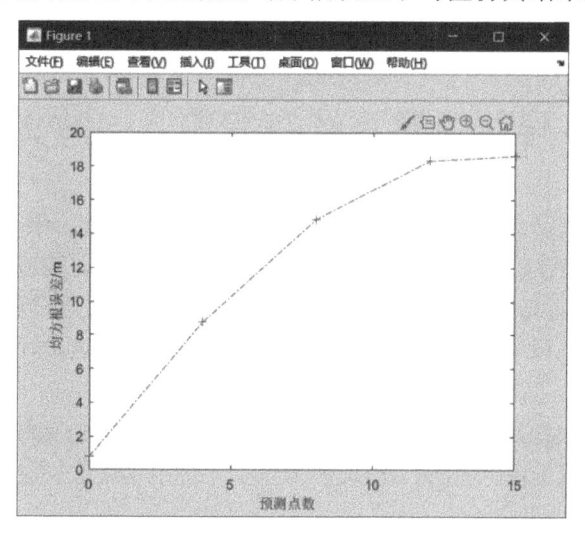

图 3.16　AIS 数据预测误差随预测点变化曲线(30 组训练样本训练效果)

接下来再分别以 60 组数据、100 组数据建立训练集调整神经网络,再将作为测试集的 50 组数据带入程序中分别开展对单点、5 个点、8 个点、12 个点、15 个点的预测。算出各组均方根误差后取平均值的仿真结果如图 3.17 所示。

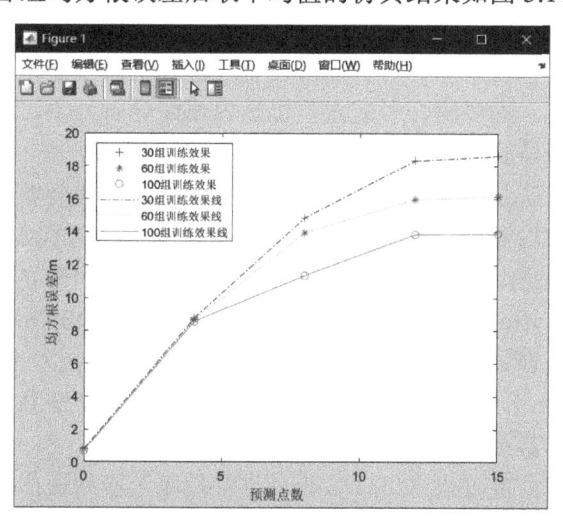

图 3.17　AIS 数据修复误差随修复点变化曲线

如图 3.17 所示,曲线从上到下分别是 30 组、60 组、100 组训练样本建立训练集后对神经网络的训练效果。从上述仿真结果可知,随着预测点数的增加,预测精度会逐渐下降，最终达到峰值，在 100 组数据中训练集中的训练样本数量越多，对测试集的仿真效果越好。通过查阅资料得，预测点与理论点之间距离的均方根误差小于 30m 时，船舶的航行不受影响。通过仿真结果可知，BP 神经网络在 AIS 轨迹修复预测上是有效的。

3.3　北斗导航卫星系统在船舶 AIS 中的应用

随着我国自主研发的北斗导航卫星系统（BeiDou Navigation Satellite System, BDS）的出现以及导航技术的日益成熟，其在船舶导航方面的应用也越来越广泛。传统 AIS 导航信息大多由 GPS 提供，但 GPS 是美国军方研发的导航系统，在使用过程中难免存在风险，BDS 的出现则打破了这种技术垄断的僵局[3-4]。然而无论是 BDS 还是 GPS，其导航设备在一定程度上均存在定位缺陷，致使定位精度无法达到更高要求，因此，本章通过对 BDS/GPS 组合导航定位系统在 AIS 中的具体应用进行研究，以此减小船舶 AIS 定位误差，使船舶航行过程能够得到更为精确的 AIS 助航信息[5]。

3.3.1　BDS/GPS 组合定位模型与原理

随着导航技术的不断发展以及不同导航系统的出现，单一导航系统存在的缺陷以及各种限制条件，具体包括导航设备系统误差较大、覆盖范围不能满足要求、定位精度较低、受环境因素影响较大等。因而，人们便开始将目光聚焦在组合导航定位系统之上，也就是综合各种导航设备，由监视器和计算机进行控制的导航系统。就目前而言，大多组合导航定位仍然以惯性导航为主，主要是由于惯性导航能够提供较多的导航定位参数。

随着我国自主研发的北斗导航卫星系统的问世，其在全世界范围内也被广泛使用，因而，与 BDS 结合的组合导航也就成了领域内研究的热点问题。就目前而言，与 BDS 相关联的组合导航主要有 BDS/SINS（捷联式惯性导航系统，strap-down inertial navigation system）组合导航定位系统，BDS/GPS/SINS 组合导航定位系统等。随着 BDS 在组合导航中的应用越来越多，其相应组合技术也变得越来越成熟，这也就使得 BDS 在不与 SINS 系统相结合的情况下，也能够独立地和其他几种导航系统组合使用，甚至在定位性能和精度上更优。

就导航系统应用范围来讲，GPS 较其他导航系统应用最广，因其导航定位技术相对成熟而被应用到航天、船舶、汽车等重工业领域。所以，BDS/GPS 组合导航定位系统也就成了当下导航领域内的热点问题。因而，本节将对 BDS/GPS 组合导航定位系统进行建模分析[6]。

1. 状态模型

BDS/GPS 组合导航定位系统的状态向量具体包括接收机的位置、速度、加速度、GPS 和 BDS 的钟差参数以及钟漂参数，考虑到具体的船舶应用，其中的接收机位置、速度、加速度基本等价于船舶航行状态下的运动参数，其具体表达式为

$$X_K = \left[x_k^u, v_k^{ux}, a_k^{ux}, y_k^u, v_k^{uy}, a_k^{uy}, z_k^u, v_k^{uz}, a_k^{uz}, c\delta t_k^{uG}, c\delta t_k^{uB}, c\delta f_k^{uG}, c\delta f_k^{uB} \right]^T \quad (3.16)$$

式中，(x_k^u, y_k^u, z_k^u)、$(v_k^{ux}, v_k^{uy}, v_k^{uz})$、$(a_k^{ux}, a_k^{uy}, a_k^{uz})$ 分别表示接收机载体三维位置、速度、加速度；c 表示光速；δt_k^{uG}、δt_k^{uB} 分别表示 GPS 和 BDS 的钟差；δf_k^{uG}、δf_k^{uB} 分别表示 GPS 和 BDS 的钟漂。在不考虑船舶航行中遇到的各种干扰因素的条件下，该状态向量包含了组合系统导航定位时所需解算的基本信息。

根据接收机载体船舶的数学运动模型和系统的状态关系，可以得到系统的具体状态方程：

$$X_k = f_k X_{k-1} + \Gamma_k W_{k-1} \quad (3.17)$$

式中，k 表示观测历元数；X_k、X_{k-1} 分别表示第 k 个以及第 $k-1$ 个观测历元的状态向量；f_k 表示状态向量 X_k 与 X_{k-1} 之间状态转移的函数关系；Γ_k 表示噪声驱动矩阵；W_{k-1} 表示过程噪声。

2. 观测模型

组合系统的观测模型主要由两种系统的伪距单点定位模型和多普勒单点定位模型相结合而成。由伪距单点定位方程可知，组合系统伪距单点定位方程组为

$$\begin{cases} \rho^1 = r^1 + c\left(\delta t_s^1 - \delta t_r^1\right) + I_\rho^1 + T_\rho^1 + \varepsilon_\rho^1 \\ \rho^2 = r^2 + c\left(\Delta t + \delta t_s^2 - \delta t_r^2\right) + I_\rho^2 + T_\rho^2 + \varepsilon_\rho^2 \end{cases} \quad (3.18)$$

式中，ρ 表示伪距观测值；r 表示卫星与接收机之间的几何距离；c 表示光速；δt_s、δt_r 分别表示卫星时钟和接收机时钟相对于该卫星系统标准时间的钟差，I_ρ、T_ρ 分别表示对流层改正和电离层改正；ε_ρ 表示多路径观测噪声、系统误差；1 表示 GPS 卫星；2 表示 BDS 卫星；Δt 则表示 BDS 与 GPS 的时间差。

此外，根据多普勒频移，即当移动台以恒定速度沿一定方向移动时。由于传播路程差的原因会造成相位和频率的变化，因而，考虑到其与接收机载体速度紧密相关，从而得到组合系统的开普勒方程，即

$$D_s = \frac{\left[(x_k^s - x_k^u)(v_k^{sx} - v_k^{ux}) + (y_k^s - y_k^u)(v_k^{sy} - v_k^{uy}) + (z_k^s - z_k^u)(v_k^{sz} - v_k^{uz})\right]}{r} + c\delta t + \delta R_t$$

$$(3.19)$$

式中，(x_k^s, y_k^s, z_k^s) 为 t 时刻接收机位置；$(v_k^{ux}, v_k^{uy}, v_k^{uz})$ 为 t 时刻卫星速度；r 表示卫

星与接收机之间的真实距离；δR_t 则为相位变化、码延迟引起的频移量。

综合上述，可以得到组合系统的观测方程：

$$Z_k = h_k X_k + V_k \quad (3.20)$$

式中，Z_k 表示第 k 个历元的观测量；h_k 描述了第 k 个历元的观测量 Z_k 和状态变量 X_k 之间的函数关系；V_k 表示观测噪声。

3. 误差模型

首先，假设在某一历元观测到 BDS 卫星 n_B 颗，GPS 卫星 n_G 颗，由于伪距测量中不存在模糊度未知数，故将 GPS 和 BDS 的伪距定位方程做双差后得到的未知参量也就仅包含 3 个三维坐标增量。

根据间接平差原理，即在确定多个未知量的最或然值时，选择它们之间不存在任何关系的独立量作为未知量，组成未知量表达测量的函数表达关系，列出误差方程式，然后按照最小二乘法求得未知量的最或然值。将两伪距定位方程联立，线性化后可得 BDS 与 GPS 的误差方程：

$$V = AX - L \quad (3.21)$$

$$X = \begin{bmatrix} \Delta X \\ \Delta Y \\ \Delta Z \end{bmatrix}, L = \begin{bmatrix} L_1^B \\ \vdots \\ L_{n_B-1}^B \\ L_1^G \\ \vdots \\ L_{n_G-1}^G \end{bmatrix}, A = \begin{bmatrix} l_1^B & m_1^B & n_1^B \\ \vdots & \vdots & \vdots \\ l_{n_B-1}^B & m_{n_B-1}^B & n_{n_B-1}^B \\ l_1^G & m_1^G & n_1^G \\ \vdots & \vdots & \vdots \\ l_{n_G-1}^G & m_{n_G-1}^G & n_{n_G-1}^G \end{bmatrix}$$

式中，未知参数阵 X 大小为 3×1；常数矩阵 L 大小为 $[(n_B-1)+(n_G-1)] \times 1$；系数阵 A 大小为 $[(n_B-1)+(n_G-1)] \times 3$。

卫星导航是指地面导航终端接收机根据其范围内可见天体卫星发送过来的位置数据信息，实时地测定装备导航系统设备的载体在具体运行过程中的位置和速度，然后准确地引导其到达目的地的技术和方法。

根据导航系统接收机运动状态，卫星导航系统的定位方式可以分为静态定位和动态定位。根据参考点的不同可以分为单点定位、差分定位和相对定位。单点定位是指根据卫星星历及单台接收机的观测值确定该接收机在地球坐标系中绝对坐标的方法，又称为绝对定位；差分定位则需要使用两台或两台以上的接收机，其中一台接收机通常固定在参考点或基站，其坐标已知，而其他接收机处于固定或者移动的状态，而且坐标不确定；相对定位是指确定进行同步观测的接收机之间相对位置的定位方法，通常情况下已知点是定点。相对来说，差分定位和相对定位的定位精度比单点定位高。然而由于单点定位简单易行且成本低，所以导致其应用最为广泛,但是如果对定位精度要求较高,则需要采用差分定位或相对定位。

单点定位又可以分为伪距单点定位、载波相位单点定位。主要采用单点定位中的伪距单点定位方式,其具体定位原理如下:

$$\rho = r + c(\delta t_s - \delta t_r) + I_\rho + T_\rho + \varepsilon_\rho \tag{3.22}$$

式中,ρ 表示伪距观测值;r 表示卫星与接收机之间的几何距离,δt_s、δt_r 分别表示卫星时钟和接收机时钟相对于该卫星系统标准时间的钟差;I_ρ、T_ρ 分别表示对流层改正和电离层改正;ε_ρ 表示多路径观测噪声、系统误差。假设在某时刻,卫星 s 与接收机之间的几何距离为

$$r = \sqrt{(x-x_s)^2 + (y-y_s)^2 + (z-z_s)^2} \tag{3.23}$$

式中,(x,y,z) 表示接收机观测站坐标值;(x_s,y_s,z_s) 为卫星坐标值。

在理想条件下、可以测量得到卫星与接收机之间的真实距离 r,但现实条件下只能测量到其伪距观测值 ρ,也就是真实距离加上偏差以及系统噪声。因为,通过测量解算出的位置、时间和时间精度,将在很大程度上由对偏差以及误差的补偿和消除决定。系统偏差和误差越小,则定位精度越高;相反,偏差和误差越大,定位精度则越低。所以,处理导航系统的定位精度问题也就等价于处理导航系统偏差。

就单点定位而言,假设用 n 个星座进行定位时,则其未知数为接收机三维坐标和 n 个接收机钟差,即 n+3 个未知数,因而,至少需要 n+3 个伪距观测方程进行联立,在用伪距单点进行定位时,至少需要对 n+3 颗卫星进行观测。

我国研发的北斗二代导航卫星系统定位原理也是如此,采用的是无源定位方式,接收机接收卫星广播的导航信号,由接收机终端计算用户位置,然后根据位置解算原理进行接收机自行处理并得出其自身位置信息。而北斗一代导航卫星系统的定位方式是有源定位。即当终端接收机载体想要获取自身定位信息时,必须首先向卫星发送定位申请,然后申请信号经卫星转发至地面中心站,地面中心站再将其信号按照相关语句编码格式并解调出用户发送的信息,再根据相关测距公式计算出载体位置信息,最后再通过卫星发送给提出申请的接收机终端。

4. 坐标系统统一

由于 BDS 和 GPS 使用不同的时间坐标系统和空间坐标系统,但是组合定位要求两系统需要在同一个方程中进行定位解算,所以必须把两个系统的时间坐标系、空间坐标系统转换为同一时间坐标系统、空间坐标系统,这也是建立组合导航定位系统的前提。

（1）空间坐标系统的统一。

GPS 坐标系统采用的是 1984 世界大地测量系统（WGS-84），BDS 坐标系统则采用 2000 国家大地坐标系（CGCS2000），CGCS2000 的定义和国际地球参考框架（international terrestrial reference frame，ITRF）相一致。WGS-84、CGCS2000 参考椭球定义的基本大地参数见表 3.3。

表 3.3　WGS-84 和 CGCS2000 坐标系统基本大地参数

坐标系统	坐标原点	地球引力/(m^2/s^2)	半场轴/m	扁率	自转角速度/(rad/s)
WGS-84	地球质心	398600.5×10^9	6375137	1/298.257223563	7.092115×10^{-5}
CGCS2000	地球质心	398600.44×10^9	6378137	1/298.257222101	7.092115×10^{-5}

通过表 3.3 可以看出，WGS-84 和 CGCS2000 的基本大地参数相差无几。所以，当对系统定位精度要求不高时，可以不进行坐标变换。但对精度要求较高时，则需要对两者坐标进行转换。目前常用的三维直角坐标系转换公式是七参数转换公式，具体如下：

$$\begin{bmatrix} X \\ Y \\ Z \end{bmatrix}_{CGCS2000} = \begin{bmatrix} \Delta X \\ \Delta Y \\ \Delta Z \end{bmatrix} + (1+k)\begin{bmatrix} 1 & \Omega_z & -\Omega_Y \\ -\Omega_z & 1 & \Omega_X \\ \Omega_Y & -\Omega_X & 1 \end{bmatrix}\begin{bmatrix} X \\ Y \\ Z \end{bmatrix}_{WGS-84} \quad (3.24)$$

式中，ΔX、ΔY、ΔZ 是两坐标系统原点平移引起的平移量；Ω_X、Ω_Y、Ω_Z 表示旋转矩阵中坐标旋转引起的三个旋转参数；$1+k$ 则表示坐标转换的比例因子。

（2）时间坐标系统的统一。

时间坐标系统的统一，即寻求中间变量将两系统各自的时间系统转换成都含有所取中间变量的关系式，从而实现在时间坐标系统上的统一。在时间坐标系统上，GPS 采用其专用、基于原子时（atomic time，AT）的 GPS 时间（GPS time，GPST），以美国海军天文台（United States Naval Observatory，USNO）提供的协调世界时（coordinated universal time，UTC）为基准；而 BDS 采用北斗时（BDS time，BDT），以中国科学院国家授时中心（National Time Service Center，NTSC）提供的 UTC 为基准。

GPS 时间系统属于原子时系统，其秒长与原子时相同，但与国际原子时（International Atomic Time，TAI）具有不同的原点，任一瞬间 GPST 与 TAI 均存在一个常量偏差（19s）。因而，GPST 与 TAI 的关系式为

$$GPST = TAI - 19s \quad (3.25)$$

TAI 与 UTC 的转换关系式为

$$TAI = UTC(USNO) + 1s \times n \quad (3.26)$$

式中，n 为 TAI 与 UTC 间不断调整的参数。

从式（3.25）和式（3.26）可以看出，GPST 与 UTC(USNO)的关系式为

第3章 船舶数据的处理

$$\text{GPST}=\text{UTC(USNO)}+1\text{s}\times n-19\text{s} \qquad (3.27)$$

BDT 与 GPST 一样同属于原子时系统，以国际单位制（International System of Units，SI）的秒为基本单位而连续累计，不用调秒的形式。BDT 的起始历元为协调世界时 2006 年 1 月 1 日 0 时 0 分 0 秒，BDT 通过中国维持的 UTC(NTSC)与国际 UTC 建立联系。由于闰秒的影响，从 GPST 的起算时间 1980 年 1 月 6 日 0 时 0 分 0 秒到 BDT 的起算时间之间共有正闰秒 14s，所以 BDT 与 GPST 间相差 14s 的整数差，参考式（3.27），BDT 与 UTC(NTSC)之间的关系式为

$$\text{BDT}=\text{UTC(USNT)}+1\text{s}\times n-19\text{s}-14\text{s} \qquad (3.28)$$

通过对 BDS 和 GPS 时间框架的分析，其两者时间基准都和 UTC 具有一定的联系，故可以选取 UTC 作为实现两者时间系统统一的中间变量，其作为中间变量的转换关系如图 3.18 所示。

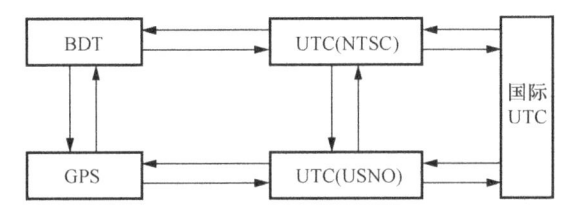

图 3.18 BDT 与 GPST 通过国际 UTC 转化关系

通过两者转换关系，可以令

$$\tau_{\text{U-N}}=\text{UTC(USNO)}-\text{UTC(NTSC)} \qquad (3.29)$$

联立式（3.27）和式（3.28）可以得出两者时间坐标系统具体转换关系式：

$$\text{BDT}=\text{GPST}-\tau_{\text{U-N}}+14\text{s} \qquad (3.30)$$

3.3.2 滤波算法

1. EKF 算法

扩展卡尔曼滤波（extended Kalman filter，EKF）是卡尔曼滤波（Kalman filter，KF）在非线性情况下的一种扩展形式，主要为了解决卡尔曼滤波方程不能解决非线性系统滤波的问题，它是一种高效率的递归滤波器。其基本思想是利用泰勒级数展开将非线性系统线性化，然后采用卡尔曼滤波框架对信号进行滤波。如此处理的原因是对于线性系统而言，最优滤波的闭合解就是卡尔曼滤波，所以问题的关键就在于将非线性系统线性化处理[2-9]。

一般情况下，由线性的状态转移方程和非线性的观测方程构成的系统方程可以表示为

$$\begin{cases} x_k = \Phi_{k|k-1}x_{k-1}+\omega_{k-1} \\ z_k = f_k(x_k)+v_k \end{cases} \qquad (3.31)$$

式中，$\varPhi_{k|k-1}$ 表示状态转移矩阵；ω_{k-1} 表示系统噪声；$f_k(x_k)$ 表示观测函数；v_k 表示观测噪声。

观测方程中观测函数 f_k 是非线性的，故须对其进行线性化处理，在 x_k 的预测值 $\hat{x}_{k|k-1}$ 处进行泰勒级数展开，展开式保留到一阶导数结果部分，其他部分舍去，噪声假设为加性高斯噪声，从而得到如下方程：

$$\Delta z_k = H_k \Delta x_k + v_k \tag{3.32}$$

式中，$\Delta x_k = x_k - \hat{x}_{k|k-1}$；$\Delta z_k = z_k - f(\hat{x}_{k|k-1})$；$H_k = \dfrac{\partial h}{\partial x_k}|_{x_k} = \hat{x}_{k|k-1}$。

因而，基于式（3.31）和式（3.32）的扩展卡尔曼滤波步骤如下。

（1）根据状态向量 x_k 推算其预测值 $\hat{x}_{k|k-1}$。

（2）计算预测值 $\hat{x}_{k|k-1}$ 的协方差矩阵：

$$P_{k|k-1} = \varPhi_{k|k-1} P_{k-1} \varPhi_{k|k-1}^{\mathrm{T}} + Q_{k-1} \tag{3.33}$$

式中，Q_{k-1} 为 ω_{k-1} 的协方差矩阵。

（3）计算滤波增益矩阵：

$$K_k = P_{k|k-1} H_k^{\mathrm{T}} (H_k P_{k|k-1} H_k^{\mathrm{T}} + Q_k) - 1 \tag{3.34}$$

式中，Q_k 为 v_k 的协方差矩阵；H_k 表示非线性处理后观测方程的观测系数矩阵。

（4）计算状态向量的滤波估计值 $\hat{x}_k$：

$$\hat{x}_k = \hat{x}_{k|k-1} + K_k \Delta Z_k \tag{3.35}$$

（5）计算 x_k 的误差协方差矩阵：

$$P_k = (1 + K_k H_k) P_{k|k-1} \tag{3.36}$$

（6）令 $k-1 = k$，然后重新转入步骤（1）进行下一时刻滤波，直到所有滤波点结束。

2. UKF 算法

无迹卡尔曼滤波（unscented Kalman filter，UKF）又称无损卡尔曼滤波，是无迹变换（unscented transformation，UT）与标准卡尔曼滤波体系的结合，通过无迹变换使非线性系统方程适应于线性假设下的标准卡尔曼滤波体系。同标准卡尔曼滤波一样，UKF 也属于线性最小方差估计，故也适用于线性滤波对象，算法都是基于模型实现，两者的区别在于最佳增益矩阵的求取方法上。标准卡尔曼滤波在确定最佳增益矩阵时，使用了测量的先验信息和一步预测均方误差，而 UKF 则是根据被估计量和测量量的协方差阵来确定最佳增益矩阵。

无迹变换是一种统计线性化方法。首先，假设 n 维随机向量 X 经 $f(\cdot)$ 非线性变换后形成 m 维随机向量 Y，若已知 X 的均值 $\overline{X}$ 和方差阵 P_{XX}，则 Y 的均值 $\overline{Y}$ 和方差阵 P_{YY} 可通过无迹变换求得，无迹变换具体步骤如下。

（1）根据 $\overline{X}$ 和 P_{XX} 复现出 $2n+1$ 个 X 的 1 倍 σ 样本点：

$$x_0 = \overline{X} \tag{3.37}$$

$$x_i = \overline{X} + \left[\sqrt{(n+\lambda)P_{XX}}\right]_i, i=1,2,3,\cdots,n \tag{3.38}$$

$$x_{i+n} = \overline{X} - \left[\sqrt{(n+\lambda)P_{XX}}\right]_i, i=n+1,n+2,n+3,\cdots,2n \tag{3.39}$$

式中，$\left[\sqrt{(n+\lambda)P_{XX}}\right]_i$ 表示矩阵 $(n+\lambda)P_{XX}$ 的下三角分解平方根的第 i 列，为 n 维列向量；x_i 表示 i 时刻 σ 样本点。

（2）计算非线性变换的样本点：

$$Y_i = f[x_i], i=0,1,2,\cdots,2n \tag{3.40}$$

（3）确定权值：

$$W_0^m = \frac{\lambda}{n+\lambda} \tag{3.41}$$

$$W_0^c = \frac{\lambda}{n+\lambda} + 1 - \alpha^2 + \beta \tag{3.42}$$

式中，λ 表示比例因子，$\lambda = \alpha^2(n+k)-n, k=3-n$；$\alpha$ 是很小的正数，$0.0001 \leqslant \alpha \leqslant 1$；$\beta$ 的取值与 X 的分布形式有关，对于正态分布，$\beta=2$ 为最优值。

（4）确定映射的均值和方差阵：

$$\overline{Y} \approx \sum_{i=0}^{2n} W_i^m Y_i \tag{3.43}$$

$$P_{YY} \approx \sum_{i=0}^{2n} W_i^c [Y_i - \overline{Y}]^{\mathrm{T}} \tag{3.44}$$

式中，W_i^m、W_i^c 分别表示均值和协方差的加权值；Y_i 表示非线性变换下的采样点。

根据 UKF 在施加 UT 后的采用标准卡尔曼滤波的基本思想，在一般情况下，系统状态方程和测量方程可表示为

$$\begin{cases} x_k = \Phi_{k-1} x_{k-1} + w_{k-1} \\ z_k = h_k(x_k) + v_k \end{cases} \tag{3.45}$$

式中，x_k 表示 k 时刻系统状态向量；$h_k(x_k)$ 表示非线性函数；w_{k-1} 表示零均值，方差为 Q_k 的白噪声序列；v_k 则表示零均值高斯白噪声。

基于式（3.45）所示系统方程，UKF 具体计算步骤如下。

（1）选定滤波初值：

$$\hat{x}_0 = E(x_0) \tag{3.46}$$

$$P_0 = E[(x_0 - \hat{x}_0)(x_0 - \hat{x}_0)]^{\mathrm{T}} \tag{3.47}$$

（2）对 $k=1,2,3,\cdots$ 计算 $k-1$ 时刻 $2n+1$ 个 σ 样本点：

$$x_{k-1} = \hat{x}_{k|k-1} \pm \sqrt{(n+\lambda)P_{k-1|k-1}} \tag{3.48}$$

式中，$\hat{x}_{k|k-1}$ 表示 $k-1$ 时刻状态估计；x_{k-1} 表示计算采样点；$P_{k-1|k-1}$ 表示 $k-1$ 时刻

估计方差。

（3）计算 k 时刻的一步状态预测模型值：

$$x_{k|k-1} = f(x_{k-1}) \tag{3.49}$$

$$\hat{x}_{k|k-1} = \sum_{i=0}^{2n} W_i^m \hat{x}_{i,k|k-1} \tag{3.50}$$

$$P_{k|k-1} = \sum_{i=0}^{2n} W_i^c [x_{i,k|k-1} - \overline{x}_{k|k-1}][x_{i,k|k-1} - \overline{x}_{k|k-1}]^T + Q_{k-1} \tag{3.51}$$

式中，$f(x_{k-1})$ 表示非线性函数；$\hat{x}_{k|k-1}$、$P_{k|k-1}$ 分别表示模型值均值和方差；W_i^m、W_i^c 表示上一步所求采样点均值和方差相应的权值。

（4）计算测量变量一步预测增广样本点：

$$\gamma_{i,k|k-1} = h(x_{i,k|k-1}) \tag{3.52}$$

$$\hat{y}_{k|k-1} = \sum_{i=0}^{2n} W_i^m \gamma_{i,k|k-1} \tag{3.53}$$

式中，$h(x_{i,k|k-1})$ 表示非线性测量函数；$\gamma_{i,k|k-1}$、$\hat{y}_{k|k-1}$ 分别表示测量变量、测量变量均值。

（5）计算测量变量方差 P_{yy} 和协方差 P_{xy}：

$$P_{xy} = \sum_{i=0}^{2n} W_i^c [x_{i,k|k-1} - \overline{x}_{k|k-1}][x_{i,k|k-1} - \overline{x}_{k|k-1}]^T \tag{3.54}$$

$$P_{yy} = \sum_{i=0}^{2n} W_i^c [\gamma_{i,k|k-1} - \overline{y}_{k|k-1}][\gamma_{i,k|k-1} - \overline{y}_{k|k-1}]^T \tag{3.55}$$

（6）计算增益矩阵：

$$K_k = P_{xy} P_{yy}^{-1} \tag{3.56}$$

（7）计算滤波值，即 k 时刻状态估计 $\hat{x}_{k|k}$ 和估计方差 $P_{k|k}$：

$$\hat{x}_{k|k} = \overline{x}_{k|k-1} + K_k(y_k - \overline{y}_{k|k-1}) \tag{3.57}$$

$$P_{k|k} = P_{k|k-1} - K_k P_{yy} K_k^T \tag{3.58}$$

3. 基于组合定位模型的滤波算法仿真分析

根据前文建立的 BDS/GPS 组合定位模型，对上述 EKF、UKF、自适应 UKF 算法进行滤波仿真分析。此次仿真主要研究二维坐标下的定位跟踪效果，即根据组合系统数学模型和其运动模型建立一条二维坐标非线性轨迹，初始坐标设定为 (−100,200)，系统噪声和观测噪声均设置为独立的零均值高斯白噪声。此外，系统噪声的统计特性未知，实际系统噪声将按 $Q_k = [0.5^2, 0.5^2]$（定常噪声）变化，仿真结果如图 3.19 所示。

第 3 章 船舶数据的处理

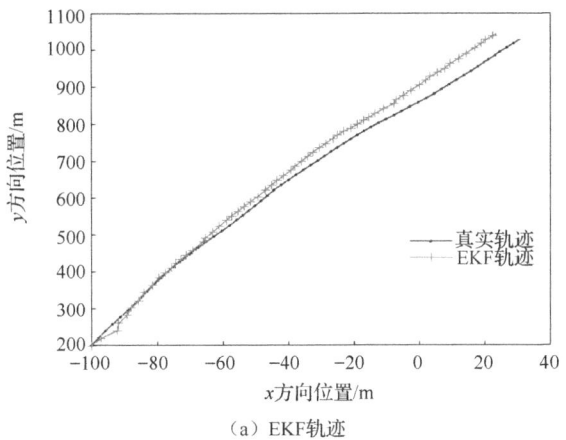

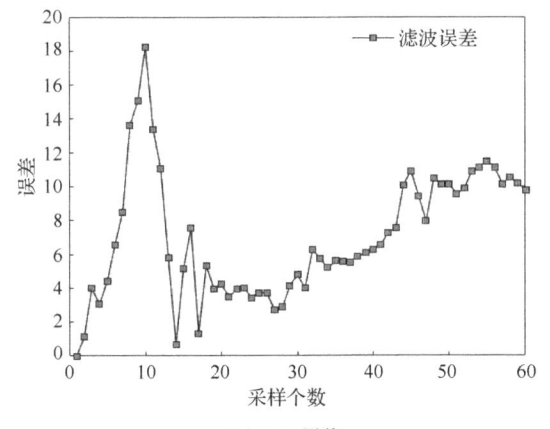

(a) EKF轨迹

(b) EKF误差

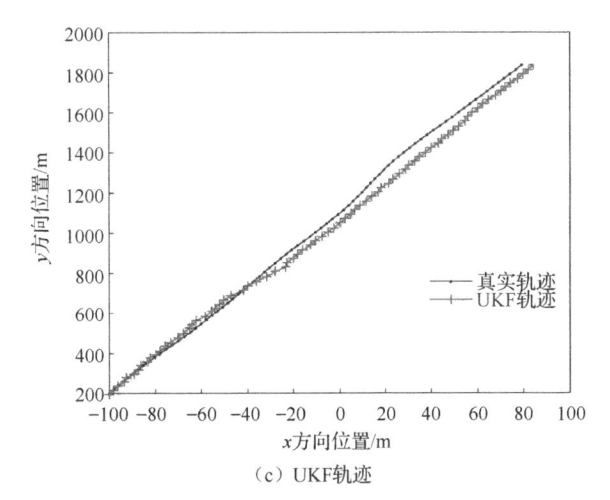

(c) UKF轨迹

(d) UKF误差

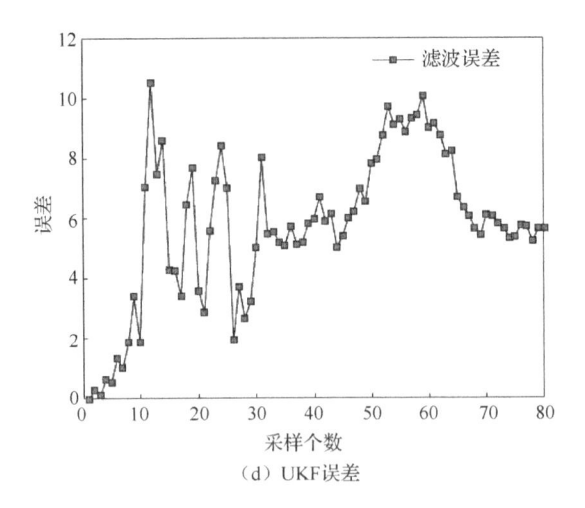

图 3.19　MATLAB 仿真结果

考虑到 UKF 在滤波过程中存在滤波发散问题,将其滤波采样取到 80,在最大限度下抑制滤波发散。如图 3.19 所示,两者滤波轨迹在采样滤波后期基本能够跟踪上真实轨迹,但是 UKF 和 EKF 的中期滤波轨迹与真实轨迹存在较大误差。具体滤波误差统计如表 3.4 所示。

表 3.4　滤波误差统计数据

算法	最小值	最大值	平均值	中值	众数	标准差	极差
EKF	0	18.23	7.012	6.179	0	3.755	18.23
UKF	0	10.52	5.756	5.788	0	2.522	10.52

注:标准差 $s = \sqrt{\frac{1}{n}(x_1-\bar{x})^2+(x_2-\bar{x})^2+\cdots+(x_n-\bar{x})^2}$,极差 $R = x_{\max} - x_{\min}$。

由表 3.4 可以看出,相对于 EKF,UKF 滤波下误差最大值、平均值都有所减小,因而可以得出,在同种系统状态,即组合定位系统以及相同噪声条件下,UKF 相较于 EKF 有更好的效果。

两者滤波效果存在较大差异,主要原因在于 EKF 在本质上仍属于卡尔曼滤波,由于在线性化过程中舍弃了二阶以上的高阶项,所以 EKF 只适用于非线性程度较低的估计对象,如果被估计对象的非线性程度较高,可能会引起较大的估计误差,甚至可能会引起滤波发散。然而标准 UKF 算法尽管在 UT 和 KF 结合的基础上有效地改善了基于非线性系统滤波效果,但如果基于不精确的数学模型和噪声统计,也可能出现较大的状态估计误差,甚至是滤波发散。在对比两者滤波效果基础上,考虑到在具体应用中,二维坐标系统并不能够表征所有系统,同时可能存在维数更高的应用系统,因而,在与二维坐标系统相同状态和噪声条件下,建立三维坐标下非线性轨迹，采用自适应 UKF 对其进行跟踪滤波，其仿真结果如图 3.20 所示。

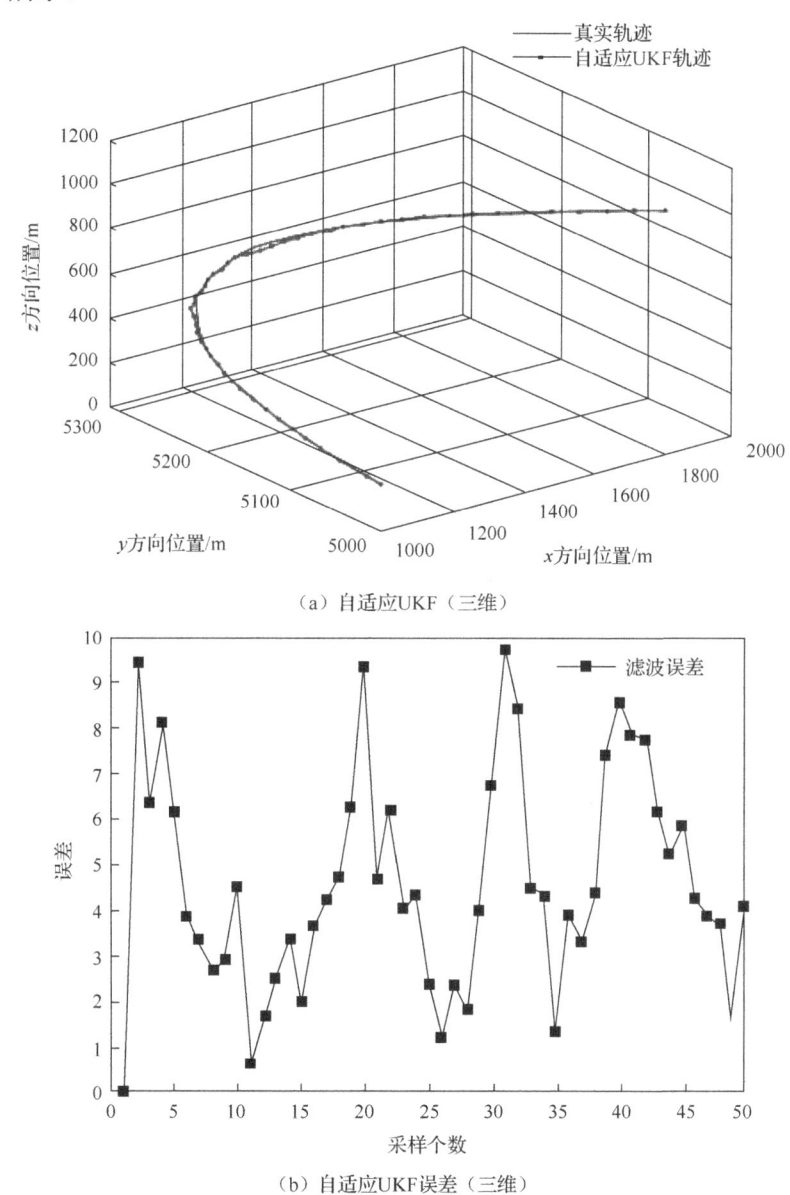

（a）自适应UKF（三维）

（b）自适应UKF误差（三维）

图 3.20 自适应 UKF 仿真结果

如图 3.20 所示，在三维坐标下，自适应 UKF 轨迹能够跟踪上非线性轨迹，采样个数控制在 50 左右时，没有出现滤波发散。其滤波误差统计数据与二维坐标下的滤波误差统计数据对比如表 3.5 所示。

表 3.5　不同维数坐标下自适应 UKF 误差统计数据

坐标类型	最小值	最大值	平均值	中值	众数	标准差	极差
二维坐标	0	7.291	3.043	2.066	0	2.344	7.291
三维坐标	0	9.772	4.582	4.221	0	2.417	9.772

通过表 3.5 可以看出，三维坐标下的滤波误差平均值为 4.582，相较于二维坐标，其滤波误差平均值明显有所增加。因而，可以得出：在相同的系统状态和噪声条件下，随着滤波对象坐标维数的增加，自适应 UKF 算法的滤波误差也随之增大。

3.3.3　船舶 AIS 组合定位

在船舶航行过程中，将卫星导航接收机提供的船舶船位、来自陀螺罗经的船舶航向以及由计程仪提供的船舶实际航速等信号经接口电路数字化后传送给监视器和信息处理器，然后将处理后的船舶姿态定位信息通过 VHF 收发机发送给岸基或是其他船舶，以此来实现对船舶动态数据的实时掌握，即对船舶实现 AIS 定位，AIS 基本组成如图 3.21 所示[10]。

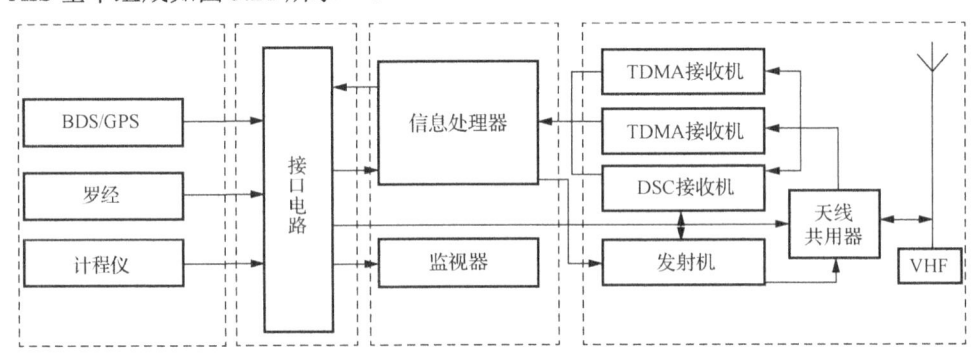

注：时分多址（time division multiple access，TDMA）；数字选择性呼叫（digital selective calling，DSC）

图 3.21　AIS 基本组成

AIS 中卫星导航设备一般为 GPS 接收机，但考虑到 GPS 受到环境因素影响，使得定位效果差别较大，会直接导致 AIS 接收到的船舶位置信息存在很大的误差。因而，在 GPS 单个导航系统的基础上，可以将 BDS 也应用到 AIS，通过双系统卫星导航设备对船舶位置进行定位，从而实现船舶 AIS 组合定位。

配备双导航设备的 AIS 在进行船舶定位时工作原理与传统 AIS 基本一致，主要区别在于在船舶航行过程中对其进行定位时，不仅包括 GPS 接收机提供的位置信息，还包括 BDS 接收机提供的位置信息。虽然两导航系统定位存在差异，但与船舶真实行进轨迹相比并不大，两者定位信息差值并不会对船舶正常定位造成干扰，船舶接收到采集设备发送来的两种信息后，需要进行融合处理，这也在很大程度上减小了不同导航系统接收机设备对船舶定位精度的影响。在此依据 BDS/GPS 组合导航的输出校正来实现 AIS 中组合导航，如图 3.22 所示。

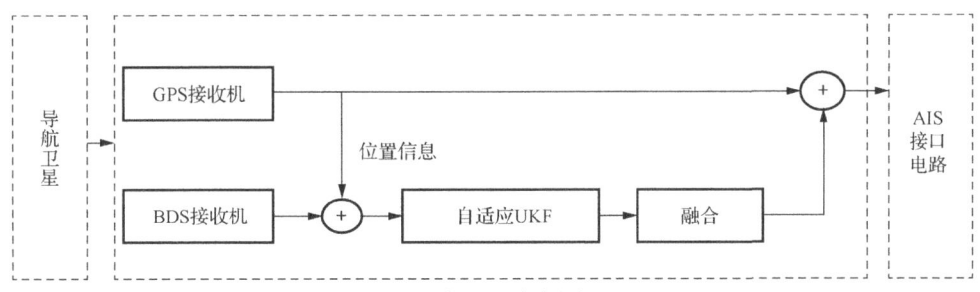

图 3.22　组合导航输出校正

3.3.4　船舶 AIS 组合导航输出校正

当 BDS 接收机和 GPS 接收机基于同一船舶载体时，组合输出实现为利用两导航系统分别对船舶载体进行独立导航定位，因而，就会有两组基于同一载体的导航位置信息，本书中的信息处理方式是先对 GPS 和 BDS 系统获得的数据信息进行滤波处理，然后进行信息融合，最后与单独定位的导航数据进行比较，将更精确的导航信息输出给 AIS 接口电路进行信息处理与监控，从而实现组合定位。在滤波阶段，考虑到船舶在航行过程中存在诸多因素干扰，其非线性程度也会随之增加，因而选择改进的自适应 UKF 算法对其进行滤波处理，更有效地滤除掉位置信号中的干扰信号，从而增大船舶定位精度。

3.3.5　船舶 AIS 组合导航仿真与分析

以 BDS 为例，整个 AIS 收发平台具体实现为通过船行状态采集柜来获取船舶航行时的船舶姿态信息，包括位置、航向、航速信息，然后经现场总线传输给船用监控设备和发送单元，再经基站指挥平台和其他船舶，实现远程定位保障，具体实现平台如图 3.23 所示。

在此，选择某船舶停靠大连港的经纬度数据进行数据处理，如表 3.6 所示。

表 3.6　船舶经纬度数据　　　　　　　　　　单位：（°）

GPS 经度（E）	GPS 纬度（N）	BDS 经度（E）	BDS 纬度（N）
122.33015	32.232560	122.33015	32.23256
122.33244	32.235268	122.32045	32.235256
121.92038	32.235321	121.91056	32.235310
121.70621	32.235524	121.69320	32.235696
...	...	...	...

图 3.23 船舶信息收发平台

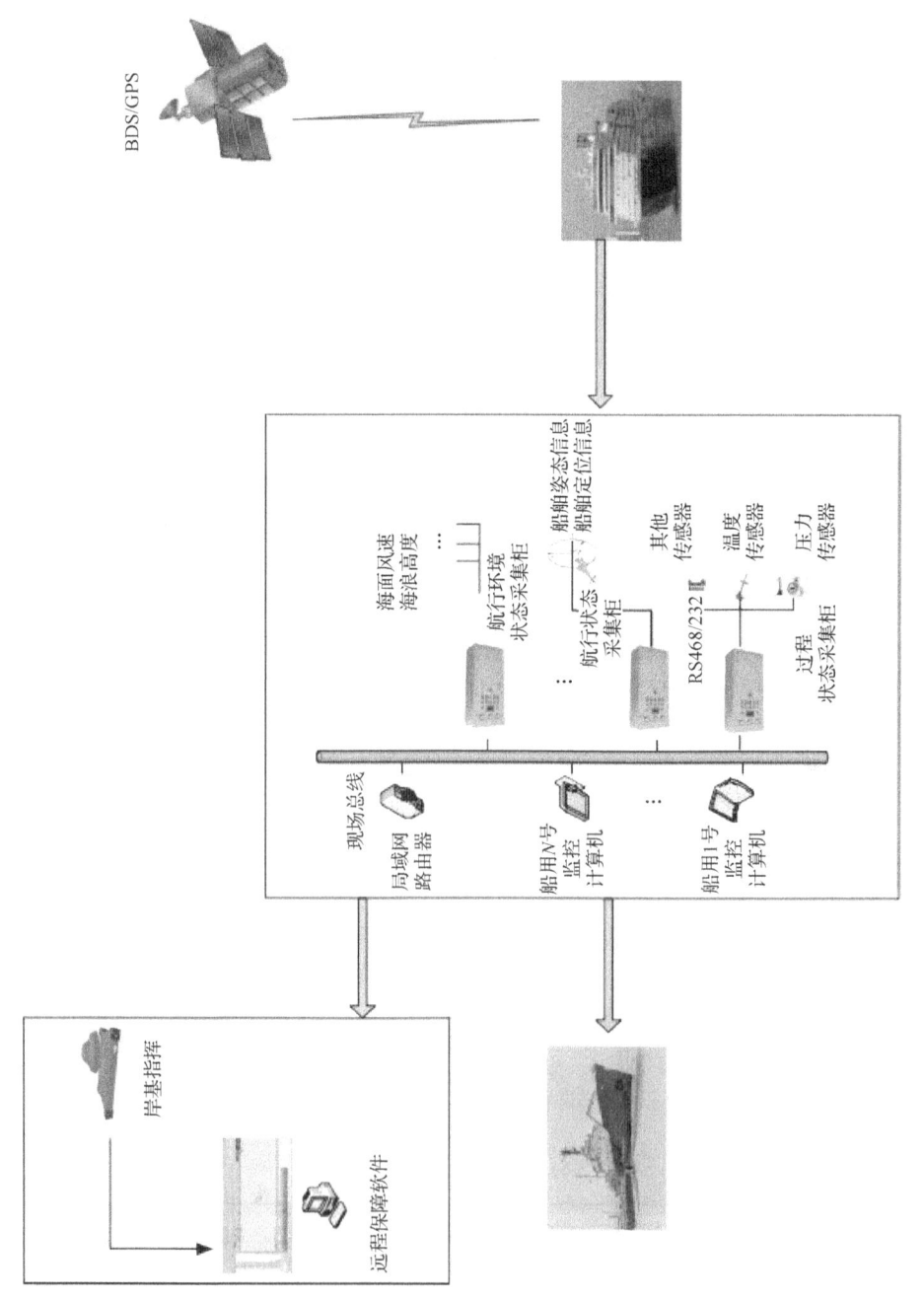

首先对两组数据基于改进的自适应滤波算法进行滤波处理。

（1）经度数据处理（图3.24～图3.28）。

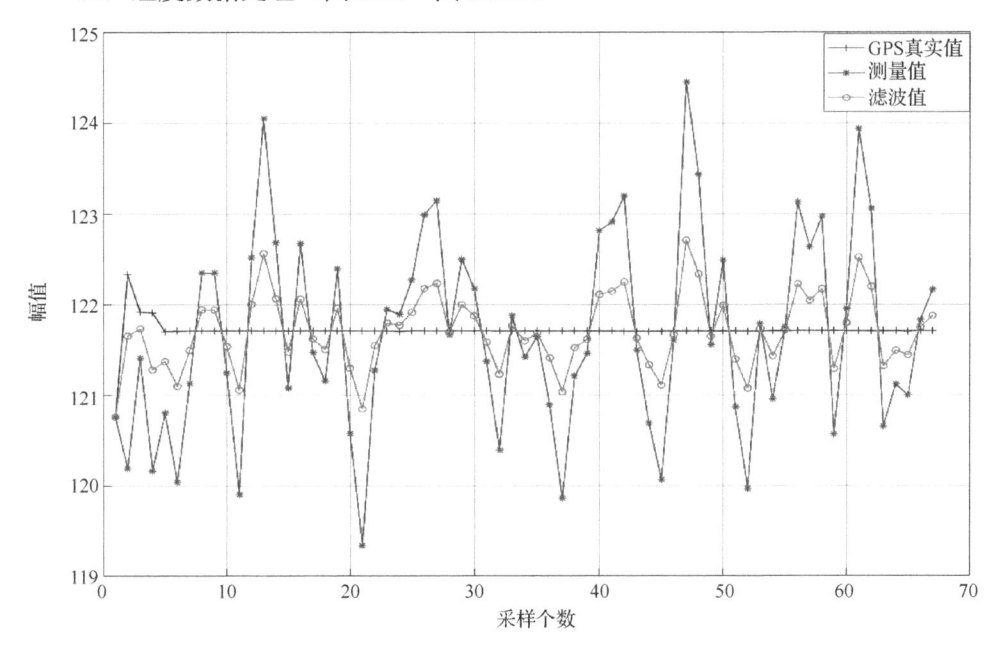

图 3.24　GPS 滤波（经度）仿真图

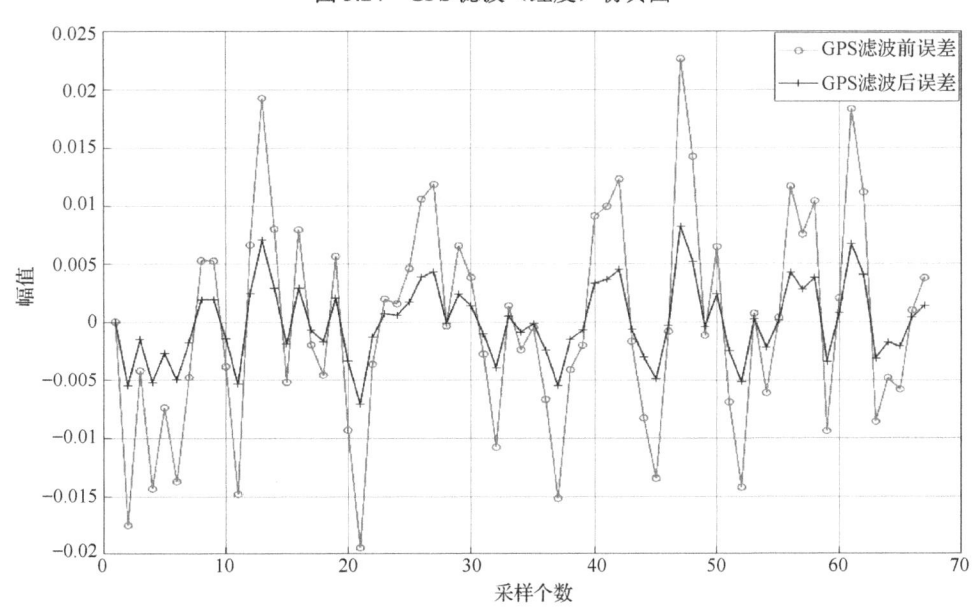

图 3.25　GPS 滤波误差（经度）仿真图

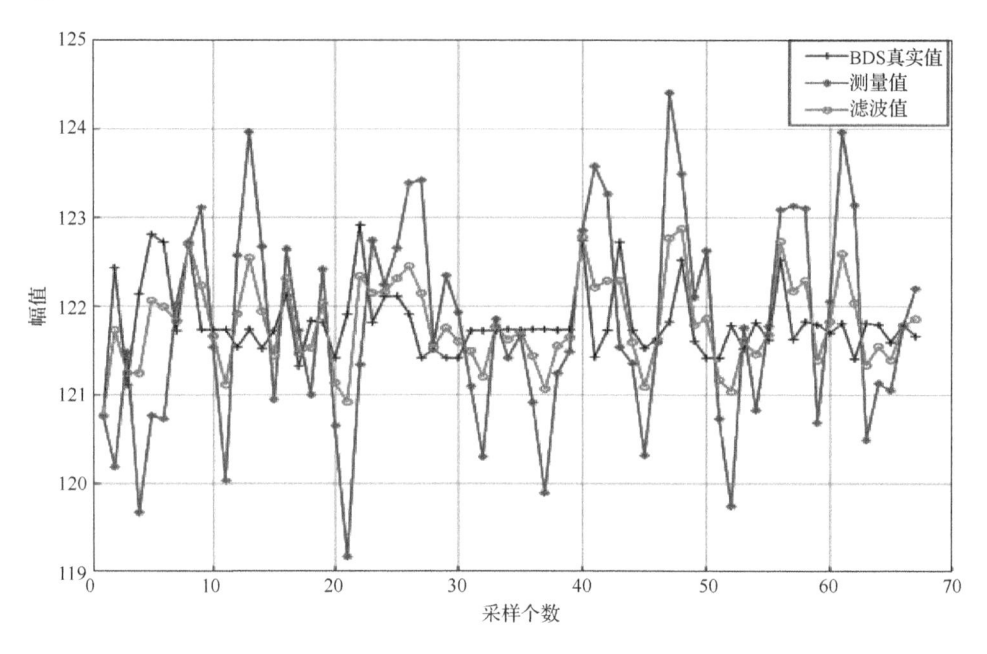

图 3.26 BDS 滤波（经度）仿真图

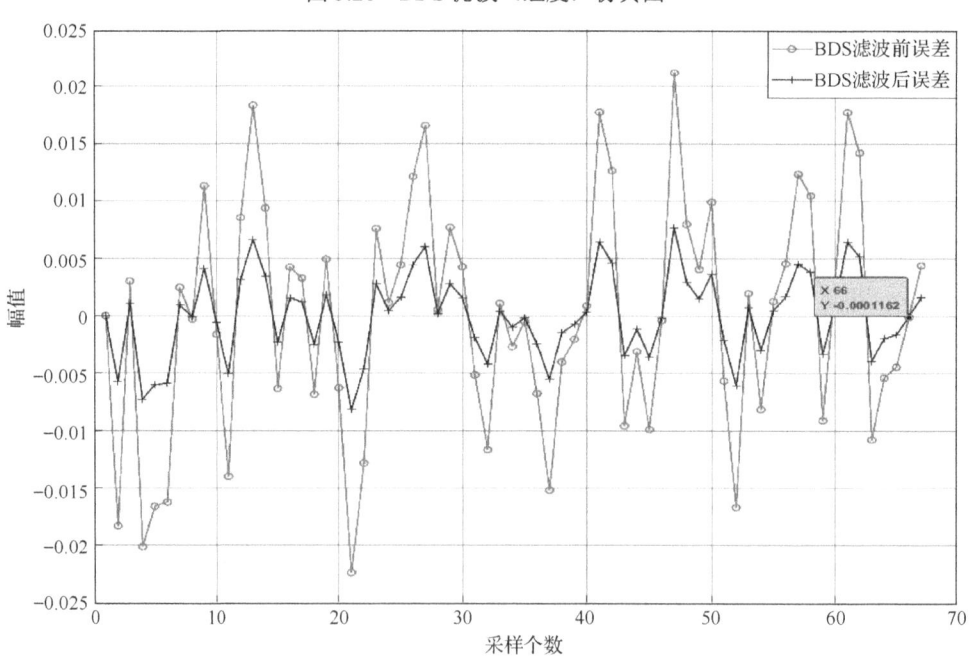

图 3.27 BDS 滤波误差（经度）仿真图

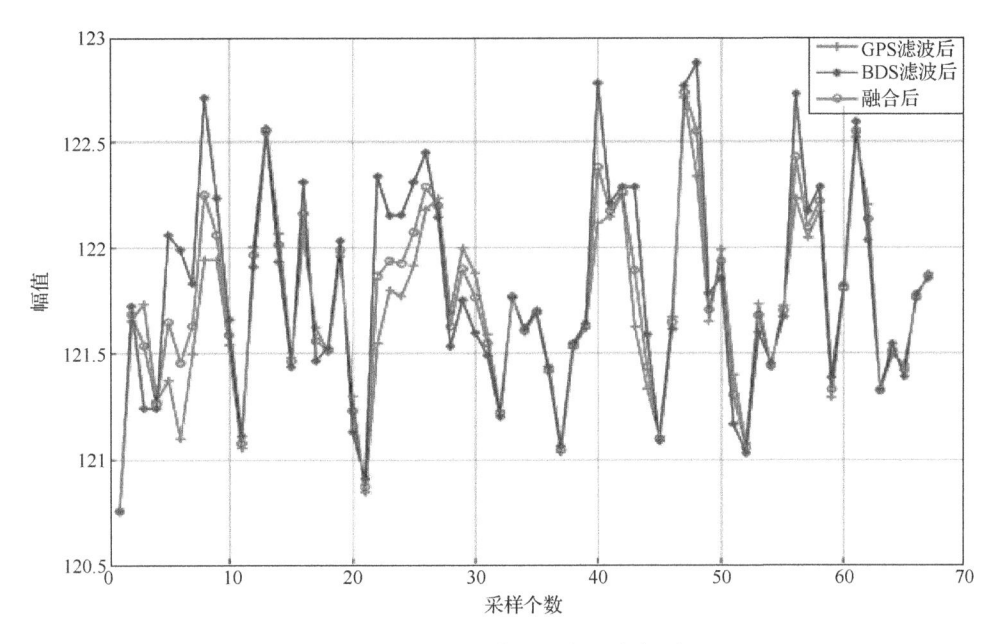

图 3.28 数据融合(经度)仿真图

(2) 纬度数据处理(图 3.29~图 3.33)。

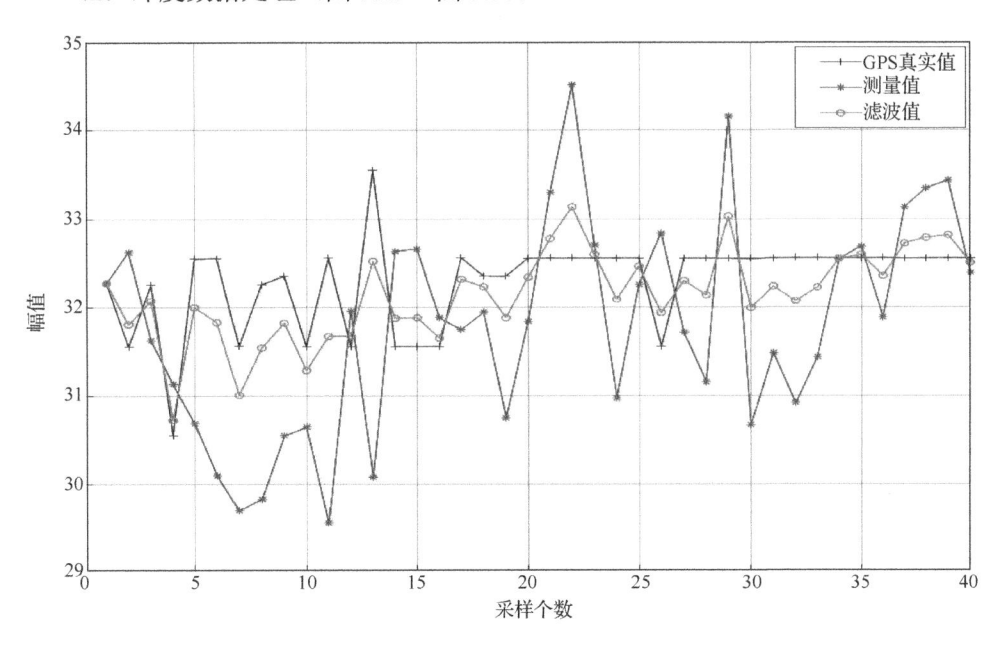

图 3.29 GPS 滤波(纬度)仿真图

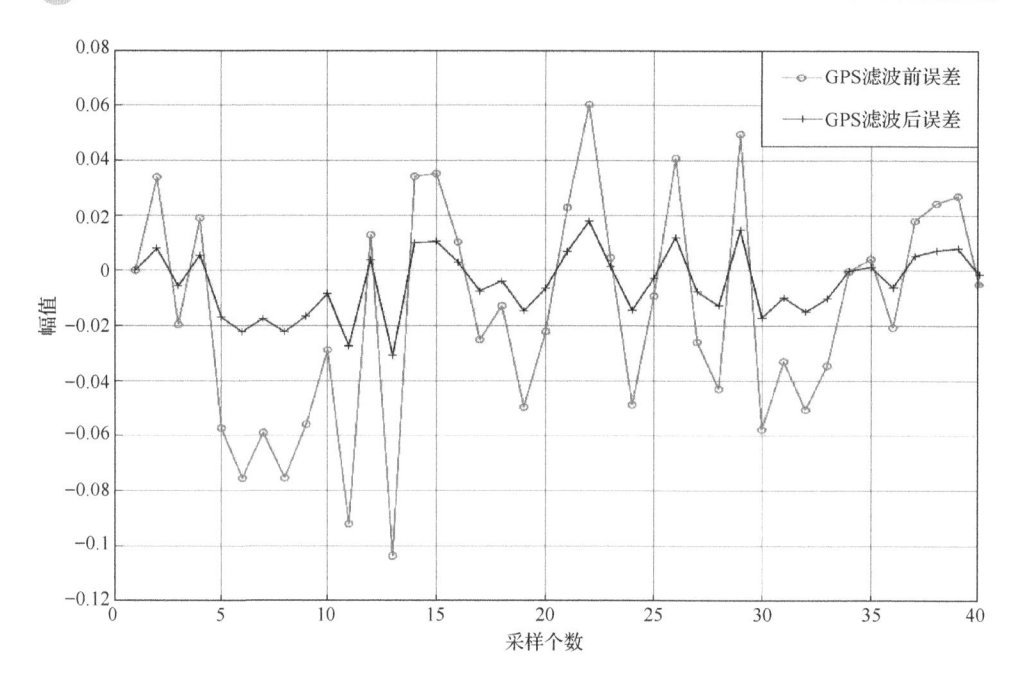

图 3.30　GPS 滤波误差（纬度）仿真图

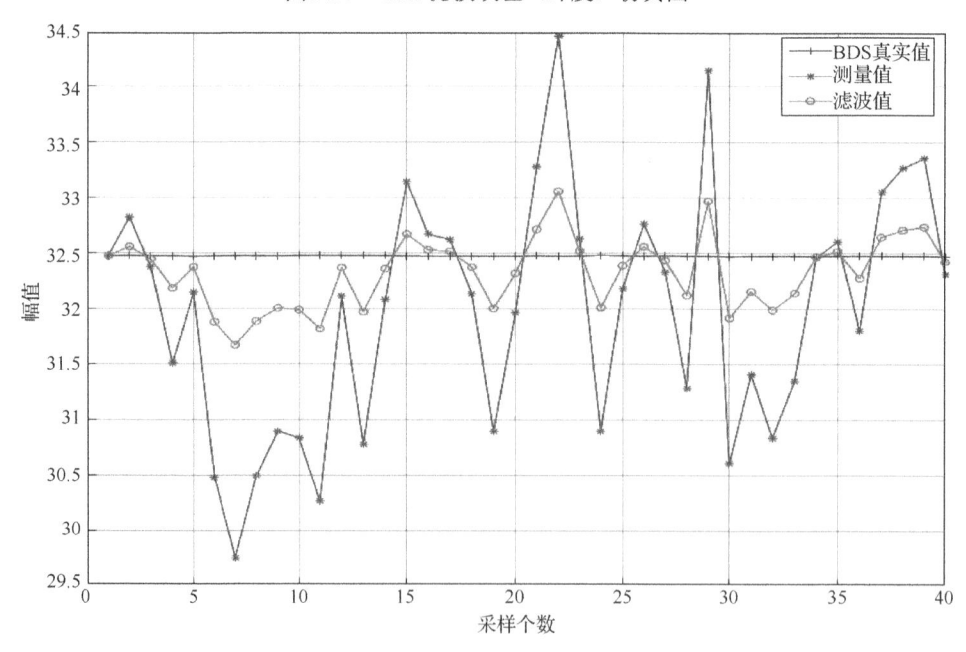

图 3.31　BDS 滤波（纬度）仿真图

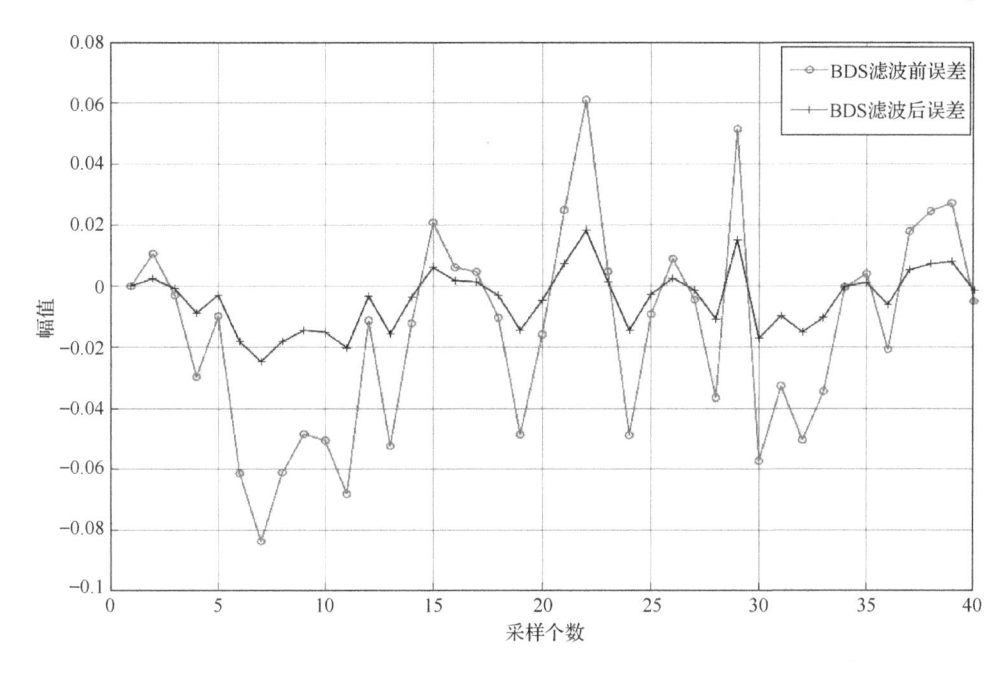

图 3.32　BDS 滤波误差（纬度）仿真图

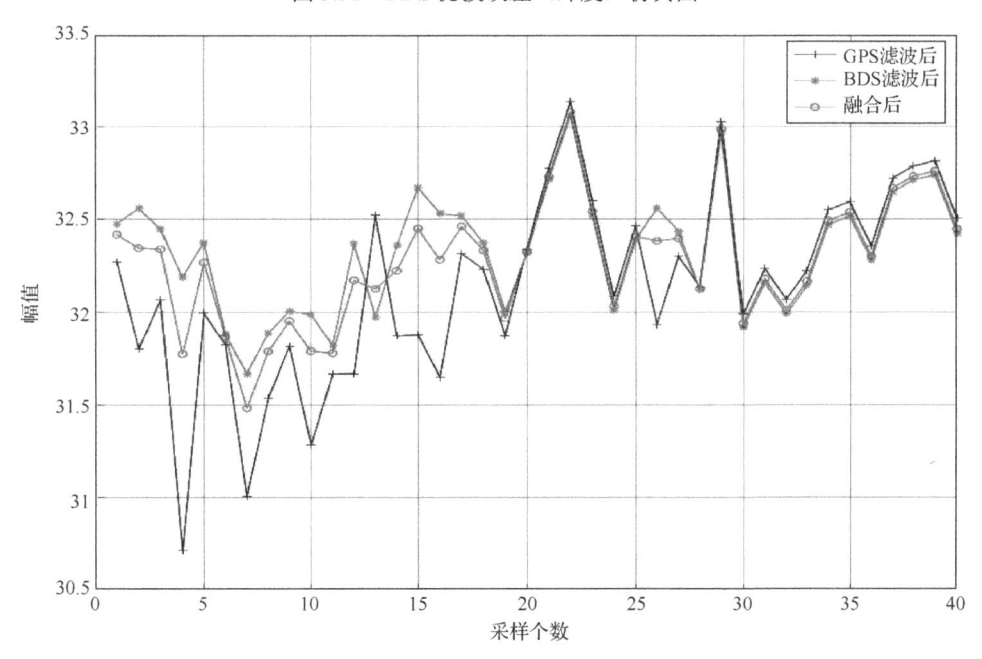

图 3.33　数据融合（纬度）仿真图

如图 3.25、图 3.27、图 3.30、图 3.32 所示，两组数据滤波前后误差对比，可以清晰看出 GPS 数据和 BDS 数据在进行滤波后其估计误差均明显减小，两者滤波误差都控制在±0.08，显然与正常跟踪模拟轨迹相比，在对数据进行处理时，自适应 UKF 算法更具有优势。

对两组滤波后数据进行融合处理，融合后数据与滤波数据统计标准差与极差对比如表 3.7 和表 3.8 所示。

表 3.7 经度融合数据统计对比

方法	标准差	极差
GPS 滤波	0.3868	1.662
BDS 滤波	0.4803	2.301
GPS/BDS 融合滤波	0.3617	1.485

表 3.8 纬度融合数据统计对比

方法	标准差	极差
GPS 滤波	0.4776	2.027
BDS 滤波	0.5718	2.821
GPS/BDS 融合滤波	0.4568	1.99

如表 3.7 和表 3.8 所示，经纬度融合数据的标准差和极差比单个导航定位设备的标准差和极差小，而且与 GPS 滤波后数据的标准差和极差更加接近，因而可以得出：在不计误差的前提下，融合的数据较滤波后的数据更加稳定，也更加接近于真实经纬度数据。

因而，可以得出相较于单个导航定位系统，所研究的 BDS/GPS 组合导航定位系统在船舶 AIS 定位中更具有优势，即在定位精度和定位稳定性方面更佳。此外，在验证了组合导航定位系统在 AIS 定位中的优越性后，我们不得不考虑其定位精度的问题。

对船舶 AIS 组合导航定位系统而言，除了从组合导航定位系统定位精度改善方法以外，还可以从 AIS 解算效率、抗干扰性能以及组合定位算法滤波效果方面来做进一步改善，具体如下。

（1）AIS 解算速度主要由信息处理模块，即计算机系统所决定。因而，可以通过对 AIS 计算机控制系统的不断升级和改进来提高其计算效率，在一定程度上这种改进方式基本同现下计算机发展方向一致，所以未来 AIS 解算速度应该会在现有程度上取得较大的突破。

（2）系统抗干扰性方面，必须对船舶所在具体环境、气候、船舶类型以及具体任务等方面进行综合考虑。船舶在航行过程中进行导航信息交互时，其载体本身是否具备一个稳定的信息收发平台将会对接收机接收卫星信号以及向不同船舶或基站发送信息造成很大影响，包括对船舶进行 AIS 定位时。系统抗干扰性越强，其自身稳定性也就越强，这样一来整个系统也就会有一个较为良好的导航定位环境，其定位精度相较于抗干扰性较弱的系统也就更高。因而，加强 AIS 抗干扰性可以间接提高系统准确性。

（3）组合定位算法滤波效果方面，滤波效果会直接对定位信号造成影响。滤波效果越好，系统定位信号中的干扰信号及噪声信号也就会越少，定位精度也就越高。因而，可以在传统滤波算法的基础上根据船舶定位中所存在的具体问题进行具体分析。

基于以上几方面，可以对船舶 AIS 组合定位进行精度改善，以满足更高要求的船舶定位需求。

参 考 文 献

[1] 刘畅. 船舶自动识别系统(AIS)关键技术研究[D]. 大连: 大连海事大学, 2013.
[2] 朱伟康, 张建飞, 傅俊璐. 北斗卫星系统在远洋船舶上应用的研究[J]. 无线电工程, 2008, 38(9): 35-38.
[3] 高星伟, 过静珺, 程鹏飞, 等. 基于时空系统统一的北斗与 GPS 融合定位[J]. 测绘学报, 2012, 41(5): 743-748, 755.
[4] 王艳军, 王晓峰. AIS 和北斗终端组合在船舶动态监控中的应用[J]. 上海: 上海海事大学学报, 2011, 32(4): 17-21.
[5] 陈佩文, 余学祥, 张浩. GPS/BDS 粒子群优化算法紧组合定位方法及精度分析[J]. 合肥工业大学学报(自然科学版), 2021, 44(1): 107-111.
[6] 张晨晰, 王潜心, 党亚民, 等. GPS/BDS 组合系统相对定位模型和精度分析[J]. 测绘科学, 2014, 39(10): 26-29.
[7] 赵瑞, 顾启泰. 非线性滤波及其在组合导航系统中的应用[J]. 导航, 1999, 35(3): 36-43.
[8] 张金丽. GPS/SINS 紧组合导航系统中滤波算法的研究[D]. 哈尔滨: 哈尔滨工程大学, 2015.
[9] 石勇, 韩崇昭. 自适应 UKF 算法在目标跟踪中的应用[J]. 自动化学报, 2011, 37(6): 755-759.
[10] 沈建军, 庞波波, 卢红洋, 等. 基于 AIS 的 BDS 差分数据播发系统研究、验证及其应用展望[J]. 全球定位系统, 2019, 44(6): 46-51.

第 4 章

船舶碰撞危险度模型的建立

4.1 船舶避碰相关参数及理论

船舶碰撞危险度的众多影响因素中，通常认为主要有下列因素：最近会遇距离（distance to closest point of approach，DCPA）及其误差、最近会遇时间（time to closest point of approach，TCPA）及其误差、两船相对距离 D、相对方位角 B 及其误差、我船和目标船航速及航速比 K、操纵性能、自然环境因素和船舶驾驶员的经验等[1-2]。

（1）DCPA 和 TCPA。

国际公认的最影响船舶碰撞危险度（CRI）的两个因素是 DCPA 和 TCPA。在过去的研究中，多数情况下是通过对两者进行加权来确定碰撞危险度的大小。在对船舶碰撞危险度进行分析时，DCPA 与 TCPA 是无法分割讨论的，DCPA 和 TCPA 分别对船舶是否会碰撞和碰撞潜在危险进行描述。

（2）DCPA 和 TCPA 的误差。

以往研究中，DCPA 和 TCPA 的误差并未纳入考虑范围。实际应用中由于测量方式的不同，导致 DCPA 和 TCPA 的测量结果产生不同的误差，从而影响 CRI 的计算结果。因此在一定程度上扩大船舶的安全领域，有利于提高 CRI 的精确性。

（3）船舶航行速度。

船舶的操纵性能受两船的航行速度影响，对我船的最晚施舵点会产生影响。

（4）航速比 K。

$$K = V / V_0 \tag{4.1}$$

式中，我船航速用 V_0 表示；目标船航速用 V 表示。在其他碰撞危险度参数不变的情况下，K 与 DCPA 之间存在如下关系：

第4章 船舶碰撞危险度模型的建立

$$\text{DCPA} = \frac{2D\sin\frac{\Delta C}{2}\cos\left|B - \frac{\Delta C}{2}\right|}{K\sqrt{K^2 + 1 - 2K\cos(C + \Delta C)}} \quad (4.2)$$

设 D、B 为常数，方位偏差 $\Delta C = 90°$，可得

$$\text{DCPA} = \frac{\omega}{K\sqrt{K^2 + 1 + 2K\sin C}} \quad (4.3)$$

式中，ω 是常数，在其他条件不变的情况下，航速比 K 与 DCPA 是成反比的，K 影响船舶危险度的大小。

(5) 目标船相对舷角。

根据《国际海上避碰规则》，两船会遇时相对舷角的大小，决定了两船的义务和权利，相应船舶驾驶员的心理也是不同的。

(6) 两船相对距离 D。

我船与目标船会遇后，采取避碰行动时两船的距离大小直接影响了避碰的效果，也会有不同的会遇态势。

由图 4.1 可知，设我船位于 M 点，保持两船最近会遇距离 DCPA 不变，将目标船相对于我船运动的方向 XY 线延长至 Z 点，当两船之间的距离由 D_1 减小到 D_2 后，目标船相对于我船的方位角变化量 $\Delta\delta$，则

$$\Delta\delta = \arcsin\frac{\text{DCPA}}{D_1} - \arcsin\frac{\text{DCPA}}{D_2} \quad (4.4)$$

随着方位角变化量的减小，两船相对距离相应有所增加。因此，仅根据目标船的方位变化来判定碰撞危险的大小是不可取的。

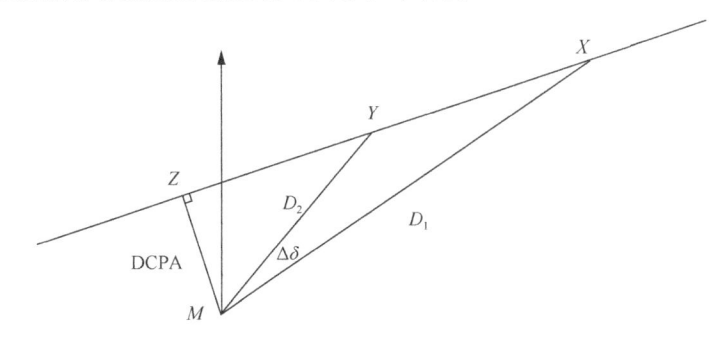

图 4.1 目标船方位和距离关系

(7) 船舶尺度。

船舶在广阔的水域航行采取避碰行动时，通常不将船舶尺度的影响考虑在内，通常只考虑船舶尺度对船舶最晚施舵点的影响。船舶尺度的大小与船舶碰撞危险度的大小是成正比的。

（8）船舶操纵性能。

船舶的操纵性能主要是指不同装载与航速下船舶旋回性能、船舶的旋回时间和进距等一些特定参数。如果两船相对距离接近到某程度时，船舶本身操纵性能会限制避碰行动，即使采取左满舵或右满舵行动，也不能保证两船在安全距离上能顺利通过。因此，根据船舶操作性能，确定合理的最晚施舵点，可以使船舶碰撞危险度更接近实际值。

（9）自然环境因素。

《国际海上避碰规则》规定，船舶碰撞危险度并非由船舶航行的轨迹确定的，反倒是由两船的航向（即会遇局势）确定的。在风、浪等自然环境因素的影响下，两船会遇局势会对船舶驾驶员的感官等判断造成一定的干扰，船舶驾驶员对船舶的操纵程度也会有影响。

综上所述，船舶碰撞危险度的影响因素有很多，但实际上，根据式（4.3）和式（4.4）DCPA 反映了两船相对距离 D、相对航向角 C 和航速比 K，而航速比 K 也反映了船舶之间相对速度关系，包含了我船航行速度 V_0；TCPA 也反映了很多上述相关因素，故通过 DCPA 和 TCPA 两个因素便可以反映我船与目标船会遇时的会遇态势，但是通过这两个因素建立一个具体的数学公式计算船舶碰撞危险度是很不精确并且很不容易实现的。所以基于云模型理论，本节构造 DCPA 和 TCPA 与船舶碰撞危险度之间的云模型推理规则库，从而实现船舶碰撞危险度云模型的建立。

在对船舶碰撞危险度的研究中，两船会遇时的 DCPA 和 TCPA 是研究船舶碰撞危险度的关键性决定因素，凡是与船舶碰撞危险度有关的课题均避不开对这两个因素的详细讨论与研究。DCPA 是目标船与我船是否将发生碰撞的判断标准，TCPA 是目标船与我船是否存在潜在危险的判断依据。当 DCPA=0 n mile 时，两船若保向保速，则发生碰撞为必然事件；当 DCPA 大于 0 n mile 时，不可认为无危险存在，仍应保持高度警惕，继续瞭望，若 DCPA 小于一定数值时，TCPA 与两船碰撞危险的程度成反比。DCPA 的直接影响因素为两船相对距离 D、相对航向角 C 和航速比 K，而航速比 K 也反映了船舶之间相对速度关系，包含了我船航行速度 V_0；然而考虑到实际情况时，船舶可能变速行驶且雷达测量也存在误差，一艘船对于另一艘船的相对速度大小，其实做出准确估计是不现实的。然而，两船相对距离 D 的测量虽然误差是不可避免的，但测量的准确度却高很多。根据上述分析可论证，DCPA 和 TCPA 为重要的影响因素，因此可依据 DCPA 和 TCPA 对船舶碰撞危险度进行建模。

4.2 船舶碰撞危险度多参数建模与分析

船舶碰撞危险度的取值范围为 0～1。对 CRI 数值的求取和对数值区间的划分，不但可以判断出某一时刻两船碰撞的危险程度，而且可以判断该时刻是否需要采取避碰操作。CRI 数值为 0 时，则意味着船舶发生碰撞为不可能事件；CRI 数值为 1 时，则说明无论让路船采用哪种方式避碰，船舶发生碰撞都为必然事件。CRI 是连续的，且由 0 到 1 危险度呈递增趋势[3]。

本章使用了传统数学理论方法对 CRI 进行计算。根据避碰策略等相关研究得出，将 CRI 为 0.6 作为船舶碰撞危险与否的临界值。故将 CRI 的取值范围进行以下详细划分。

当 CRI ∈ [0,0.20] 时，表明船舶碰撞危险度极小，此时可认为两船碰撞的危险是不存在的，没有采取任何避碰措施的必要。

当 CRI ∈ [0.21,0.40] 时，表明船舶碰撞危险度较小，此时可认为两船碰撞的危险是潜在的，当前情况不需要采取避碰操作。

当 CRI ∈ [0.41,0.60] 时，表明船舶碰撞危险度中等，船舶驾驶员丝毫不能放松警惕，应保持瞭望并做好采取避碰措施的准备。

当 CRI ∈ [0.61,0.80] 时，表明船舶碰撞危险度较大，船舶驾驶员需要在此时采取避碰操作两船才能安全通过，是最佳避让时机。

当 CRI ∈ [0.81,1] 时，表明船舶碰撞危险度极大，此时无论采取何种方式避碰，船舶发生碰撞都是无法避免的。此时应该尽早通知有关部门，减少伤亡损失。

4.2.1 船舶运动参数模型的建立

设我船为船 M，其位置坐标为 (x_0, y_0)，航速为 V_0，我船航向为 C_0；目标船为 N，其位置坐标为 (x_1, y_1)，航速为 V_1，目标船航向为 C_1；我船相对于目标船的运动速度为 V_r。船舶初始运动参数模型如图 4.2 所示。

对所建数学模型进行几何分析可以得出：

$$\text{DCPA} = D\sin Q_r \tag{4.5}$$

$$\text{TCPA} = \frac{D\cos Q_r}{V_r} \tag{4.6}$$

式中，两船相对距离 D 为

$$D = \sqrt{(x_1 - x_0)^2 + (y_1 - y_0)^2} \tag{4.7}$$

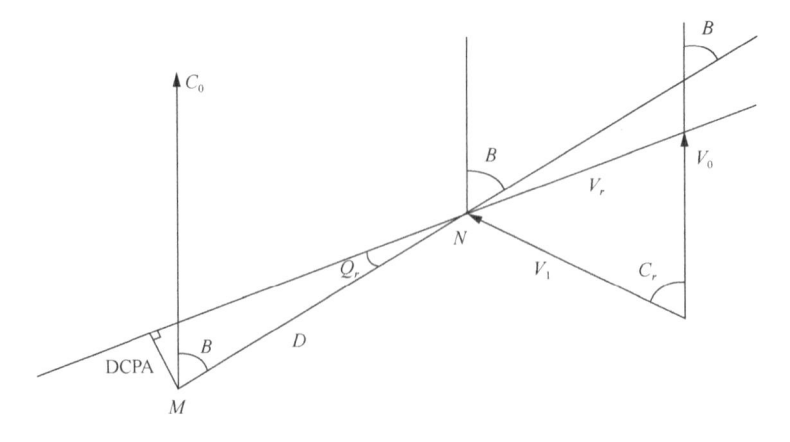

图 4.2 船舶初始运动参数模型

我船相对于目标船的相对运动速度 V_r 为

$$V_r = \sqrt{V_1^2 + V_0^2 - 2V_1V_0\cos\alpha} \tag{4.8}$$

我船与目标船的相对航向角 C_r 为

$$C_r = C_0 - C_1 \tag{4.9}$$

C_r 取值区间为 $[-180°, 180°]$。

当 $C_r > 0°$ 时,

$$C_r = C_0 + \arccos\left[\left(V_0^2 + V_r^2 - V_1^2\right)/2V_0V_r\right] \tag{4.10}$$

当 $C_r < 0°$ 时,

$$C_r = C_0 - \arccos\left[\left(V_0^2 + V_r^2 - V_1^2\right)/2V_0V_r\right] \tag{4.11}$$

Q_r 表示相对舷角,即

$$Q_r = B - C_r \tag{4.12}$$

B 表示两船相对方位角,即

$$B = \arctan\left(\frac{x_1 - x_0}{y_1 - y_0}\right) \tag{4.13}$$

基于上述推导公式,由于数据资料采集任务是由雷达处理,因此在此将上述建立数学模型简化,将我船位置设为中心,不再输入两船的位置坐标,而选择通过直接可测的两船相对距离 D、两船相对方位角 B 和目标船的航向 C_1 和速度 V_1 来表征目标船的位置速度等相关航行信息,用我船的航向 C_0 和速度 V_0 来表征船舶行驶的航向和快慢。

4.2.2 船舶碰撞危险度的计算

船舶碰撞危险度(CRI)是一个至今无精确概念的衡量船舶碰撞危险程度的相对数值,该值的大小可以对船舶之间发生碰撞的可能性进行判断,为船舶驾驶

员做出避碰决策提供了有力的数据参考。故可将 CRI 表示为

$$\text{CRI} = a_{\text{DCPA}} \cdot U_{\text{DCPA}} + a_{\text{TCPA}} \cdot U_{\text{TCPA}} + a_B \cdot U_B + a_D \cdot U_D + a_K \cdot U_K \tag{4.14}$$

式中，U_{DCPA}、U_{TCPA}、U_B、U_D、U_K 分别表示最近会遇距离、最近会遇时间、相对方位角、两船相对距离、两船的航速比对 CRI 的危险隶属度函数。

$a_{\text{DCPA}}, a_{\text{TCPA}}, a_B, a_D, a_K \in (0,1)$，且

$$a_{\text{DCPA}} + a_{\text{TCPA}} + a_B + a_D + a_K = 1 \tag{4.15}$$

4.2.3 相关危险隶属度函数

根据式（4.15），需要知道相关因素的危险隶属度函数，隶属度函数的描述精确与否，决定着该模型的可行性。

1. U_{DCPA}

U_{DCPA} 表示 DCPA 对 CRI 的危险隶属度函数，即

$$U_{\text{DCPA}} = \begin{cases} 1, & \text{DCPA} \leq d_1 \\ \dfrac{1}{2} - \dfrac{1}{2}\sin\left[\dfrac{\pi}{d_2 - d_1}\left(\text{DCPA} - \dfrac{d_1 + d_2}{2}\right)\right], & d_1 < \text{DCPA} \leq d_2 \\ 0, & d_2 < \text{DCPA} \end{cases} \tag{4.16}$$

式中，d_1 表示船舶的安全领域值；d_2 表示两个船舶会遇时可安全通过的距离。

$$d_1 = \begin{cases} 1.1 - \dfrac{B}{180°} \times 0.2, & 0° \leq B < 112.5° \\ 1.0 - \dfrac{B}{180°} \times 0.4, & 112.5° \leq B \leq 180° \\ 1.0 - \dfrac{360° - B}{180°} \times 0.4, & 180° < B \leq 247.5° \\ 1.1 - \dfrac{360° - B}{180°} \times 0.4, & 247.5° \leq B \leq 360° \end{cases} \tag{4.17}$$

$$d_2 = 2d_1 \tag{4.18}$$

2. U_{TCPA}

U_{TCPA} 表示 TCPA 对 CRI 的危险隶属度函数，即

$$u_{\text{TCPA}} = \begin{cases} 1, & \text{TCPA} \leq t_1 \\ \left(\dfrac{t_2 - \text{TCPA}}{t_2 - t_1}\right)^2, & t_1 < \text{TCPA} \leq t_2 \\ 0, & t_2 < \text{TCPA} \end{cases} \tag{4.19}$$

$$t_1 = \begin{cases} \dfrac{\sqrt{D_1^2 - \text{DCPA}^2}}{V_r}, & \text{DCPA} \leqslant D_1 \\ \dfrac{D_1 - \text{DCPA}}{V_r}, & \text{DCPA} > D_1 \end{cases} \quad (4.20)$$

$$t_2 = \dfrac{\sqrt{12^2 - \text{DCPA}^2}}{V_r} \quad (4.21)$$

式中，t_1 表示我船最晚施舵时间；t_2 表示两船相对距离为 12n mile 时我船航行的时间；D_1 表示最晚采取避让措施时两船的相对距离。鉴于人类对危险的认知，当目标船与我船相对距离足够大时，可以将危险视为不存在，故设定两船相对距离为 12n mile 以上的情况时危险隶属度为 0；当直航船行驶到达最晚施舵距离时，让路船在此情况仍不采取任何避碰措施，则直航船无论如何转向发生碰撞都为必然事件，故定义此时危险隶属度为 1。

3. U_B

U_B 表示相对方位角 B 对 CRI 的危险隶属度函数。相对方位角取值不同时，会对船舶碰撞危险度产生不同的影响。根据相关研究可得：目标船位于我船右侧时比位于左侧时船舶碰撞危险度大，位于正横前比位于正横后的船舶碰撞危险度大。不改变其他影响因素，仅改变相对方位角可得：目标船位于我船 19°方向时，CRI 最大，故设定这种情况下的危险隶属度为 1；目标船位于我船 199°方向时，CRI 最小，故设定这种情况下的危险隶属度为 0。可得相对方位角 B 对 CRI 的危险隶属函数，即

$$U_B = \dfrac{1}{2}\left[\cos(B-19°) + \sqrt{\dfrac{440}{289} + \cos^2(B-19°)}\right] \quad (4.22)$$

4. U_D

U_D 表示两船相对距离 D 对 CRI 的危险隶属度函数，即

$$U_D = \begin{cases} 1, & D \leqslant D_1 \\ \dfrac{D_2 - D}{D_2 - D_1}, & D_1 < D < D_2 \\ 0, & D_2 \leqslant D \end{cases} \quad (4.23)$$

$$D_1 = H_1 \cdot H_2 \cdot H_3 \cdot \text{DLA} \quad (4.24)$$

$$D_2 = H_1 \cdot H_2 \cdot H_3 \cdot R \quad (4.25)$$

$$R = 1.7\cos(B-19°) + \sqrt{4.4 + 2.89\cos^2(B-19°)} \quad (4.26)$$

式中，D_1 表示最晚采取避让措施时两船的相对距离；D_2 表示避让措施足以执行的两船相对距离。当 D 小于 D_1 时，两船发生碰撞为必然事件，故设定此时危险隶属度为 1；当 D 大于 D_2 时，我船只要采取避碰操作，两船发生碰撞便为不可能事件，故设定此时危险隶属度为 0；H_1、H_2、H_3 表示该航行区域的环境、我船的可见度和由人为因素对避碰操作的影响，三者均无单位，且取值为 1。DLA 表示与 D_1 有关的相关系数，取值为 1。R 表示与 D_2 有关的相关系数，取值非定值。

5. U_K

U_K 表示航速比 K 对 CRI 的危险隶属度函数，即

$$U_K = \frac{1}{1 + \dfrac{W}{K\sqrt{K^2 + 1 + 2K\sin C}}} \tag{4.27}$$

式中，C 表示两船相对航向角，$\sin C = \left|\sin\left(\left|C_1 - C_0\right|\right)\right|$；$C_1$、$C_0$ 分别为目标船和我船的航向；W 为相关系数，取值为 2。

大量的研究发现表明，这 5 个影响 CRI 参数的重要性由大到小排序为 DCPA、TCPA、D、B、K，将这五个参数的权重在数值上表现分别设定为 $a_{\text{DCPA}} = 0.4$，$a_{\text{TCPA}} = 0.367$，$a_D = 0.167$，$a_B = 0.033$，$a_K = 0.033$。

根据上述大量的公式，我们可以知道传统数学计算方法，确实可以算出船舶碰撞危险度的值，但仍存在很多不足之处：①船舶碰撞危险度的危险隶属度函数所选择的五个参数权重的确定，掺杂了太多人类的主观意识，使得所得出的船舶碰撞危险度数值因人类主观意愿的模糊赋值而不精确。如果换另一批专家进行评分，则对应的 a_{DCPA}、a_{TCPA}、a_D、a_B、a_K 将为不一样的权重参数。②相关隶属度函数等数学公式也是人们根据对船舶碰撞危险度的分析定义的，同时公式中含有一些无单位的相关系数，不同人会对该系数进行不同的赋值，从而也会影响船舶碰撞危险度的计算结果。③传统数学计算方法的过程既涉及一些相关系数的取值，又涉及众多公式的计算，过程相当麻烦且复杂，容易出错的同时时效性差。尽管传统数学计算方法经过多年的经验改进已被众多专家认可，应该能对真实情况有个大概的反映，但不能将其计算结果作为完全真实的情况。

在前文对多种 CRI 的建模方法进行分析，对比各算法的优缺点后，选择引用云模型理论，建立船舶碰撞危险度云模型，选择最近会遇距离和最近会遇时间作为船舶碰撞危险度的影响因素，输出在多船会遇工况下，目标船对于我船的碰撞危险度及我船的重点避碰序列和重点避碰对象，为船舶驾驶员的避碰决策提供了有力判据。

4.3 灰色关联分析确定多船碰撞危险度

灰色系统是三种常用的不确定性系统的研究方法，它的研究对象是部分信息已知，部分信息未知的"小样本、贫信息"的不确定性问题，它通过部分已知信息的生成和开发实现对现实世界的描述和认知。其中灰色关联分析是灰色系统的一个重要研究内容。灰色关联分析是指对于两个系统之间的因素，其随时间或不同对象而变化的关联性大小的量度。

4.3.1 灰色关联分析概述

在系统发展过程中，通过建立灰色系统理论。充分利用已知信息寻求系统规律，处理不确定量以及贫瘠信息系统。

计算关联度是为了通过两序列的关联性，来考察相关因素之间的关联性。两序列的关联性指的是两序列整体相似性，而整体相似性是以局部相似性为基础的，因此用局部相似程度的均值来度量整体的相似性，即为两因素的关联度。这样局部相似性的度量对关联度的计算起决定性作用。因此可得关联度应该满足的基本条件，然后由这些基本条件推导出局部关联系数应该满足的性质。根据灰色关联度的定义，可得灰色关联度的计算过程如下：设 $X_0=(x_0(1),x_0(2),\cdots,x_0(n))$ 为系统特征序列，且

$$\begin{aligned} X_1 &= (x_1(1), x_1(2), \cdots, x_1(n)) \\ &\vdots \\ X_i &= (x_i(1), x_i(2), \cdots, x_i(n)) \\ &\vdots \\ X_m &= (x_m(1), x_m(2), \cdots, x_m(n)) \end{aligned} \tag{4.28}$$

$$\gamma(X_0, X_i) = \frac{1}{n}\sum_{k=1}^{n}\gamma[x_0(k), x_i(k)] \tag{4.29}$$

式中，$\gamma(X_0,X_i)$ 为相关因素序列，且给定实数 $\gamma[x_0(k),x_i(k)]$，若实数满足下式中的要求：

（1）规范性。

$$0<\gamma(X_0,X_i)\leqslant 1, \gamma(X_0,X_i)=1 \Leftarrow X_0=X_i \tag{4.30}$$

（2）整体性。对于 $X_i,X_j \in X=\{X_s \mid s=0,1,\cdots,m; m\geqslant 2\}$ 有

$$\gamma(X_i,X_j) \neq \gamma(X_j,X_i), i\neq j \tag{4.31}$$

（3）偶对称性。对于 $X_i,X_j \in X$ 有

$$\gamma(X_i,X_j)=\gamma(X_j,X_i) \Leftrightarrow X=\{X_i,X_j\} \tag{4.32}$$

(4)接近性。

$|x_0(k)-x_i(k)|$ 越小，$\gamma[x_0(k),x_i(k)]$ 越大。

则称

$$\gamma(X_0,X_i)=\frac{1}{n}\sum_{k=1}^{n}\gamma[x_0(k),x_i(k)] \tag{4.33}$$

为 $X_i, X_j \in X$ 的灰色关联度。式中，$\gamma[x_0(k),x_i(k)]$ 为 X_i 和 X_j 在 k 点的关联系数，并称（1）、（2）、（3）、（4）为灰色关联公理。在灰色关联公理中，规范性 $0<\gamma(X_0,X_i)\leqslant 1$ 表明系统中任何两个行为序列都不可能严格无关联。整体性则体现了环境对灰色关联比较的影响，环境不同，灰色关联度也随之变化，因此不一定满足对称性。偶对称性表明，当灰色关联因子集中只有两个序列时，满足对称性。接近性是对关联量化的约束。设系统行为序列为

$$X_i=(x_i(1),x_i(2),\cdots,x_i(n)) \tag{4.34}$$

对于 $\xi \in (0,1)$，令

$$\gamma[x_0(k),x_i(k)]=\frac{\min\limits_{i}\min\limits_{k}|x_0(k)-x_i(k)|+\xi\cdot\max\limits_{i}\max\limits_{k}|x_0(k)-x_i(k)|}{|x_0(k)-x_i(k)|+\xi\cdot\max\limits_{i}\max\limits_{k}|x_0(k)-x_i(k)|} \tag{4.35}$$

记 $\gamma[x_0(k),x_i(k)]$ 为 $r_{0i}(k)$，

$$\gamma(X_0,X_i)=\frac{1}{n}\sum_{k=1}^{n}\gamma[x_0(k),x_i(k)]=\frac{1}{n}\sum_{k=1}^{n}\gamma_{0i}(k) \tag{4.36}$$

则称

$$\gamma(X_0,X_i)=\frac{1}{n}\sum_{k=1}^{n}\gamma[x_0(k),x_i(k)] \tag{4.37}$$

满足灰色关联公理。式中，ξ 为分辨系数，取值范围为 0~1；$\gamma_{0i}(k)$ 为灰色关联系数；$\gamma(X_0,X_i)$ 为 X_0 和 X_i 的灰色关联度，记为 γ_{0i}。若关联度 γ_i 最大，说明被比较序列与参考序列最接近，即第 i 个被评价对象优于其他被评价对象，据此可以排出各被评价对象的优劣次序。

由此可知灰色关联度计算流程如图 4.3 所示。在一个具有不确定因素的灰色系统中，当系统数据满足灰色关联公理时，若要应用灰色关联分析，首先应该收集评价体系数据，即确定相关因素序列；其次选取一定具有代表意义的数据作为参考序列；再次计算每一个被评价的指标因素与参考序列的绝对差值，得出灰色关联系数；最后通过灰色关联公理计算出灰色关联度，对系统进行灰色关联分析。由此可知，灰色关联度计算过程计算量较小，选取评价指标时也较为灵活，可根据需要自行确定所要选取的指标以及指标的数量，通过计算灰色关联度对灰色系统进行分析的方法，为研究不确定性因素较多的系统提供了便利。

```
           ┌─────────┐
           │  开始   │
           └────┬────┘
                ↓
        ┌──────────────┐
        │ 确定评价体系  │
        │收集评价数据 Xᵢ │
        └──────┬───────┘
                ↓
        ┌──────────────┐
        │确定参考数据列X₀│
        └──────┬───────┘
                ↓
     ┌─────────────────────┐
     │逐个计算每个被评价对象指标序列│
     │与参考序列对应元素的绝对差值 │
     │    |x₀(k)-xᵢ(k)|     │
     └──────────┬──────────┘
                ↓
        ┌──────────────┐
        │ 计算灰色关联系数│
        └──────┬───────┘
                ↓
        ┌──────────────┐
        │ 计算灰色关联度 │
        └──────┬───────┘
                ↓
        ┌──────────────┐
        │得出综合评价结果│
        └──────┬───────┘
                ↓
           ┌─────────┐
           │  结束   │
           └─────────┘
```

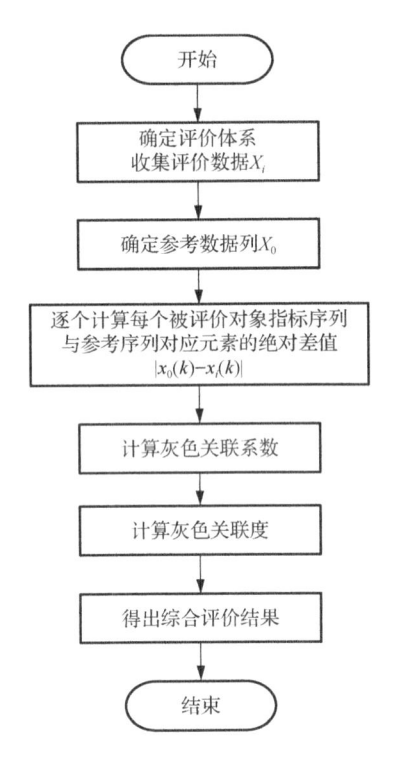

图 4.3　灰色关联度计算流程图

4.3.2　多船碰撞危险度模型的建立

假设我船的航速为 V_0，航向为 C_0；若我船在海上与 m 条船会遇，则第 i 艘船的航速为 V_i，航向为 C_i，第 i 艘船相对于我船的相对方位角为 B_i；第 i 艘船与我船之间的相对距离为 D_i，可根据公式计算得出第 i 艘船与我船的相对速度 V_{ri}，相对航向 C_{ri}，相对舷角 Q_{ri}，DCPA$_i$、TCPA$_i$，以及我船与第 i 艘船的航速比 K_i。此时应用灰色关联理论，将每一艘船的 DCPA$_i$、TCPA$_i$、K_i 提取成为因素序列，即

$$X_i = (x_i(1), x_i(2), x_i(3)) \tag{4.38}$$

式中，$x_i(1) = \text{DCPA}_i, x_i(2) = \text{TCPA}_i, x_i(3) = K_i$。在实际航海中目标船相对碰撞危险度取决于目标船的初始 DCPA$_i$、TCPA$_i$，避让难易程度主要与我船与目标船的航速比有关。将最小数值的 DCPA$_i$、TCPA$_i$、K_i 提取出来作为特征序列，求取每个目标船参数序列与该特征序列的关联系数，若关联系数大，说明该船为我船目前阶段重点避让船舶，即

$$X_0 = (x_0(1), x_0(2), x_0(3)) \tag{4.39}$$

式中，$x_0(1) = \min(\text{DCPA}_i)$；$x_0(2) = \min(\text{TCPA}_i)$；$x_0(3) = \min(K_i)$。此时，由于海上多船会遇的实际情况，不可能出现两条船的所有参数完全相同的情况，即两条船出现在同一位置的情况，故所得的序列符合灰色关联公理，可以运用灰色关

联求出其与特征序列的灰色关联度。应用灰色关联公式，依次求出每个指标参考序列的关联系数，即

$$\gamma[x_0(k),x_i(k)] = \frac{\min\limits_{i}\min\limits_{k}|x_0(k)-x_i(k)| + \xi \cdot \max\limits_{i}\max\limits_{k}|x_0(k)-x_i(k)|}{|x_0(k)-x_i(k)| + \xi \cdot \max\limits_{i}\max\limits_{k}|x_0(k)-x_i(k)|} \quad (4.40)$$

式中，$\xi \in (0,1)$，一般取 0.5，最后可得出灰色关联度：

$$\gamma(X_0, X_i) = \frac{1}{n}\sum_{k=1}^{n}\gamma[x_0(k),x_i(k)] = \frac{1}{n}\sum_{k=1}^{n}\gamma_{oi}(k) \quad (4.41)$$

在计算出所有组数据之后，通过比较所得出的灰色关联度的大小顺序，即灰色关联度排序，最终得到我船避碰目标船排序。为了便于数据读取与输入，选取了船舶在海上会遇时雷达可直接得到的数据目标船航速 V_i，相对方位角 B_i，相对航向角 C_i，与我船相对距离 D_i 作为决策系统的输入量，按照 DCPA$_i$、TCPA$_i$、K_i 计算模型以及灰色关联理论计算模型，计算出灰色关联度的大小，其实现流程如图 4.4 所示。

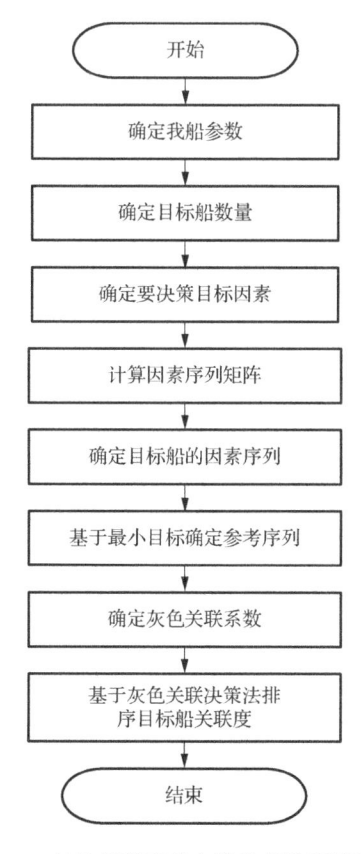

图 4.4 灰色关联度确定船舶危险度流程图

通过灰色关联算法的处理，能够快速计算出灰色关联度。但是由于在海上多船会遇条件下，目标船较多时，计算的快速与否会直接影响所得结果的时效性，从而影响到避碰决策的准确与效率，所以应该增强计算关联度时效性，从而给航海操作人员提供更准确及时的避碰行为依据。

4.3.3 多船碰撞危险度模型的仿真验证与分析

1. 仿真试验

仿真我船参数包括航速 V_0 为 16kn，航向 C_0 为 0°。会遇目标船数量 5，各个目标船参数包括航速 V_i、相对方位角 B_i、航向 C_i、与我船相对距离 D_i、DCPA$_i$、TCPA$_i$、K_i ($i=1,2,\cdots,5$)，如表 4.1 所示。

表 4.1 5 艘目标船的参数信息

编号	航速 V_i/kn	相对方位角 B_i/(°)	航向 C_i/(°)	相对距离 D_i/n mile	DCPA$_i$/n mile	TCPA$_i$/min	K_i
船 1	12	0	160	4	−0.5952	8.604	1.333
船 2	14	0	170	6	−0.4881	12.01	1.143
船 3	16	0	190	7	0.6101	13.13	1.000
船 4	14	60	300	6	−0.6882	23.68	1.143
船 5	20	100	335	6	0.4310	41.20	0.800

（1）求出对应目标船 DCPA、TCPA、K 的值，可得各个船舶因素序列为
$$X_1 = (-0.5952, 8.604, 1.333)$$
$$X_2 = (-0.4881, 12.01, 1.143)$$
$$X_3 = (0.6101, 13.13, 1.00)$$
$$X_4 = (-0.6882, 23.68, 1.143)$$
$$X_5 = (0.4310, 41.20, 0.80)$$

同时求出由 DCPA、TCPA、K 的最小值构建输出参考序列 $X_0 = (-0.6882, 8.604, 0.800)$。

（2）计算目标船 DCPA、TCPA、K 的因素值的灰色关联系数，其结果依次为
$$\gamma[0] = (0.9859, 0.9702, 0.8339, 1.0000, 0.8535)$$
$$\gamma[1] = (1.0000, 0.6571, 0.5905, 0.3018, 0.1667)$$
$$\gamma[2] = (0.9244, 0.9500, 0.9702, 0.9500, 1.000)$$

基于公式计算灰色关联度 $\gamma = (0.9701, 0.8591, 0.7982, 0.7506, 0.6734)$，排列显示数据结果，由 $R[1]$ 最大可知重点避让船为目标船 1，五艘目标船的灰色关联度为排序为 $R[1] > R[2] > R[3] > R[4] > R[5]$，仿真结果如图 4.5 所示。

第 4 章 船舶碰撞危险度模型的建立

图 4.5 危险度排序结果图

2. 仿真结果分析

在保持我船参数不变的条件下，对航速、相对方位角以及目标船与我船相对距离分别进行改变，观察上述参数的变化对输出灰色关联度的影响。

（1）改变目标船的航速，观察灰色关联度的变化。在输入数据时，保持 5 艘船的其他初始参数不变，将目标船舶航速分别设定为 12kn、14kn、16kn、20kn、25kn，计算相应的灰色关联度，根据所得数据生成曲线图如图 4.6 所示。

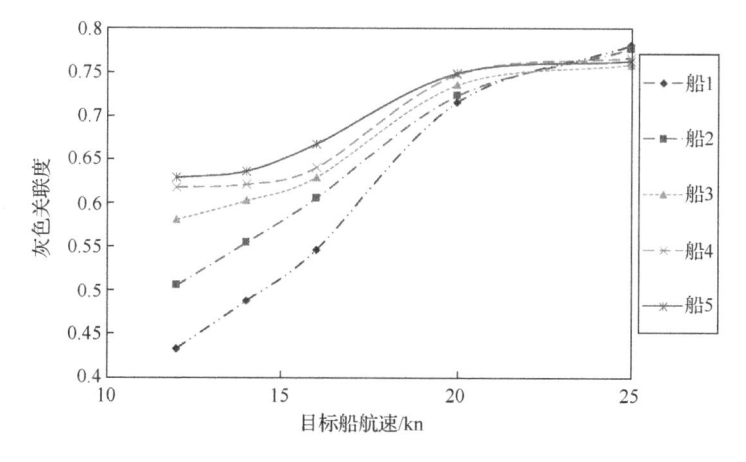

图 4.6 航速与灰色关联度变化曲线

如图 4.6 所示，随着航速的增大，目标船的灰色关联度也随之增大。由于五艘船初始参数不同，灰色关联度的变化速度也各有不同（如船 1 到船 3 相对我船的距离依次为船 1>船 2>船 3，故当航速变化时灰色关联度的变化速度是由船 1 到船 3 依次减缓）。其中，船 1 的灰色关联度变化速度最快，当速度在 20～25kn 时，各目标灰色关联度达到最大值，并处于平稳状态，说明当航速达到一定值后所有船的碰撞危险都很大，需要及时采取避碰措施。由此可知，目标船的航速是影响灰色关联度的主要因素，且航速与灰色关联度呈正相关。该结果与所选择数据结果是相符合的，说明算法较为真实地反映了多船会遇条件下不同航速危险度不同的现实情况。

（2）改变目标船相对于我船的相对方位角，观察对灰色关联度的影响。在输入数据时，保持其他初始参数不变，将五艘目标船的相对方位角分别设定为 0°、60°、120°、180°、240°，五艘目标船与我船的会遇态势依次从对遇局势，变为交叉会遇局势，再变为追越局势，使数据更为准确地反映目标船的变化过程。输入数据计算相应的灰色关联度，根据所得数据生成图 4.7。

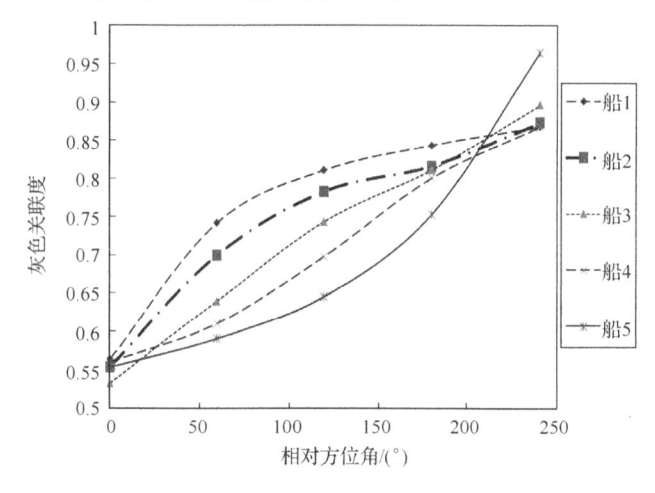

图 4.7　方位角与灰色关联度变化曲线

如图 4.7 所示，相对方位角从 0°增加到 240°的过程中，五艘船的会遇态势由对遇局面变为交叉会遇，再变为目标船追越我船。随着各目标船与我船相对方位角的不断增大，会遇目标船灰色关联度不断缓慢增加，但危险度排序不变，船 1 为重点避让船，但当相对方位角达到 200°时各目标船与我船会遇态势发生变化，船 5 成为重点避让船，且排序发生变化，由此可得，相对方位角的改变会导致船舶会遇态势发生变化，同时也会影响船舶碰撞危险度的排序。

（3）改变目标船与我船的相对距离，观察对灰色关联度的影响。在设置数据时，保持其他初始参数不变，将目标船与我船的相对距离设置为 4n mile、6n mile、8n mile、10n mile、12n mile，将数据输入程序中计算出对应的灰色关联度，并根据所得数据整理生成曲线图，如图 4.8 所示，随着各目标船与我船相对距离的不断增加，整体碰撞危险度呈逐渐减小的趋势，当距离达到 10 n mile 时，各目标船与我船灰色关联度基本不变，且我船与目标船解除危险，可得目标船与我船相对距离的远近是影响灰色关联度的主要因素。

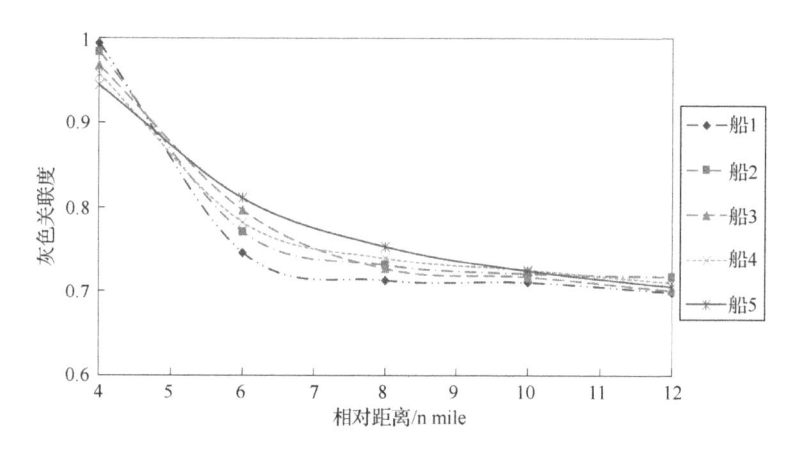

图 4.8　相对距离与灰色关联度变化曲线

4.4　船舶碰撞危险度云模型的建立

船舶驾驶员驾驶船舶在复杂海域环境中与多船会遇情况下，船舶驾驶员应该在瞬间完成船舶是否需要避碰及重点避碰对象和序列的决策，完成避碰决策需要两个步骤：①船舶驾驶员根据我船与目标船的各航行参数，利用两船相对距离、相对方位角、两船航向等信息，判断目标船相对于我船的碰撞危险度；②船舶驾驶员根据其驾驶经验确定避碰策略。

综上所述，船舶航行环境的不确定性和随机性，以及人为的不确定性因素等，导致了船舶碰撞危险大小的不确定性。因此，拟创建二维多规则云模型把"最近会遇距离"和"最近会遇时间"结合起来，很好地表达船舶碰撞危险度的不确定性。

船舶碰撞危险度基于定性语言描述，利用云模型的推理机制可以将这些定性语言变量表达的定性概念转化为云对象表达的定量知识。船舶碰撞危险度可以通过构造的多规则云发生器映射得到，即输入变量经过多个前件的云发生器处理后，再由后件云发生器输出船舶碰撞危险度值，这些多规则云发生器就组成了多规则云模型的推理机系统[4]，也就是将一个定性概念用云模型为分析工具进行定量转换计算。考虑到建立的船舶碰撞危险度云模型有两个输入变量，且两个输入变量的不同排列组合应有不同的船舶碰撞危险度,结合双条件多规则云发生器相关理论,船舶碰撞危险度云模型的推理机制如图4.9所示。

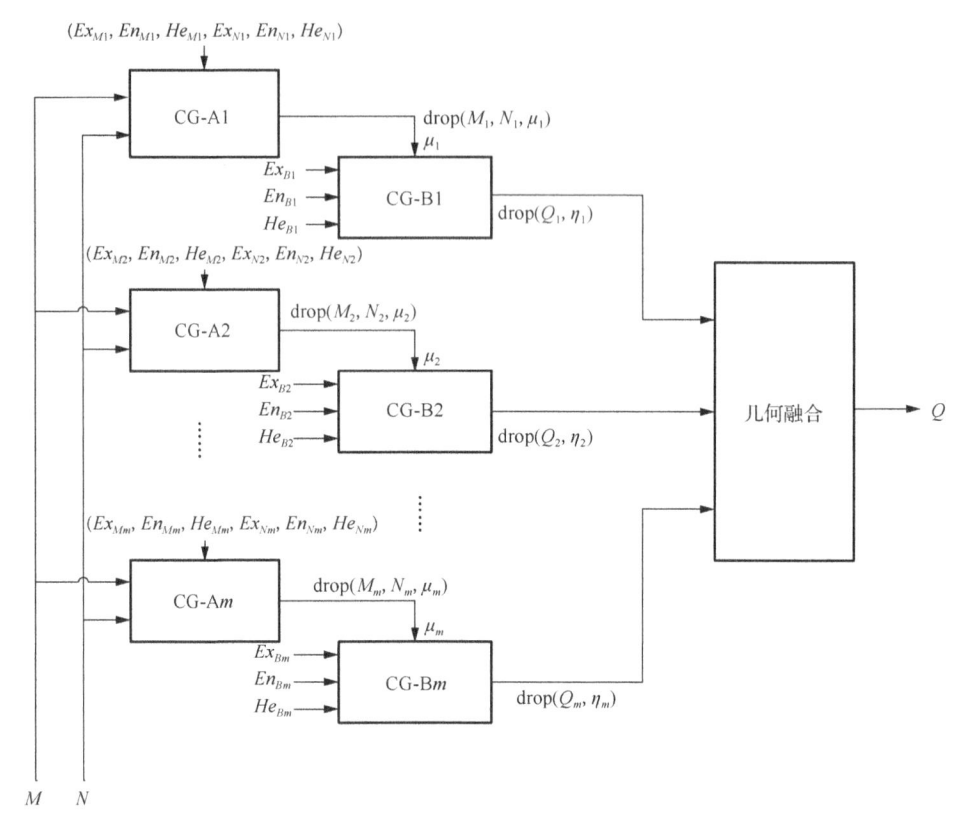

图4.9 船舶碰撞危险度云模型的推理机制

图中,描述"DCPA"为 M,描述"TCPA"为 N,描述"CRI"为 Q,CG-A 表示"DCPA"和"TCPA"的二维 X 条件云发生器,其隶属云的特征值为 $(Ex_M,En_M,He_M,Ex_N,En_N,He_N)$;CG-B 表示"CRI"的一维 Y 条件云发生器,其隶属云的特征值为 (Ex_B,En_B,He_B)。

船舶碰撞危险度云模型的输入变量是最近会遇距离 M 和最近会遇时间 N,输出变量为船舶碰撞危险度 Q。根据对《国际海上避碰规则》的研究,按海航密度大、沿岸和开阔的水域,基于云模型将船舶驾驶员思考方式,即自然语言的概念进行划分,由此确定云模型的输入输出变量的三个数字特征;然后对 CRI 云模型中的输入和输出变量进行概念的划分,构建 CRI 云模型中的 m 条推理规则,生成不确定性推理规则库。CRI 云模型的推理机制可以表示为

$$\Phi(M,N) \Rightarrow Q$$

式中,Φ 表示云模型的推理机制;M、N 为输入变量;Q 为输出变量。其运行

机制为：当输入某一组特定的最近会遇距离 M 和最近会遇时间 N 时，将分别刺激不同规则的前件发生器，会随机产生一组确定度 μ_i 值，这些值会反映激活相关定性规则的程度，η_i 会刺激 CG-B 随机产生一组云滴 $\text{drop}(Q_i,\eta_i)$，这些云滴反映了当确定度为 η_i 时，船舶碰撞危险度的大小为 Q_i，最后通过几何运算将这些云滴融合为一个云滴，即该组 (M,N) 对应的输出 Q 值。该模型建立体现了船舶碰撞危险度与最近会遇距离和最近会遇时间的关系，可以很好地表达船舶行驶过程中船舶碰撞危险度的不确定性，因此在不同的会遇工况下，只需要改变输入的我船与目标船的航向参数数值，就能够体现出船舶碰撞危险度的变化。

从上述建立的云模型的推理机制，可以清楚地了解云模型存在的不确定性，对于前件发生器的过程是一个特定输入 (M,N)，随机产生一组 η_i 值；对于后件发生器的过程是 CG-B 受上述 η_i 值控制，随机产生一组云滴 $\text{drop}(Q_i,\eta_i)$，这些输出的 Q_i 值仍具有不确定性。整个机制诠释了将不确定性从输入变量向输出变量传递的过程，实现了基于云模型理论不确定性和模糊性的船舶碰撞危险度的建模。

4.4.1 船舶碰撞危险度云模型参数的概念划分

人的大脑几乎不会用纯粹的数学方式进行思考，而是用自然语言来描述某个定性知识。自然语言中的基本元素是人类思维的最小单元，人们也一贯使用语言概念来权衡事件的不确定性，数学公理也一样，需要建立在自然语言描述的背景和条件之上，人们在对数学进行深入研究的过程中，往往会忽略最基本的公理系统是不可证明且不确定的。相比起来，自然语言是人工智能的结晶，比用定量的数值方式表达概念更加真实普遍。因此用自然语言而非纯数值的方法对船舶碰撞危险度进行描述，即基于云模型理论建立船舶碰撞危险度。

船舶碰撞危险度模型有 2 个输入变量，即"DCPA""TCPA"；有 1 个输出变量，即"CRI"。该模型中所涉及的这三个变量具有概念的不确定性，因此要获取它们的云数字特征。通过对海上避碰行为和《国际海上避碰规则》的研究，按照海面上船舶航行密度大的水域，将 DCPA、TCPA 和 CRI 均用自然语言概念划分为 {小，较小，中等，较大，大}，三者的概念子集参见表 4.2。

表 4.2 船舶碰撞危险度云模型变量概念子集

等级	DCPA	TCPA	CRI
1	小	小	小
2	较小	较小	较小
3	中等	中等	中等
4	较大	较大	较大
5	大	大	大

描述 DCPA 的等级为 M，其概念子集和对应的云模型数字特征如表 4.3 所示。

表 4.3 DCPA 等级表

等级	描述内容	云数字特征 $M(Ex_M, En_M, He_M)$
M_1	表示 DCPA 小	(0,0.25,0.01)
M_2	表示 DCPA 较小	(0.75,0.25,0.01)
M_3	表示 DCPA 中等	(1.5,0.25,0.01)
M_4	表示 DCPA 较大	(2.25,0.25,0.01)
M_5	表示 DCPA 大	(4,0.583,0.01)

描述 TCPA 的等级为 N，其概念子集和对应的云模型数字特征如表 4.4 所示。

表 4.4 TCPA 等级表

等级	描述内容	云数字特征 $N(Ex_N, En_N, He_N)$
N_1	表示 TCPA 小	(0,2.5,0.01)
N_2	表示 TCPA 较小	(7.5,1.167,0.01)
N_3	表示 TCPA 中等	(1.5,0.25,0.01)
N_4	表示 TCPA 较大	(12.5,1.167,0.01)
N_5	表示 TCPA 大	(16.5,1.333,0.01)

描述 CRI 的等级为 Q，其概念子集和对应的云模型数字特征如表 4.5 所示。

表 4.5 CRI 等级表

等级	描述内容	云数字特征 $Q(Ex_B, En_B, He_B)$
Q_1	表示 CRI 小	(0, 0.1, 0.001)
Q_2	表示 CRI 较小	(0.3, 0.067, 0.001)
Q_3	表示 CRI 中等	(0.5, 0.067, 0.001)
Q_4	表示 CRI 较大	(0.7, 0.067, 0.001)
Q_5	表示 CRI 大	(1, 0.1, 0.001)

根据表 4.3 所示的 DCPA 等级表，基于 MATLAB 仿真软件绘制参数 DCPA 的概念云图，如图 4.10 所示。

根据表 4.4 所示的 TCPA 等级表，基于 MATLAB 仿真软件绘制参数 TCPA 的概念云图，如图 4.11 所示。

根据表 4.5 所示的 CRI 等级表，基于 MATLAB 仿真软件绘制参数 CRI 的概念云图，如图 4.12 所示。

第 4 章 船舶碰撞危险度模型的建立

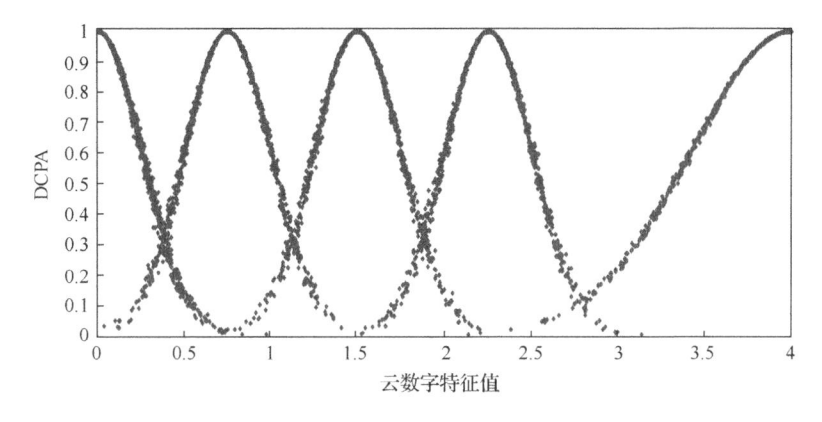

图 4.10 DCPA 的概念云图

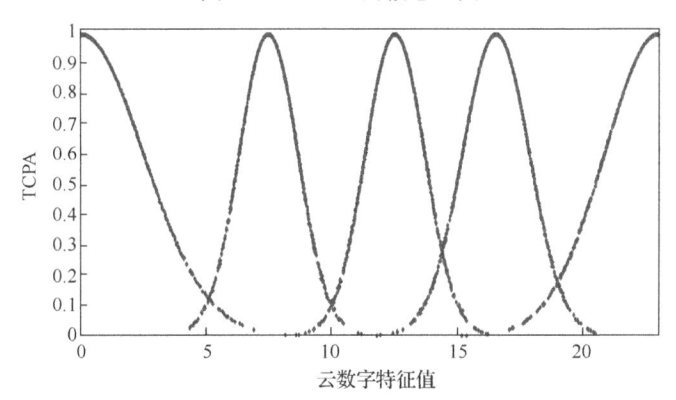

图 4.11 TCPA 的概念云图

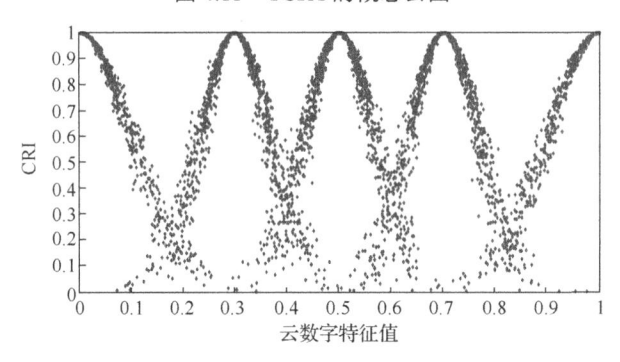

图 4.12 CRI 的概念云图

以 DCPA = M_3（最近会遇距离为"中等"）的概念为例说明，在 DCPA 的云模型数据库中选取全部 DCPA = M_3 的数据即云滴，形成船舶驾驶员思考方式即自然语言的数据库，判断最近会遇距离为"中等"的数据集合中有 N 个数据（$i = 1, 2, \cdots, n$），基于逆向云算法计算出最近会遇距离为"中等"概念的隶属云特

征值 $(Ex_{M3}, En_{M3}, He_{M3})$ 为（1.5,0.25,0.01），最近会遇距离为"中等"的隶属云概念如图 4.13 所示。

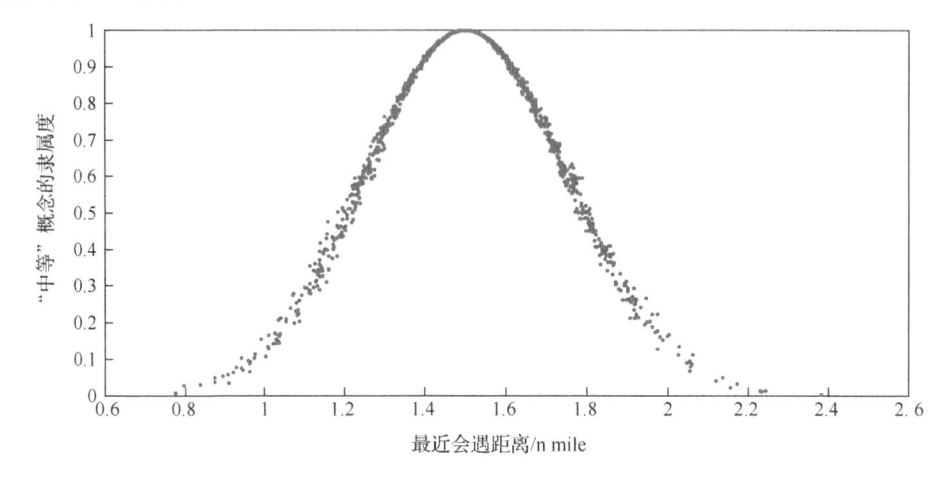

图 4.13　最近会遇距离为"中等"的隶属云概念图

如图 4.13 所示，当目标船相对于我船的最近会遇距离为 1.5n mile 为船舶驾驶员认为的"中等"期望值。此外其他概念集合，均由此方法可计算出相应的云模型。

4.4.2　船舶碰撞危险度云模型规则库的建立

根据船舶碰撞危险度概念划分结果，两个输入变量为"DCPA"和"TCPA"，将这两个输入变量的概念分别划分为 5 层，将其进行排列组合，可以得到 25 条关于 DCPA、TCPA 及 CRI 三者之间不同的定性规则。这些定性推理规则可以表示为：If（"DCPA"）and（"TCPA"），Then（"CRI"）。

具体规则如表 4.6 所示。

表 4.6　推理规则库

	M_1	M_2	M_3	M_4	M_5
N_1	Q_5	Q_4	Q_3	Q_2	Q_1
N_2	Q_4	Q_3	Q_2	Q_1	Q_1
N_3	Q_3	Q_2	Q_1	Q_1	Q_1
N_4	Q_2	Q_1	Q_1	Q_1	Q_1
N_5	Q_1	Q_1	Q_1	Q_1	Q_1

举例说明一条 CRI 推理规则：

"If M_2, N_2, Then Q_3" 表示的规则为：如果 DCPA 为"较小"，TCPA 为"较小"，那么 CRI 为"中等"。

4.4.3 船舶碰撞危险度云模型的推理机制

基于云模型建立的推理机制，是以 DCPA、TCPA、CRI 概念为基础的，从构建的船舶碰撞危险度数据库中获取的定性概念，规则发生器是根据 X 条件云发生器和 Y 条件云发生器构建而成的，实现了将上述 25 条定性推理规则生成推理规则库。当输入某组特定的数值时，基于云模型推理机制的传递性，可以很好地将输入变量的不确定性和模糊性传递给输出变量。船舶碰撞危险度基于云模型的推理框图如图 4.14 所示。

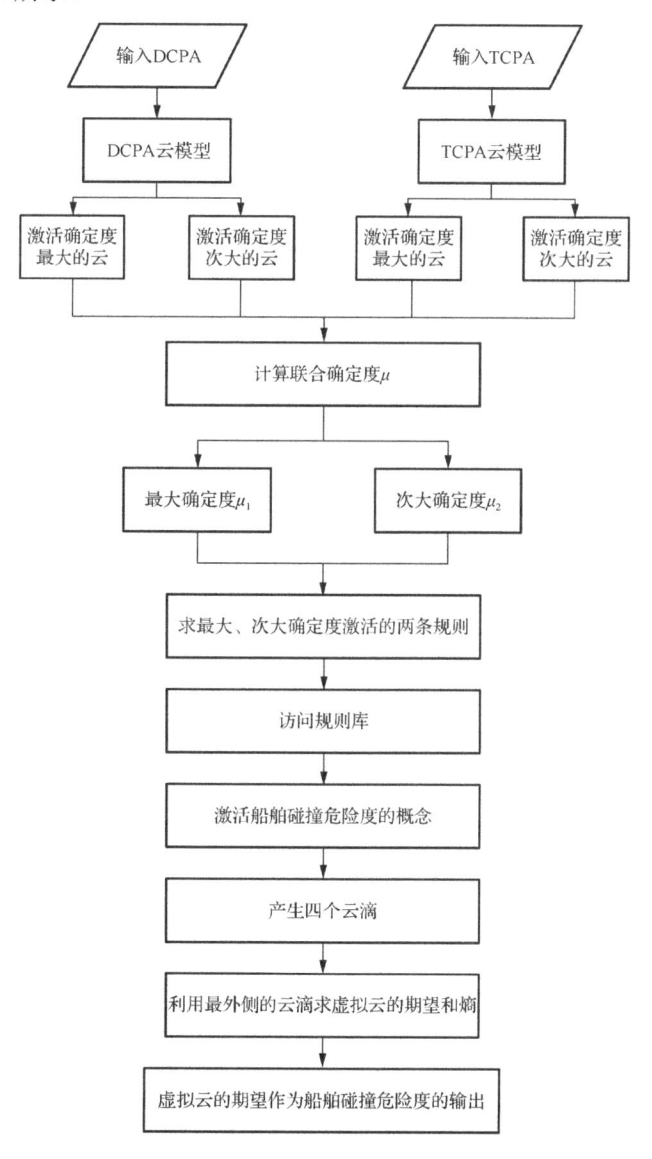

图 4.14 船舶碰撞危险度云模型的推理框图

由于推理过程涉及的不确定性，可以说同一组数据进行多次输入时，输出的结果也是不固定的。如图 4.14 所示，当给定最近会遇距离和最近会遇时间的一组精确的输入值 (M,N) 时，用该输入值分别激活云规则前件各自的定性概念，激活程度为 μ_i 分别对应的是各自最大的确定度云和次大的确定度云，由于是两个输入变量便会产生四朵云，根据这四朵云对其联合确定度进行计算，并取最大联合确定度和次大联合确定度 (μ_1,μ_2)，相应的激活两条定性规则并由后件云发生器产生四个云滴，取其中最外侧的两个云滴 (Q_1,μ_1) 和 (Q_2,μ_2)，然后利用几何方法对船舶碰撞危险度 Q 进行计算，则计算输出结果 Q 的计算表达式如下：

$$Q=\frac{Q_1\sqrt{-2\ln(\mu_2)}+Q_2\sqrt{-2\ln(\mu_1)}}{\sqrt{-2\ln(\mu_1)}+\sqrt{-2\ln(\mu_2)}} \tag{4.42}$$

由于上述计算过程只是某一次的运算结果，而基于云模型的推理过程涉及多次随机数的产生，对同样的输入，每一次的推理运算结果会存在一些差异，这也正是云模型不确定性的特点。为了解决这个问题，在实际应用中，可将该推理过程做有限次的循环处理，然后将这些有限次计算产生的输出结果做平均值运算，作为最终船舶碰撞危险度输出。一般将该推理过程进行 20 次循环处理。

4.4.4 船舶碰撞危险度云模型的算法仿真

选取了"DCPA""TCPA"作为基于云模型理论船舶碰撞危险度建模的评价因素，并构建了船舶碰撞危险度的云模型和其推理规则库，由此在多船会遇工况下，根据各目标船的 DCPA 和 TCPA 激活云模型的推理系统，计算得出各目标船与我船之间的船舶碰撞危险度的大小，并得出重点避让船舶及避碰顺序。

船舶在海上航行时，就实际情况而言，$DCPA_i$ 和 $TCPA_i$ 是需要根据船舶驾驶员基于传统几何数学算法计算得出的。因此，将 $DCPA_i$、$TCPA_i$ 作为中间变量，并选择可以通过雷达测量的目标船的航向 C_i、航速 V_i、目标船与我相对距离 D_i、目标船与我相对方位角 B_i 作为程序的输入值。通过编程语言来实现 $DCPA_i$ 和 $TCPA_i$ 的计算，使得给船舶驾驶员提供决策依据的时间缩短。

根据上述需求，将程序设计人性化，数据输入简单化，程序输出清晰化。程序流程图如图 4.15 所示。

程序内容分为以下五个组成模块。

（1）预处理模块：DCPA、TCPA 和 CRI 云模型数据库，CRI 云模型推理机制的构建。

（2）输入模块：输入船舶相关参数。目标船的数量 Num，我船的航速 V_0 及航向 C_0。目标船航速 V_i、相对方位角 B_i、航向 C_i、与我船的相对距离 D_i。

（3）计算模块：根据输入的船舶相关参数值，计算 $DCPA_i$ 和 $TCPA_i$。

（4）推理模块：由 DCPA 和 TCPA 激活 CRI 云模型的推理机系统，基于云模型理论对船舶碰撞危险度进行建模。

（5）输出模块：输出所计算出 $DCPA_i$ 和 $TCPA_i$ 的数值，以及 CRI_i 结果。

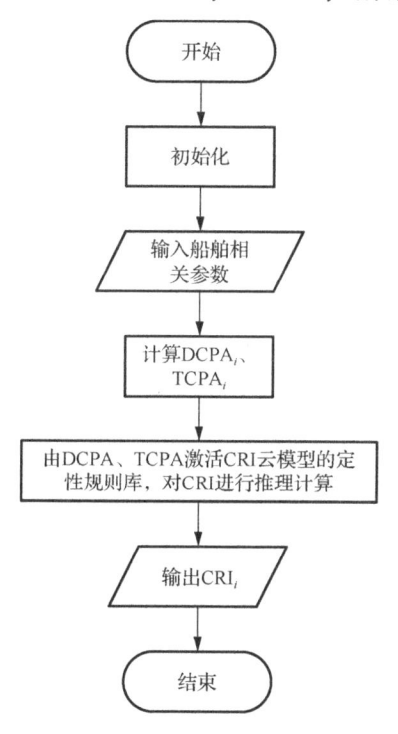

图 4.15 程序实现流程图

4.4.5 船舶碰撞危险度云模型的仿真与分析

1. 算法程序的运行及调试

按照上述船舶碰撞危险度建模系统的设计思路，基于 Dev-C++集成开发环境，设计出符合上述要求的 C 语言程序，下面将对程序进行调试并进行其性能分析检测。

（1）输入我船相关参数，航速 V_0 为 18 kn，航向 C_0 为 0°，如图 4.16 所示。

（2）建立多船会遇态势，输入目标船的数量为 3，以及各目标船的相关参数，如图 4.17 所示。

（3）根据计算出 $DCPA_i$、$TCPA_i$ 的数值，激活船舶碰撞危险度云模型的推理系统，显示全部结果包括 $DCPA_i$、$TCPA_i$、CRI_i，如图 4.18 所示。

图 4.16 我船相关参数输入效果显示图

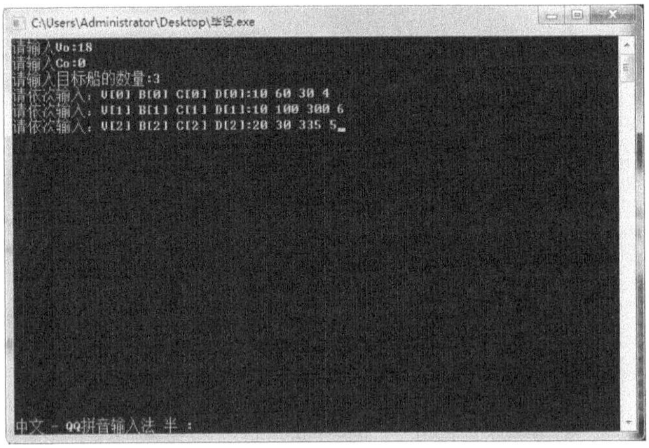

图 4.17 建立会遇态势效果显示图

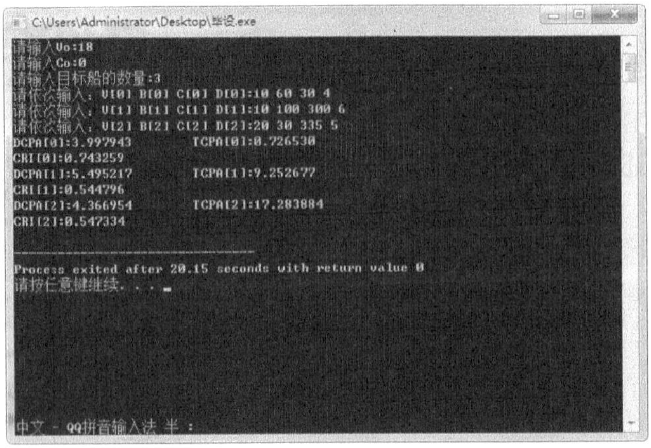

图 4.18 船舶碰撞危险度结果显示图

第 4 章 船舶碰撞危险度模型的建立

船舶会遇的局面是根据角度划分的,《国际海上避碰规则》中将船舶会遇局面分为三种,即对遇、交叉、追越局面。对遇局面是指目标船在与我船接近 180°的航向相对行驶而来的,交叉局面是指目标船在与我船 5°~112.5°的航向即左前侧或右前侧行驶而来的,追越局面是指目标船与我船航向形成 112.5°~247.5°的角度即从后方大于 22.5°角的方向追赶而来的。

2. 算法程序的性能分析

为了验证程序的可行性,我们对不同会遇局面进行讨论分析,即在其他航行参数信息均不变的情况下,仅改变目标船与我船的相对方位角 B_i,对各目标船与我船在海上会遇的情况进行模拟试验,并根据程序输出的结果观察船舶碰撞危险度的变化。基于 Dev-C++集成开发环境,输入我船和多个目标船的相关航行参数如下:设我船航速为 14 kn,船 1 航速为 7 kn,船 2 航速为 14 kn,船 3 航速为 21 kn,船 4 航速为 28 kn,讨论不同会遇局面时,船舶碰撞危险度随距离变化的关系如下。

(1) 对遇时,船舶碰撞危险度随距离变化的关系,如表 4.7 所示。

表 4.7 对遇时船舶碰撞危险度数值表

D_i/n mile	船 1 碰撞危险度	船 2 碰撞危险度	船 3 碰撞危险度	船 4 碰撞危险度
0	1.0000	1.0000	1.0000	1.0000
2	0.7646	0.7923	0.8689	0.9121
4	0.5523	0.6008	0.6887	0.7356
6	0.4688	0.5133	0.5621	0.6093
8	0.4265	0.4803	0.5136	0.5637

根据表 4.7 数据,以目标船与我船相对距离 D_i 为横坐标,以 CRI_i 为纵坐标,绘制对遇时船舶碰撞危险度随距离变化的曲线图,如图 4.19 所示。

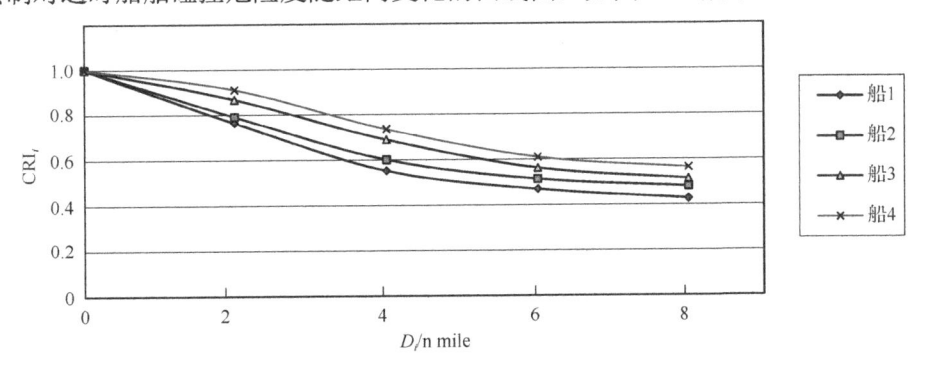

图 4.19 对遇时船舶碰撞危险度随距离变化曲线图

(2) 相对方位角为 30°时,船舶碰撞危险度随距离变化的关系,如表 4.8 所示。根据表 4.8 中数据,以目标船与我船相对距离 D_i 为横坐标,以 CRI_i 为纵坐标,绘制相对方位角为30°时，船舶碰撞危险度随距离变化的曲线图，如图4.20所示。

表4.8 相对方位角为30°时船舶碰撞危险度数值表

D_i/n mile	船1碰撞危险度	船2碰撞危险度	船3碰撞危险度	船4碰撞危险度
0	1.0000	1.0000	1.0000	1.0000
2	0.8275	0.9271	0.9533	0.9687
4	0.5218	0.6824	0.7810	0.8245
6	0.4396	0.5446	0.6258	0.6849
8	0.4211	0.4828	0.5300	0.5887

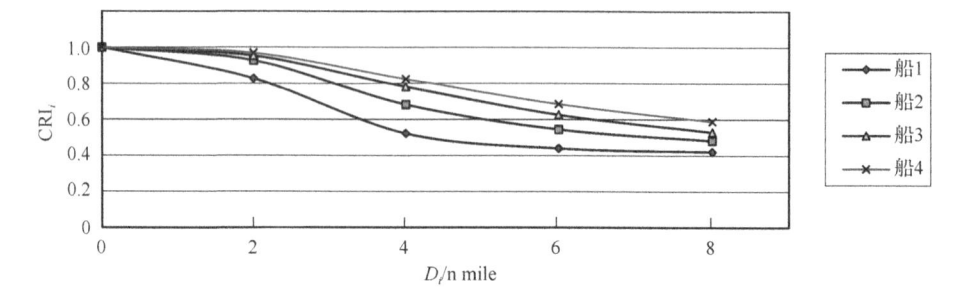

图4.20 相对方位角为30°时船舶碰撞危险度随距离变化曲线图

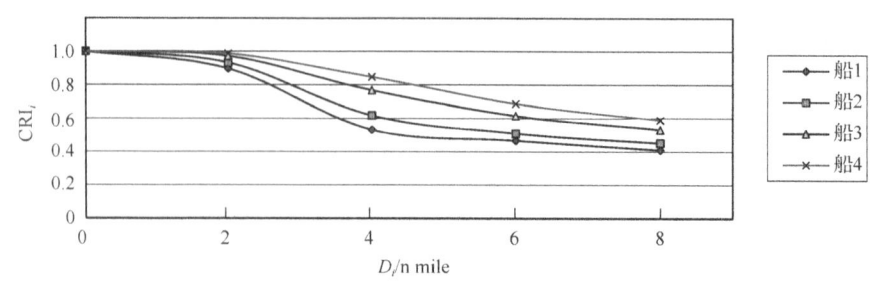

（3）相对方位角为60°时，船舶碰撞危险度随距离变化的关系，如表4.9所示。

表4.9 相对方位角为60°时船舶碰撞危险度数值表

D_i/n mile	船1碰撞危险度	船2碰撞危险度	船3碰撞危险度	船4碰撞危险度
0	1.0000	1.0000	1.0000	1.0000
2	0.8968	0.9328	0.9723	0.9872
4	0.5323	0.6176	0.7682	0.8478
6	0.4670	0.5100	0.6155	0.6877
8	0.4105	0.4528	0.5324	0.5891

根据表4.9中数据，以目标船与我船相对距离 D_i 为横坐标，以 CRI_i 为纵坐标，绘制相对方位角为60°时，船舶碰撞危险度随距离变化的曲线图，如图4.21所示。

图4.21 相对方位角为60°时船舶碰撞危险度随距离变化曲线图

第 4 章 船舶碰撞危险度模型的建立

（4）相对方位角为 330°时，船舶碰撞危险度随距离变化的关系，如表 4.10 所示。

表 4.10 方位角为 330°时船舶碰撞危险度数值表

D_i/n mile	船 1 碰撞危险度	船 2 碰撞危险度	船 3 碰撞危险度	船 4 碰撞危险度
0	1.0000	1.0000	1.0000	1.0000
2	0.7815	0.8575	0.9188	0.9511
4	0.5377	0.6535	0.7365	0.8522
6	0.4489	0.5221	0.5813	0.6475
8	0.4175	0.4628	0.5157	0.5628

根据表 4.10 中数据，以目标船与我船相对距离 D_i 为横坐标，以 CRI_i 为纵坐标，绘制相对方位角为 330°时，船舶碰撞危险度随距离变化的曲线图如图 4.22 所示。

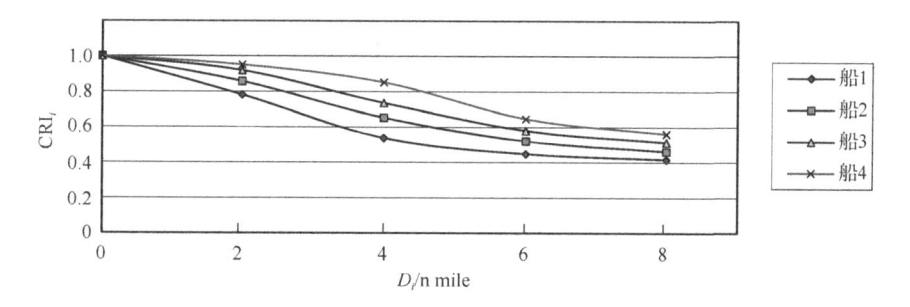

图 4.22 相对方位角为 330°时船舶碰撞危险度随距离变化曲线图

根据上述 4 组数据，以目标船与我船相对距离 D_i 为横坐标，以 CRI_i 为纵坐标，绘制不同的船舶会遇局面下，船舶碰撞危险度随距离变化的曲线图。采用基于云模型理论建立的船舶碰撞危险度模型可知：①所建立的 CRI_i 模型能够反映在船舶会遇时的实际情况，也可对各目标船的危险程度有所体现；②当目标船与我船相对距离 D_i 和相对方位角 B_i 一定时，船舶碰撞危险度是随着目标船航速的增大而增大的，是符合实际海上航行的规律的。因此验证了建立的船舶碰撞危险度模型的可行性，并且实现了船舶避碰的排序和重点避碰对象的确定，从而可以让船舶驾驶员及时做出避碰决策。

3. 算法的对比分析

设我船航速 V_0 为 10 kn，我船航向 C_0 为 0°。设目标船的数量为 5，建立多船会遇工况，即目标船的航速 V_i、相对方位角 B_i、航向 C_i、与我船的相对距离 D_i，具体实现结果如图 4.23 所示。

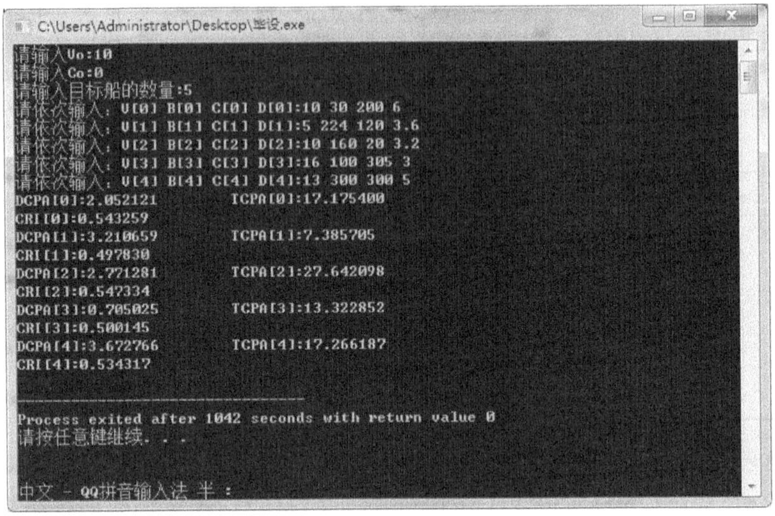

108 船舶智能避碰与操纵

图 4.23 多船会遇仿真结果图

引入传统数学计算方法计算出的船舶碰撞危险度的数值，如表 4.11 所示，作为参照进行对比分析。

表 4.11 传统数学计算方法船舶碰撞危险度的数值表

编号	$DCPA_i$/n mile	$TCPA_i$/min	CRI_i
船 1	2.0521	17.1754	0.5613
船 2	3.2107	7.3857	0.5166
船 3	2.7713	27.6421	0.5739
船 4	0.705	13.3229	0.5297
船 5	3.6728	17.2662	0.5601

由表 4.11 传统数学计算结果可以得知，云模型理论的计算结果和传统数学计算方法的计算结果非常接近。船 1、船 3 和船 5 相对于我船的碰撞危险度相近，且 $CRI_2 < CRI_4$（下标 1~5 表示船的编号）。由于本组多船会遇仿真的船舶碰撞危险度均小于船舶碰撞危险阈值 0.6 且均为危险度中等，故船舶驾驶员不能放松警惕，应继续瞭望。

建立两组多船会遇工况，并基于云模型理论对船舶碰撞危险度进行建模计算后，与传统船舶碰撞危险度数学模型进行对比分析。

设我船航速 V_0 为 14 kn，我船航向 C_0 为 60°。设目标船的数量为 5，建立多船会遇工况，即输入目标船的航速 V_i、相对方位角 B_i、航向 C_i、与我船的相对距离 D_i，具体实现结果如图 4.24 所示。

引入传统数学计算方法计算出船舶碰撞危险度的数值，如表 4.12 所示，作为参照进行对比分析。

第 4 章　船舶碰撞危险度模型的建立

表 4.12　传统数学计算方法船舶碰撞危险度的数值表

编号	DCPA$_i$/n mile	TCPA$_i$/min	CRI$_i$
船 1	1.2395	7.3755	0.5291
船 2	1.3272	12.9843	0.5867
船 3	1.7907	8.7938	0.5926
船 4	0.4601	10.0917	0.7008
船 5	0.4135	10.0514	0.7013

由表 4.12 传统数学计算结果可以得知，云模型理论的计算结果和传统数学计算方法的计算结果非常接近。根据传统数学计算方法计算出来的五条目标船的船舶碰撞危险度大小顺序为 CRI$_1$<CRI$_2$<CRI$_3$<CRI$_4$<CRI$_5$。而根据云模型理论，计算出来的船舶碰撞危险度数值分别为 0.5025、0.5448、0.5473、0.7447、0.7343，五条目标船的船舶碰撞危险度大小顺序为 CRI$_1$<CRI$_2$<CRI$_3$<CRI$_5$<CRI$_4$。由表 4.10 中数据分析得知，传统数学方法计算的各目标船与我船的碰撞危险度的差值依次为 0.0576、0.0059、0.1082、0.0005，可知各目标船相对于我船的船舶碰撞危险度差值并不大。而船舶碰撞危险度云模型的差值（按图 4.24 中的实际值计算）依次为 0.0422、0.0025、0.1974、-0.0103，因为船 4 和船 5 相对于我船的碰撞危险程度相仿，且都大于船舶碰撞危险阈值 0.6，则船 4 和船 5 都是重点需要避碰的对象。

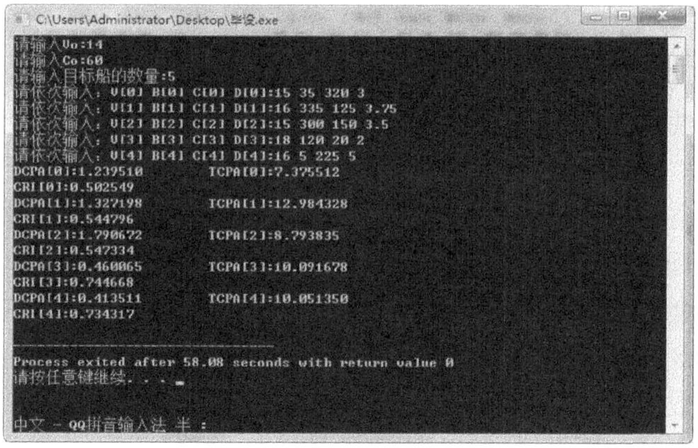

图 4.24　多船会遇仿真结果图

从上述两组对比结果可以看出，云模型理论的计算结果和传统数学计算方法的计算结果非常接近。由于上述云模型理论的计算过程涉及多次随机数的产生，保留了输入数据的模糊性和不确定性，并很好地传递给输出数据，将程序实现的过程做有限次的循环后取平均值处理，提高了数据的准确性，因此，可以说明用云模型理论代替传统数学计算方法，且准确度更高。

此外传统数学计算方法中的参数权重是根据专家评分进行模糊赋值，如果换另一批专家进行评分，则对应的 a_{DCPA}、a_{TCPA}、a_D、a_B、a_K 则为不一样的权重参数，人为的主观任意性在该算法中占的比例太大，因此不能将传统数学计算方法的计算结果作为完全真实的情况。

由于云模型理论中，具有一定的随机性和模糊性，符合人类的思维模式并且通俗易懂。基于云模型对数据进行定性定量处理后，输入一组精确数值时激活其定性概念的最大确定度和次大确定度后，利用几何关系生成虚拟云，再将整个推理过程做有限次的循环处理，然后将这些有限次计算产生的输出结果做平均值运算，作为最终船舶碰撞危险度的输出，在不确定性传递的基础上，可以更准确地反映会遇时船舶碰撞危险度的大小，由此云模型理论计算结果与实际情况更加符合。

本节建立了基于云模型理论的船舶碰撞危险度模型，该模型考虑 DCPA 和 TCPA 两个影响因素的同时融入了不确定性和模糊性，模型逻辑清晰、计算量小、准确性高，适用于两船会遇时危险度的判定，也适用于多船会遇时对各个目标船避碰的排序和重点避碰对象的快速确定，具有良好的应用前景。

4.5 基于全局敏感性和不确定性的船舶碰撞危险度分析

在确定某一变量的各种影响因素后，就产生了对于其影响程度判断的问题。简单来说，这一问题的提出势必会产生解决该问题的办法，与此对应的便是敏感性分析。敏感性分析是经济学领域的常用概念，是从多个影响因素中发现对效益指标有巨大影响的敏感因素，并评估其对经济上的影响程度。基于经济学概念，延伸至该船舶碰撞危险度相关的领域则有其特殊的理解，也就是通过各种敏感性分析方法，进行船舶碰撞危险度中参数的影响程度的判断，这一判断结果有助于人们对船舶安全航行以及避碰措施等的选择，对航海业的发展具有重大的实际意义。显然，这类分析方法的准确性在很大程度上影响了实际判断结果的准确性。

在多种参数敏感性分析方法中，包括局部敏感性分析方法和全局敏感性分析方法两大类，各类分析方法均有其本身的优缺点。考虑到船舶碰撞危险度的影响因素繁多，并且在各个影响因素之间也存在着复杂的联系，结合本书的研究方法，选用 Morris（莫里斯）筛选法进行全局敏感性分析，这种分析方法目前在业内使用广泛，计算过程简单，结果清晰明了，相对于其他分析方法具有很大优势[5-6]。

事实上，敏感性分析通过研究模型输入变化引起的模型输出变化，定量识别影响某一状态变量模拟输出的重要参数，以便对相应的灵敏参数进行有效识别和不确定性分析，可提高参数率定效率和模型预测的可靠性。这正是本章要解决的问题，对于未来航海业安全航行的影响甚大。

4.5.1 Morris 筛选法概述

Morris 筛选法是一种准确性、效率均较高的全局敏感性分析方法，该方法能够分析模型参数在一定范围内变化对模型输出结果的影响程度。结合本书的状况，通过该分析方法进一步得出影响船舶碰撞危险度因素中的主次因素，辨识各个影响因素之间影响程度的大小。目前，基于 Morris 筛选法的敏感性分析法已广泛应用于暴雨洪水管理模型（storm water management model，SWMM）、水文工程中心水文建模系统（the Hydrologic Engineering Center's-hydrologic modeling system，HEC-HMS）等模型[7-9]。其在船舶避碰领域的应用还比较少，本节结合云模型的建立及 Morris 筛选法全局敏感性分析方法，为航海安全的提高提供科学研究基础。

1. Morris 筛选法的基本原理

Morris 筛选法作为一种一次一变量法，以较低的计算成本确定模型参数的敏感性大小排序。基本的方法步骤为：选取模型中某一变量 x_i，其余参数值固定不变，在变量阈值范围内随机改变，运行模型得到的目标函数 $y(x)=y(x_1,x_2,x_3,x_4,\cdots,x_n)$ 的值，用模型输出对模型输入的变化率 e_i 来表示参数变化对输出值的影响程度。Morris 筛选法计算变化率的公式为

$$e_i = \frac{y^* - y}{\Delta i} \quad (4.43)$$

式中，y^* 为参数变化后的输出值；y 为参数变化前的输出值；Δi 为参数 i 的变化幅度。

随着研究的深入，有专家学者提出了新的 Morris 筛选法的改进方案，其基本的方法框架还是最基本的 Morris 筛选法，只不过在其基础上增加了某些约束条件，使得分析的结果更加准确可靠。

修正后的 Morris 筛选法具体分析步骤为：在其他参数不变情况下，以 2% 为输入参数的变化幅度，取原值的-8%、-6%、-4%、-2%、+2%、+4%、+6%和+8%对某一参数进行干扰；然后将扰动变化后的给定参数输入对应的模型中计算参数调整后模型输出值，然后利用 Morris 筛选法公式计算敏感度指数。此时改进的 Morris 筛选法的计算公式为

$$S = \frac{\sum_{i=0}^{n-1} \frac{(Y_{i+1} - Y_i)/Y_0}{P_{i+1} - P_i}}{n-1} \quad (4.44)$$

式中，S 为灵敏度判别因子；Y_i 为第 i 次运行模型的输出结果；Y_{i+1} 为第 i+1 次运行模型的输出结果；Y_0 为参数率定后计算结果初始值；P_i 为第 i 次模型运算参数值相对于率定参数后参数值变化的百分比；P_{i+1} 为第 i 次模型运算参数值相对于率

定参数后参数值变化的百分比；n 为模型运行次数。该方法中，S 表示敏感的程度，根据其数值结果可以作如下划分。敏感程度分为四级：高度敏感参数（$S \geqslant 1$）、敏感参数（$0.2 \leqslant S < 1$）、中等敏感参数（$0.05 \leqslant S < 0.2$）和不敏感参数（$0 \leqslant S < 0.05$）。

修正后的计算方法虽然相较于最基本的方法在结果上存在更加准确的优势，但是从计算量的角度，无疑会很大程度上使计算内容大幅增加，在一定误差允许的范围内，基于基本算法，能够达到预期的效果。因此，本书将采用最基本的 Morris 筛选法进行全局敏感性分析。

2. Morris 筛选法的实现过程

本书选用基本的 Morris 筛选法作为全局敏感性分析方法，其流程图如图 4.25 所示。结合本例，说明其具体过程：首先确定影响船舶碰撞危险度的各种因素，并确定每种因素所对应的参数取值范围；其次选定某一因素，在其取值范围内，划分扰动的变化范围，如变化 2 次，分别为+5%和-5%等，在此基础上输入该参数对应的数值于模型之中，得出对应的模型输出值，即此时的船舶碰撞危险度

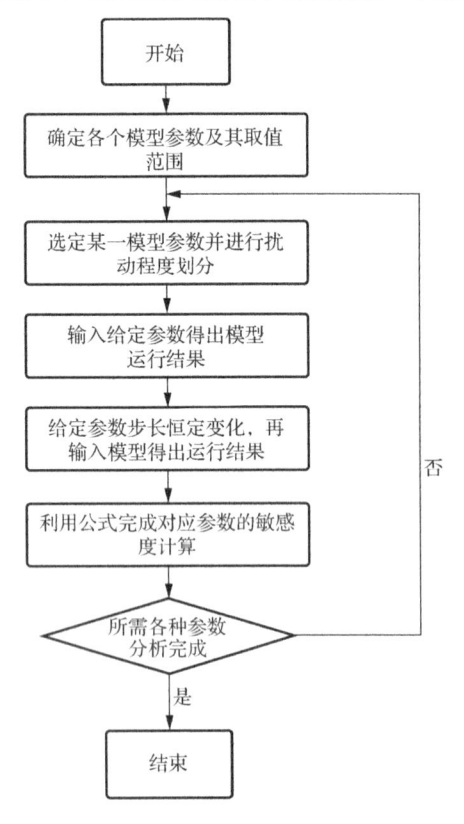

图 4.25　Morris 筛选法流程图

（CRI）；再次将扰动变化后的参数值输入模型运算，得到扰动下的模型输出值；利用给定的计算公式完成该参数变化情况下对船舶碰撞危险度的敏感程度计算，至此，单一的参数敏感度计算已经完成。在预期状况下所需参数如果没有完成分析，则返回前述过程，重新采用同样的方法对不同的参数进行敏感程度计算，直到所需参数全部计算完毕，结束整个过程。最后进行仿真结果分析，包括判定各个参数影响程度，以及参数敏感性排序。

4.5.2 船舶碰撞危险度全局敏感性分析

结合本例，考虑对船舶碰撞危险度的敏感性分析。按照前述方法步骤，确定影响船舶碰撞危险度的各种因素，但对于具体研究来说无法同时考虑所有因素所带来的扰动变化，值得一提的是，船舶碰撞危险度的影响因素中存在着部分无法用具体数值量化其影响程度的变量。如船舶驾驶员的操船经验等变量对船舶碰撞危险度的影响很难在定量情况下根据模型得出。因此在此暂不考虑此类难以由模型确定的参数，而是针对输入的可量化参数，基于 Morris 筛选法进行全局敏感性分析。

选取目标船与我船的 $DCPA_i$、$TCPA_i$、相对距离 D_i、相对方位角 B_i、航速比 K_i 五大影响因素作为研究对象，结合所建立的船舶碰撞危险度计算的云模型，运用基本的 Morris 筛选法作为研究方法，辨识各种参数对船舶碰撞危险度的影响程度。

取我船位置为坐标系原点，即为基准位置，最初设置我船的航速 V_0 为 10kn，我船的航向 C_0 为 0°，再设置目标船的数量，以及目标船的运动参数：目标船的航速 V_i、航向 C_i 和目标船与我船的相对距离 D_i 和相对方位角 B_i 由此输入计算模型得到输出值，改变输入参数后再得出变化后船舶碰撞危险度值。情况 1 输出结果如表 4.13 所示。

表 4.13　五大变量对碰撞危险度的数值影响（情况 1）

参数变量	+20%	+10%	0	-10%	-20%	平均变化率/×10
$DCPA_1$=1.000n mile	0.5605	0.5637	0.5667	0.5696	0.5726	0.301
$TCPA_1$=3.496h	0.5160	0.5210	0.5271	0.5322	0.5370	0.145
D_1=10n mile	0.5301	0.5370	0.5441	0.5513	0.5588	0.072
B_1=20°	0.5621	0.5550	0.5475	0.5395	0.5309	0.040
K_1=1kn	0.5488	0.5486	0.5483	0.5479	0.5475	0.034

不同变化程度时的碰撞危险度

根据表 4.13 中的数据，利用 MATLAB 实现对各种情况下的曲线绘制，从而更加直观地得到不同参数对船舶碰撞危险度数值变化的影响程度。表 4.13 对应曲线图如图 4.26 所示。图中横坐标为变量的变化程度，如 1 为+20%，3 为基准值 0%，4 为-10%等，表 4.13 所反映的碰撞危险度变化趋势图，如图 4.26 所示。

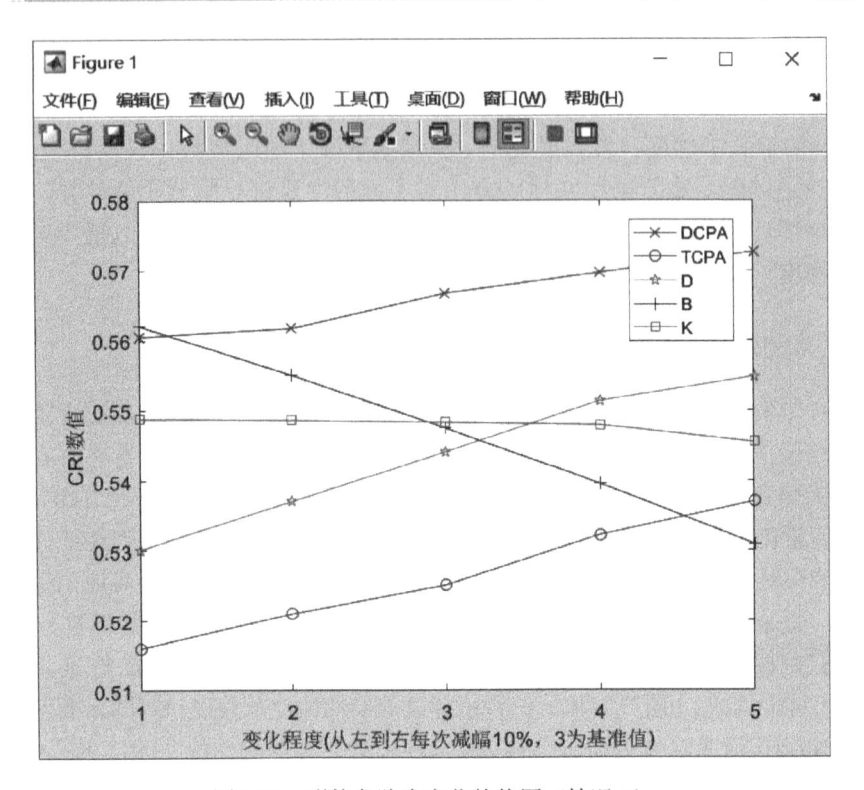

图 4.26　碰撞危险度变化趋势图（情况 1）

图 4.26 曲线的对应关系已经在图中表示。但值得注意的是，图中曲线的斜率并不直接对应船舶碰撞危险度的变化率，变化率要在除以基准参数值与变化程度百分比的乘积后得到。利用式（4.43）计算便可以得出最终的平均变化率，如表 4.13 中的最后一列所示。

结合表 4.13 中的数据和图 4.26 中的曲线可以看出，不同参数的变化，在船舶碰撞危险度数值计算结果中体现了不同的变化程度。选取五大参数的基准数值分别为 1.000、3.496、10、20、1，参数的每次变化幅度为 10%，最后通过对其各种参数的平均变化率的计算，得出对应于五大参数的平均变化率分别为 0.301、0.145、0.072、0.040、0.034，由此，可以根据 Morris 筛选法的内容判断得出五大参数对应的敏感性结果为 $DCPA_1 > TCPA_1 > D_1 > B_1 > K_1$。不仅如此，依据数值结果和图形曲线还可以得出各种因素对船舶碰撞危险度的影响趋势。例如图中曲线 3 是上升曲线，代表随着目标船与我船相对距离 D_1 的减小，船舶碰撞危险度的数值有所增加等。

另外，一组数据的结果得出的船舶碰撞危险度敏感性结果并不够充分，为此，尝试改变输入变量参数的基准数值，完成情况 2 的仿真，对比情况 1 的结果，验证结论的普适性。输入参数改变后结果见表 4.14。

表 4.14　五大变量对碰撞危险度的数值影响（情况 2）

参数变量	+20%	+10%	0	-10%	-20%	平均变化率（×10）
$DCPA_2$=1.500n mile	0.5506	0.5543	0.5578	0.5615	0.5650	0.233
$TCPA_2$=2.568h	0.5620	0.5667	0.5718	0.5770	0.5816	0.199
D_2=7n mile	0.5288	0.5379	0.5474	0.5572	0.5673	0.140
B_2=25°	0.5950	0.5869	0.5779	0.5683	0.5577	0.038
K_2=1.3kn	0.5289	0.5286	0.5283	0.5278	0.5273	0.031

表 4.14 所反映的碰撞危险度变化趋势图，如图 4.27 所示。

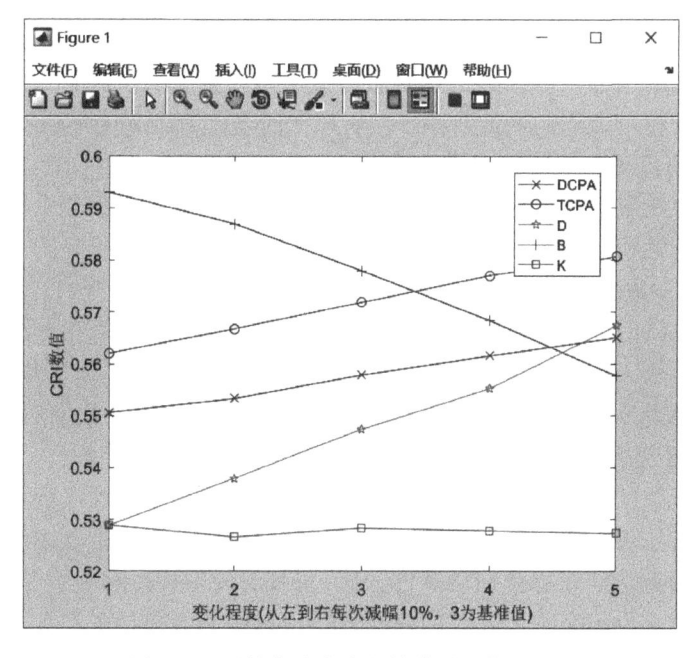

图 4.27　碰撞危险度变化趋势图（情况 2）

该组测试数据对应图 4.27 中的曲线，同样对比图 4.26 可以看出，在不同的参数条件下，各种参数对于船舶碰撞危险度数值的影响规律是相同的，例如，在图 4.26 和图 4.27 中，所对应的最近会遇距离和最近会遇时间的减小，都会导致船舶碰撞危险度数值的增大。而两图的不同之处在于，即使对应同一参数，在不同的基准参数值限定下，依然得出不同的船舶碰撞危险度变化趋势，以至于计算得出的变化率也是不同的。这些特点反映出不同的参数设置状况，具有不同的敏感度计算数值，但影响因素的敏感性程度排序并不会变化。另外，对应于本书的研究目的，结合图中曲线和表中数据，综合判断出不同参数所带来的变化率是不同的，但每种参数所带来的变化率排序是固定的，情况 2 对应的变化率为 0.233、

0.199、0.140、0.038、0.031。总之,对于前述的五大参数,都可得出敏感程度的排序为 $DCPA_2>TCPA_2>D_2>B_2>K_2$。

不可否认的是,对于本次测试的多种参数,结果仅仅保留了 4 位有效数字,这无疑不利于结果的精确性,而且对于平均变化率的计算,其中也包含了因为数学计算因素带来的偏差,从而带来了一定的参数误差。但总体来说,在此基础上已经能够反映出不同参数对应的趋势,对于结果的判断来说可以忽略误差的影响。

从理论上分析,船舶碰撞危险度随着 DCPA 的增大而减小,因此最近会遇距离的提高,自然带来船舶驾驶员所认为的安全感增加,事实也正是如此,最近会遇距离的增加带来的是船舶驾驶员更多的反应时间,从判断到决策再到采取措施每一环节的思考会更加充分全面,无疑会使船舶的碰撞危险度有所降低;同样的最近会遇时间的增加,带来的也是船舶碰撞危险度的减小;船舶碰撞危险度也会随着两船之间相对距离的增加而减小;航速比的增大所带来的是船舶碰撞危险度的增加,这一点理论上可以从船舶驾驶员对于速度的控制方面来考虑。

根据以上结果,采用最基本的 Morris 筛选法进行全局敏感性分析,变化率 e_i 反映了其敏感性程度的大小。经过大量的数据分析显示,所研究的五个因素参数中,DCPA 的参数变化对于船舶碰撞危险度的影响最大,其次是 TCPA,这也正符合目前业内公认的船舶碰撞危险度两大主要的影响因素。另外三个参数 D、B、K 中变化率相对较大的是 D,其次是 B,最后是 K,也就是说,影响程度排序为 $DCPA>TCPA>D>B>K$。总之,以上结果中得出的重要参数依然是 DCPA 和 TCPA,这对于危险度相关计算模型的精度提高具有重要的意义。

对比传统数学计算方法分析参数敏感性时,过程十分麻烦,涉及大量的数学公式。而本方法借助云模型的相关算法,建立完整的云模型推理系统,在此基础上利用 Morris 筛选法进行全局敏感性分析,得到对应多种影响因素的敏感性排序。该分析结果能够反向完善云模型的建立过程,以精确云模型对参数变量的权重划分。重要参数影响程度的描述能够提高云模型的有效性,因此,在保证模型有效性的基础上,确定其他参数的权重划分,可以进一步提升模型的优越性。此外,本方法能够与行业内新兴碰撞危险度算法融合,结合比较成熟的全局敏感性分析方法,精确判定会遇船舶间的碰撞危险度情况,以及对不同危险度参数的敏感程度进行排序,实现全方面、多角度的碰撞危险度评价。这些能够体现出本方法的迁移有效性。

4.5.3 信息熵理论基础

熵是信息论中的一种量值,可用于分析和说明信息量的稳定程度[10]。信息熵表示某一事件在全部事件中出现的平均不确定程度,且熵值越大,所代表的不确定性越大。它同样也是观测前，确定一随机事件趋于某一事件所需的平均信息量，其表达式与热力学中熵的表达式很类似。因此，可以用信息熵的相关概念来研究船舶避碰中存在的不确定性，或者会遇局面下其中一艘船的船舶驾驶员采取行动，以及该船采取哪种行动类型的不确定程度，可为另一船舶的避碰决策提供相关参考。船舶避让方式的选择是受到环境和行为人双重因素影响的，可用"熵"的概念对其进行定量分析研究。

在分析船舶避碰行动时，假定在船舶避碰行动决策中所有的可能状态为 $X=\{x_1,x_2,x_3,\cdots,x_n\}$，每个状态的对应概率为 $p=\{p_1,p_2,p_3,\cdots,p_n\}$，则由此可得目标船的信息结构对应关系 S 为

$$\begin{bmatrix} x_1 & x_2 & x_3 & \cdots & x_n \\ p_1 & p_2 & p_3 & \cdots & p_n \end{bmatrix} \tag{4.45}$$

在船舶避碰行动过程中其不确定性可以用平均信息量——熵（E）的数值来表达：

$$E = -\sum_{i=1}^{n} P_i \ln P_i \tag{4.46}$$

经过计算的熵值越大，代表的不确定性越大，避碰行动方式的选择随机性也越大。

对避碰行为的不确定性进行研究，有利于直航船了解两船相距不同距离、不同 DCPA、不同 TCPA 等情况时让路船采用多种避碰行为的不确定性大小，从而从容地采取避碰行动，避免各类碰撞事故。

本书在感性分析后确定船舶碰撞危险度影响因素的基础上，建立各种会遇情况下船舶碰撞危险度的信息熵，对模型的不确定性进行分析，进而得到船舶碰撞危险度模型不确定性产生的原因。

4.5.4 船舶碰撞危险度不确定性分析

根据目前的行业方法，对于要采取信息熵理论分析法，首先要获得大量的数据积累。参考同行业的分析过程，并采用调查法获取最基本的船舶避碰的相关数据。在对各类船舶驾驶员的调查中，统计关于避碰行为选定的问卷调查结果，以此为基础进行信息熵理论方法的建立。

文献[11]和[12]中统计了多家航运公司的 200 名船长和船舶驾驶员，调查了关于"船舶避碰方式的选取"相关内容，并结合相关文献中的统计数据，综合得出统计的最终结果，进行如下的分析研究以获取一些有价值的资料，为船舶安全航行提供科学指导。

问卷调查中选取了会遇态势，并且在此基础上设定了不同的行动距离，有助于我们在多种状况下了解会遇时的熵值，得出科学合理的分析结果。以下列举会遇态势和距离的多种类型所对应的熵值，并指出船舶避让方式的不同类型。

会遇态势：正前方、前方小角度交叉、正交叉、正横附近、追越和被追越。

采取的行动距离：分为 3~4n mile、2~3n mile、1~2n mile、0~1n mile。

船舶避让的行动方式：左转、右转、减速、左转减速、右转减速和保速保向。

在以上的统计结果中，行动距离为 2n mile 左右的情况下，船舶每种避让方式选取概率如表 4.15 和表 4.16 所示，其中对于目标船的方位为左侧和右侧分别予以展示，其他距离时的各种避碰方式选取概率需要时可以查询相关统计数据。对于表格中的熵值，采用 C 语言编写仿真程序计算后得到，程序的编译环境为 Dev-C++ 平台。

表 4.15　各种避让方式选取概率及对应熵值（左）

态势	左转/%	右转/%	减速/%	左转减速/%	右转减速/%	保速保向/%	熵值
正前方	1	81	8	1	9	0	0.68
前方小角度交叉	10	50	28	1	6	5	1.32
正交叉	8	38	36	3	7	8	1.43
正横附近	6	52	20	2	8	12	1.37
追越	19	25	42	4	6	4	1.45
被追越	3	54	27	1	5	10	1.21

表 4.16　各种避让方式选取概率及对应熵值（右）

态势	左转/%	右转/%	减速/%	左转减速/%	右转减速/%	保速保向/%	熵值
正前方	30	35	26	4	4	1	1.38
前方小角度交叉	9	54	25	1	10	1	1.21
正交叉	5	55	23	0	16	1	1.15
正横附近	45	7	25	10	4	9	1.48
追越	15	25	40	6	12	2	1.50
被追越	50	6	24	9	2	9	1.37

将以上数据结果在 MATLAB 中以散点图的形式予以展示，如图 4.28 和图 4.29 所示。图中横坐标为不同的会遇态势，依次为正前方态势到被追越态势。

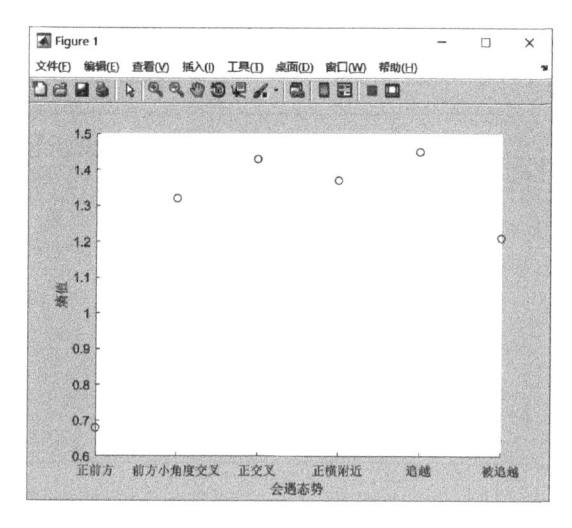

图 4.28　避碰方式选取概率熵值（左）

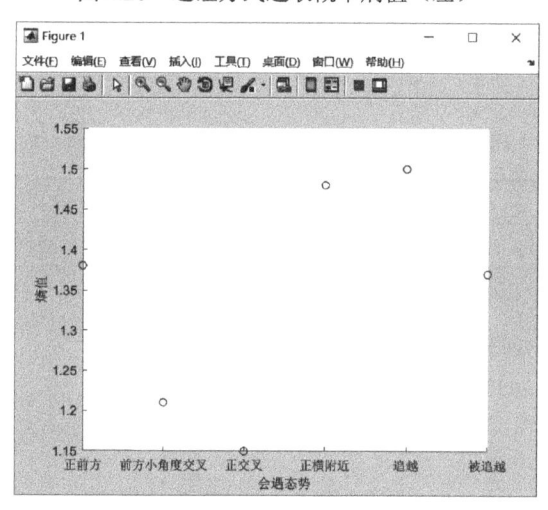

图 4.29　避碰方式选取概率熵值（右）

由表 4.15 和表 4.16 中的数据统计和散点图可以看出，对应于同一种会遇局面，不同避让方式的选取概率使得最后计算的熵值结果有所不同。图 4.28 和图 4.29 中的散点本身并无规律可循，因为这反映了不同船舶驾驶员对于避碰方式选取的不确定性。人为因素所导致的高不确定性需要我们采取各种措施去尽力减小甚至规避，从而保证船舶航行时具有更高的安全度。

以此为基础，在不同的行动距离上对于各种避碰方式的选取概率是不同的，其间存在着较大的差异。针对不同的距离，在统计中设置了不同的选项，经过以上的程序仿真处理后，转变为熵值，得到的结果如表 4.17 所示，分别列举了多种情况下的熵值便于后续分析。

表 4.17　不同会遇态势和不同距离下的熵值分析（左）

会遇态势	不同距离下的熵值				均值
	3～4 n mile	2～3 n mile	1～2 n mile	0～1 n mile	
正前方	0.08	0.29	0.63	1.06	0.52
前方小角度交叉	1.01	1.12	1.26	1.39	1.20
正交叉	1.41	1.39	1.30	1.18	1.32
正横附近	1.01	1.24	1.31	1.26	1.21
追越	1.40	1.45	1.47	1.22	1.39
被追越	0.97	1.17	1.22	0.92	1.07

相较于左侧目标船时的相关数据，在右侧目标船时大体趋势和特点基本保持不变，但对于熵值数据来说，并不是完全对称的，数值有一定的偏差。表 4.18 为从右侧目标船时的统计学数据转变为熵值后的结果。可以对比左侧目标船的相关数据。

表 4.18　不同会遇态势和不同距离下的熵值分析（右）

会遇态势	不同距离下的熵值				均值
	3～4 n mile	2～3 n mile	1～2 n mile	0～1 n mile	
正前方	1.01	1.31	1.37	1.14	1.21
前方小角度交叉	0.72	1.07	1.27	1.27	1.08
正交叉	0.56	0.89	1.14	1.28	0.97
正横附近	1.25	1.32	1.34	1.20	1.28
追越	1.30	1.40	1.51	1.45	1.42
被追越	1.13	1.32	1.32	1.24	1.25

由以上数据和图 4.30、图 4.31 可以很清楚地观察到熵值的变化规律，并由此总结在不同会遇情况下的避让特点，以及其中不确定性产生差异的原因。

图中，横坐标分为 1、2、3、4、5 五个数值，分别代表船舶之间距离为 3～4n mile、2～3n mile、1～2n mile、0～1n mile 和同种会遇态势不同行动距离的熵均值，而纵坐标则代表了不同的熵值结果。图中采用不同的标记符号区分不同的会遇态势。

根据图中曲线的变化趋势，可以得出以下结论。

首先，在大多数情况下，距离的减小所带来的是熵值的增加，从而反映出不同距离时碰撞危险度不确定性的增加，但这并不是完全绝对的，如图中多种会遇状况下在距离 0~1n mile 时熵值反而出现了突降,如左侧追越局面下,1~2n mile 的熵值为 1.47,而 0~1n mile 时的熵值反而为 1.22。

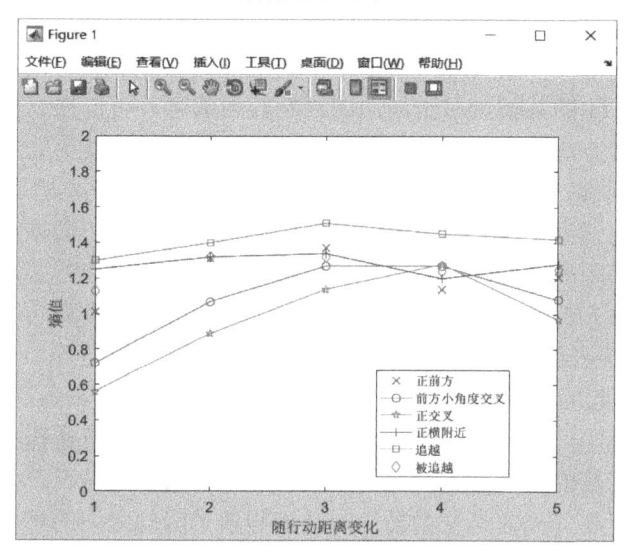

图 4.30　熵值随行动距离变化图（左）

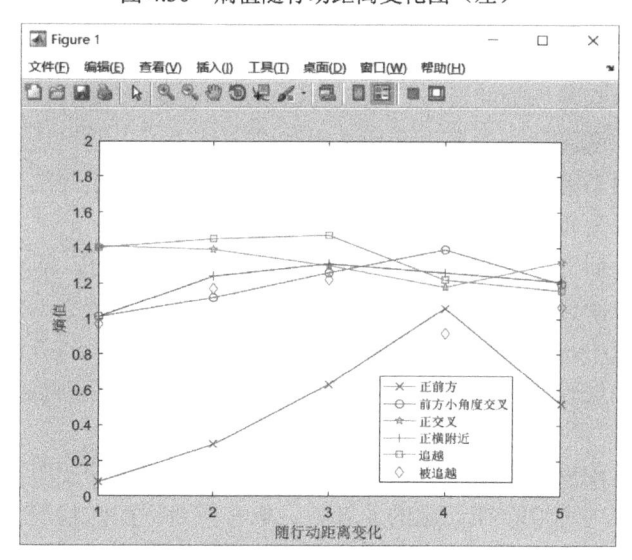

图 4.31　熵值随行动距离变化图（右）

其次,在不同会遇态势下,曲线之间互相没有重合,如左侧目标船时,正前方曲线与其他曲线有较大的差异。整体上正前方会遇时不确定性较小,其他情况下不确定性程度大体相当。根据左右两侧目标船时不同的曲线图和图中曲线的趋势可以看出,在船舶左右两侧目标船时的不确定性状况也是不同的,总体上右侧目标船时的平均不确定性更大，曲线总体对应的熵值更高，曲线更加密集。

针对上述仿真结果可得，差异性是由一些实际原因导致的，因此结合船舶航行的实际情况，曲线出现如图所示变化趋势的主要原因可总结如下。

（1）大多数情况下随着距离的减小不确定性的程度增加，这是因为在船舶之间距离较大时，船舶驾驶员对于局面的判断较为从容，可依据《国际海上避碰规则》等进行避碰方式的选取，随着距离的减小使得船舶驾驶员的判断和选择加入了更多的人为因素，决策时间短导致可选择避让方式的种类增加，从而导致熵值的增加，但在接近至 1 n mile 时，熵值反而出现了减小，根据对实际航行状况的了解，在船舶距离很近时，局面导致船舶驾驶员对于避让方式选择的单一性，以至于绝大多数人都会选择同样的避让方式，从而出现熵值降低的情况。

（2）不同的会遇态势代表着船舶间不同方位、相对航向等，无论从哪一角度来考虑，都会引起船舶驾驶员对于当时局面的不同判断，带来不同程度的紧迫感，进而造成不同危险度的判断结果，从根本上影响了最后对于避碰方式的选择，以至于最后统计计算的熵值是不同的。例如对于正前方会遇情况，两船之间的避让方式相较来说更少，无非是左右转向，从而导致了船舶之间的熵值小，不确定程度较小。

（3）左右两侧目标船的不确定性差异，是由人选择不同避让方式导致的，习惯上右手系为惯用方位，总体上避让选择的多样性相较于左侧高。另外根据船舶驾驶员对于实际驾驶场景的反应，这符合真实的船舶航行状况。

由以上各种避碰行为的概率统计结果和图形结果可以看出，不同的船舶驾驶员对于相同会遇态势下的避碰选取有着不同的看法，即使相同的人，在不同的时刻也可能存在着避碰方式选择的不确定性。

（1）避碰行动受船舶间距离的影响。船舶间距离较远时，即 3~4 n mile 时，避碰行动的选取十分集中，各种避碰方式的选择机会都比较小，熵值较小。随着船舶间距离的减小，各种方法的选取比例有所上升，但在 0~1 n mile 时，由于两船之间的距离已经较小，使得避碰方式的选择变得单一，但是整体符合实际船舶避碰要求。

（2）避碰行动受船舶相对方位的影响。目标船与我船的相对方位不同，船舶的避碰行动方式的选取存在一定的差异性。取左侧目标船时情况分析，与正横附近目标船（其平均熵值为 1.21）相比，避碰前方小角度交叉目标船的船舶驾驶员采用转舵避让比例高，避碰行动方式集中，熵值较小，平均熵值为 1.2。对于右侧也同样如此，正横附近平均熵值为 1.28，前方小角度交叉平均熵值为 1.08。与左侧规律相符合，均能反映出船舶的相对方位影响了避碰行为的不确定性。

（3）避碰行动受船舶相对运动速度的影响。此条规律在以上统计数据或图形中没有得到直接体现，但从理性的实际角度考虑，船舶相对运动速度与避碰方式的选取关系密切。统计数据中的减速、保速也从某一角度反映了速度的影响，总之,船舶会遇时,如果碰撞危险度存在,船舶间相对运动速度大小会影响船舶避碰行动选取时的不确定性,从而间接导致了其不确定性。

(4)避碰行动受目标船方向(左侧或者右侧)的影响。对比如表4.17和表4.18中的两组数据,可以发现避碰左侧船舶时和避碰右侧船舶时的不确定性不同,通过观察两种情况下的熵值结果,反映出了船舶驾驶员对于两侧船舶的危险判断有所不同,从而导致对于避碰的采取方式有所不同,但除正前方外,其他态势下大体上两者对应位置上熵值相当,不确定程度相当。

根据问卷统计调查的结果表明,暂时忽略由于调查方式所带来的各种干扰,由此总结出如下的船舶避碰行动不确定性因素:①《国际海上避碰规则》对避碰方式选取的影响;②驾驶人员经验不同等人为因素;③船舶机械设备数据不同带来的船舶驾驶员选取方式上的差异。为此,我们必须尽量规避或者减小这种不确定性。结合前述的数据和分析结论,可由此提出以下几点策略:细化《国际海上避碰规则》中对比多种局面下避碰决策的相关规定,从而完善应对不同状况下避碰方式选取的理论指导;加强对船舶驾驶员的培训和指导,形成统一公认的两船合理避碰方案;提高船舶的可操作性和船舶仪器的测量精度,为船舶驾驶员的正确决策提供可靠的设备支撑等。

参 考 文 献

[1] 范少勇. 影响船舶碰撞危险度的因素[J]. 天津航海, 2006(1): 1-3.
[2] 郑中义. 船舶避碰决策系统的研究[D]. 大连: 大连海事大学, 2000.
[3] 郑道昌. 船舶会遇危险度的评价[J]. 大连海事大学学报, 2002, 28(2): 14-17.
[4] 李磊. 基于云理论的船舶航行安全评价[D]. 大连: 大连海事大学, 2015.
[5] 宋明丹, 冯浩, 李正鹏, 等. 基于 Morris 和 EFAST 的 CERES-Wheat 模型敏感性分析[J]. 农业机械学报, 2014, 45(10): 124-131.
[6] 孔凡哲, 宋晓猛, 占车生, 等. 水文模型参数敏感性快速定量评估的RSMSobol方法[J]. 地理学报, 2011, 66(9): 1270-1280.
[7] 段明印, 李传奇, 韩典乘, 等. SWMM 模型参数全局敏感性分析[J]. 中国农村水利水电, 2018(1):101-106.
[8] 高颖会, 沙晓军, 徐向阳, 等. 基于 Morris 的 SWMM 模型参数敏感性分析[J]. 水资源与水工程学报, 2016, 27(3): 87-90.
[9] 刘松, 佘敦先, 张利平, 等. 基于 Morris 和 Sobol 的水文模型参数敏感性分析[J]. 长江流域资源与环境, 2019(6): 1296-1303.
[10] 周薇, 李筱菁. 基于信息熵理论的综合评价方法[J]. 科学技术与工程, 2010(23): 5839-5843.
[11] 仝金强. 船舶在能见度不良非互见时的避碰研究[D]. 大连: 大连海事大学, 2008.
[12] 霍尔德特, 布泽克. 船舶碰撞事故案例[M].唐本立, 蔡存强, 茆玉莲, 等, 译. 北京: 人民交通出版社, 1989.

第 5 章
船舶智能避碰建模与仿真

船舶碰撞造成的海难事故占整体海上事故的比例较大，对海洋环境也造成了巨大的污染。因此，船舶避碰是保证船舶在海上安全航行的重要环节。船舶智能避碰决策的相关研究不仅是国际智能航海学术界一直以来重点关注的前沿课题之一，也是海上船舶自动化系统研究的关键技术之一。两船避碰系统的实现过程包括船舶避碰信息的接收与分析、目标跟踪、碰撞危险度分析、会遇局面的判断和优化避碰路径的生成。因此，船舶智能避碰问题是一个多目标非线性的路径规划问题，其中涉及人工智能算法，特别是可以将群体智能算法应用于船舶智能避碰策略的规划中。

5.1 量子狼群算法在船舶智能避碰中的应用

5.1.1 量子狼群算法概述

1. 基本原理

根据三种狼的分类，再结合狼群具体的捕食过程，可以抽象得到三种智能行为和两种进化规则，分别是游走行为、召唤行为、围攻行为、头狼产生规则和狼群更新规则。这三种智能行为和两种进化规则也是量子狼群算法的基本运算原理[1]。

在详细说明量子狼群算法的原理之前，必须明确一些初始化概念。假设狼群的捕猎空间是由 N 匹狼、M 维空间组成的 $N \times M$ 的欧几里得空间，在捕猎时全部的人工狼都分布于这个空间。定义人工狼 i 在空间中的位置为 X_i，X_i 是一个集合的概念，即 $X_i = (x_{i1}, x_{i2}, \cdots, x_{im}, \cdots, x_{iM})$，式中的元素 x_{im} 表示第 i 匹狼在需要寻优的第 m ($m=1,2,3,\cdots,M$) 维空间中的具体位置。通过需寻优的目标函数，可以求出每一匹狼的函数值 Y，Y 是与 X_i 有关的目标函数值，即 $Y = f(x)$。两匹狼 a 和 b 之间的距离 $d(a,b)$ 作为一个合计数被定义为这两匹狼在所有空间中的位置差，即距离 $d(a,b)$ 可以表示为

$$d(a,b) = \sum_{m=1}^{M} |x_{am} - x_{bm}|$$ (5.1)

式中，x_{am} 和 x_{bm} 分别表示运动前后的距离大小。

1) "胜者为王"的头狼产生规则

头狼是狼群中最精壮的狼，在捕猎过程中处于核心地位。由于算法的迭代方式，捕猎过程中，头狼所在位置的食物浓度将不断地与狼群中其他狼所感知到的食物浓度作比较，即在运算过程中，目标函数最优值不断地与其他人工狼最优值进行比较。迭代后目标函数值最优的人工狼当选头狼，以便对头狼的位置进行及时更新。但如果某次迭代后发现，有多只人工狼的目标函数都是最优，则从这几匹优秀的狼中随机取一匹作为头狼。头狼不参与之后捕猎过程中的具体活动。从以上的过程中可以看出头狼的选择过程就是寻找目标函数最优值的过程。

2) 游走行为

游走行为是指探狼作为先期部队进行猎物探索的行为。在量子狼群运算中，设运算中探狼的数量为 E 匹，E 的具体取值由人工狼总数 N 和探狼比例因子 α 决定，其范围是 $[N/(\alpha+1), N/\alpha]$，而当前的探狼序号为 $j(j=1,2,\cdots,E)$。

首先，探狼 j 会先感知此刻的食物浓度即计算当前位置对应的 Y_j，然后将食物浓度信息 Y_j 报告给头狼。设此时头狼感知到的食物浓度为 Y_{LEAD}。若此时 $Y_j > Y_{\text{LEAD}}$，即说明探狼 j 所在的位置比此时头狼位置距离猎物更近一些，这意味着由探狼 j 领导的捕猎活动成功的概率更大，所以按照第一个规则的叙述，它将替代此时的头狼进行接下来的捕猎领导工作。若此时的 $Y_j < Y_{\text{LEAD}}$，则探狼 j 不改变其身份进入游走行为的下一步。

然后，游走行为的第二步还需要一些初始化的规定。假设此时探狼 j 一共有 H 个方向可供选择，这里需要注意的是，在实际捕猎时，不同探狼的寻找能力会使得 H 不是一个定值，而是一个在 $[H_{\min}, H_{\max}]$ 的整数。探狼 j 向某一个方向游走的步长设为 D_{step1}，探狼 j 走出这一步后要记录下它此刻位置的食物浓度 Y_{jh} 再退回到原来的位置。以此方式进行连续探索，直至完成 H 个方向的食物浓度记录。

最后，探狼 j 在完成了第二步向所有方向的探索后，根据已记录的食物浓度 Y_{jh}，向其中 Y_{jh} 值最大的方向，也是目标函数最优的方向走出 D_{step1}，更新此时的位置 x_{jm}^h。记探狼 j 在第 m 维空间中的位置为

$$x_{jm}^h = x_{jm} + \sin(2\pi \times h/H) \times D_{\text{step1}}$$ (5.2)

式中，h 表示逐步向 H 移动的次数，当 $h < H$ 的情况下，会继续移动如图 5.1 所示，x_{jm}^h 表示每一次移动的位置至此完成一次游走行为。

探狼 j 需在满足其自身的游走行为结束的条件前不断重复上述步骤。它游走行为结束的条件是探狼 j 代替了头狼或者探狼 j 的游走次数 Q 达到了设定上限 $Q_{\max}$。根据以上叙述看出，H 越大意味着方向越多，搜索越精细，得到的最优值也会越精确。H 决定了搜索的精细程度和速度。但同时，整体搜索次数的增加会

使得搜索的速度降低。在编程时取经验值 5 作为初始化值。探狼的游走行为框图如图 5.1 所示。

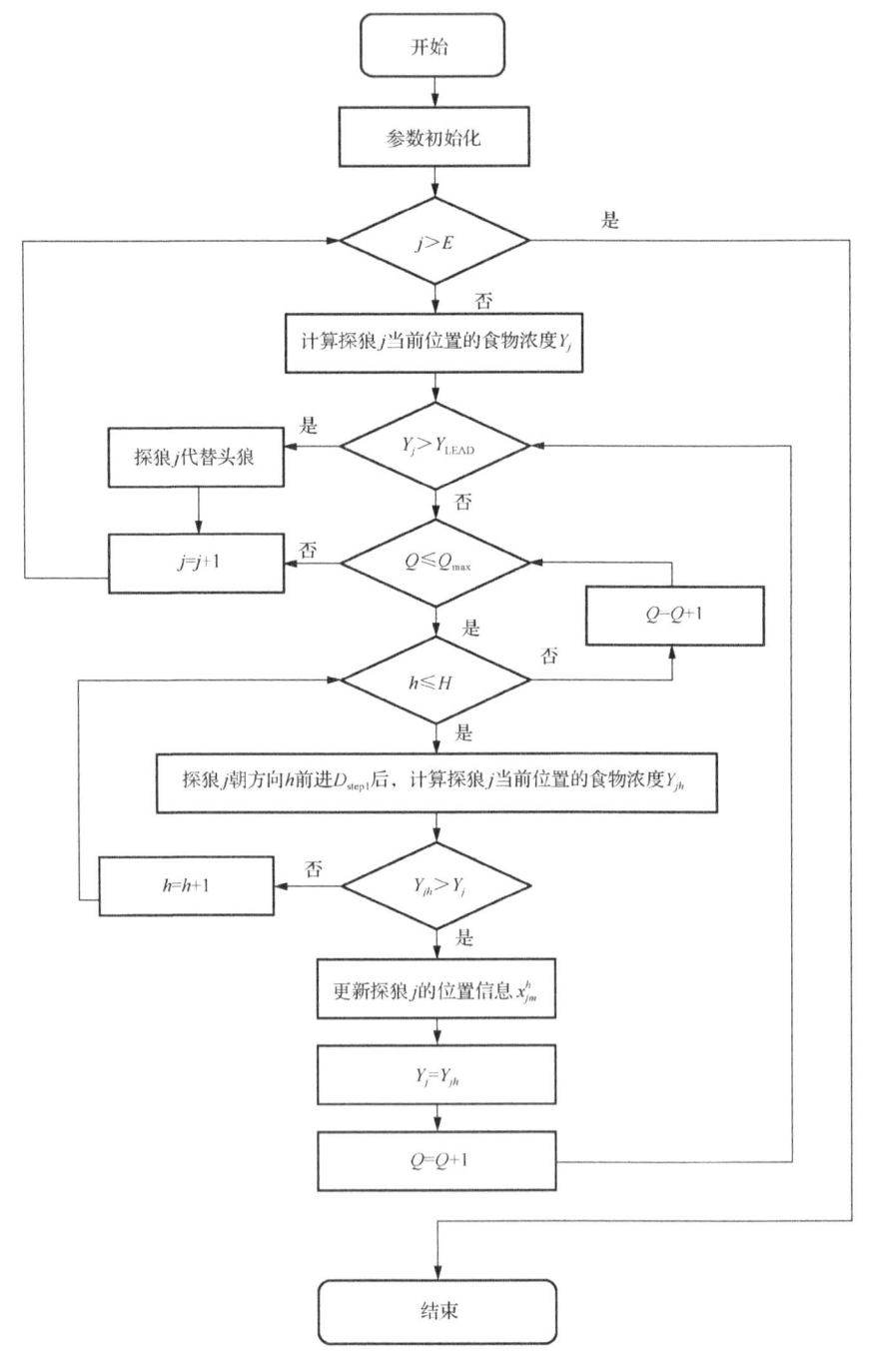

图 5.1 探狼游走行为框图

3）召唤行为

在游走行为后，头狼已确定好自身位置所在，也就是狼群中现已知的食物浓度最大位置，于是它发起召唤，命令猛狼向其所在位置聚拢，猛狼闻声向头狼奔袭而去。简单来说，召唤行为就是由头狼发起，由猛狼完成奔袭的行为，行为的动作主体是猛狼。

在量子狼群算法中，设猛狼的数量 $F = N - E - 1$，当前的猛狼序号为 $k(k=1,2,\cdots,F)$，向头狼奔袭的步长为 D_{step2}。奔袭之前首先需确定头狼所在位置，设第 K 次奔袭中，头狼所在的位置为 G_m^K。在奔袭过程中，若 $Y_k > Y_{\text{LEAD}}$，则猛狼 k 将替代头狼重新发起召唤；若 $Y_k < Y_{\text{LEAD}}$，则猛狼 k 不改变其身份继续奔袭，奔袭停止的条件是 Y_k 与 G_m^K 的距离 d_k 小于设定的判定距离 d_{near}。至此完成一次召唤行为，开始转入对猎物的围攻行为。而 d_{near} 取值与空间的维数、空间范围和距离判定因子 ω 有关，这里设第 m 维空间的范围是 $[m_{\min}, m_{\max}]$，可得

$$d_{\text{near}} = \frac{1}{M \cdot \omega} \cdot \sum_{m=1}^{M} |m_{\max} - m_{\min}| \tag{5.3}$$

但是按照上述的算法原理描述，在实际运算的过程中会出现这样的问题：由于 D_{step2} 比较大，猛狼 k 有可能越过 d_{near}，而使其离头狼越来越远。产生这一问题原因就是猛狼在向头狼奔袭时的随意性。为了解决此处狼群群聚性差的问题，引入了中心群集现象明显的量子行为粒子群优化（quantum-behaved particle swarm optimization，QPSO）算法。

聚集性在力学中可以用粒子的束缚态来描述，产生束缚态的原因是在粒子运动的中心存在着某种吸引势。基于 QPSO 算法的思想，在召唤行为中，可以将每一匹猛狼都看作空间内的粒子，由于粒子的聚集性，避免了猛狼远离头狼位置的问题。选择在头狼的位置建立吸引势，借此来聚集猛狼。凭借这个吸引势的力的作用，使得猛狼的奔袭过程更加有效。

若将猛狼的个体量子化，其所在的空间即为量子空间，在量子空间中，粒子的速度和位置是不能同时确定的，粒子的状态必须用波函数来描述。但为了表示出猛狼的位置，可以将量子状态塌缩至经典状态，此时就可以用蒙特卡罗模拟来得到粒子的位置。QPSO 的粒子更新位置方程为

$$p_{i,j}(t) = \varphi_j(t) \cdot P_{i,j}(t) + [1 - \varphi_j(t)] \cdot G_j(t), \quad \varphi_j(t) \in U(0,1) \tag{5.4}$$

$$X_{i,j}(t+1) = p_{i,j}(t) + \alpha \cdot |C_j(t) - X_{i,j}(t)| \cdot \ln[1/\mu_{i,j}(t)], \mu_{i,j}(t) \in U(0,1) \tag{5.5}$$

式中，t 是离散时间；$p_{i,j}(t)$ 是吸引子；$P_{i,j}(t)$ 是个体最好位置；$G_j(t)$ 是全体最好位置；$X_{i,j}(t)$ 是粒子 i 在第 j 维空间的位置；α 是收缩扩张因子；$C_j(t)$ 是种群平均最优位置；$\varphi_j(t)$ 和 $\mu_{i,j}(t)$ 是两个独立同分布在 $(0,1)$ 上的随机变量。

由以上原理可以看出，猛狼 k 奔袭后的位置 x_{km}^{K+1} 与头狼的位置 G_m^K、猛狼 k 奔

袭前的位置 x_{km}^K、扩张收缩因子 α、种群的平均最优位置（设为 m_{best}）和两个独立同分布在 $(0,1)$ 上的随机变量 φ，μ 有关。为简便运算，取扩张收缩因子 $\alpha = 0.1$。根据式（5.4）和式（5.5），猛狼 k 在第 $K+1$ 次奔袭后的位置：

$$x_{km}^{K+1} = \varphi \cdot G_m^K + \alpha \cdot \left| m_{best} - x_{km}^K \right| \cdot \ln(1/\mu), \varphi \in U(0,1), \mu \in U(0,1) \tag{5.6}$$

根据上述原理，猛狼 k 结束自身召唤行为的条件是：若 $Y_k > Y_{LEAD}$，则猛狼替代头狼；或是 $d_k < d_{near}$。据此，召唤行为框图如图 5.2 所示。

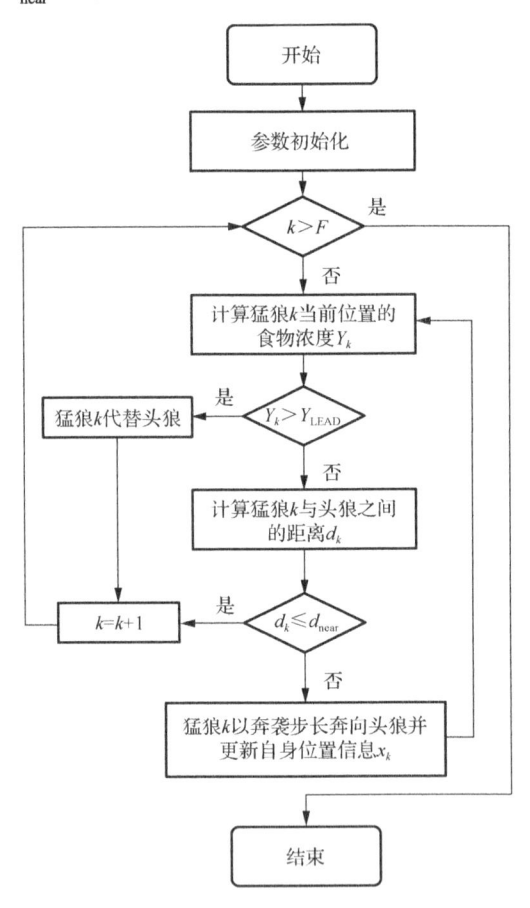

图 5.2 猛狼召唤行为框图

4）围攻行为

上述两种行为后，猛狼和探狼距离猎物的位置都比较近了，这时展开对猎物的最后围攻。这时，头狼位置的函数值是最优的，所以可以认为头狼的位置 G_m^K 就是猎物的位置。设人工狼 i 的围攻步长为 D_{step3}，那么，在第 $K+1$ 次围攻行为后其位置为

$$x_{im}^{K+1} = x_{im}^K + \lambda \cdot D_{step3}^m \cdot \left| G_m^K - x_{im}^K \right| \tag{5.7}$$

式中，λ 为 $-1\sim 1$ 的随机数，服从均匀分布。

首先，人工狼 i 先记录下未进行围攻行为时原位置的食物浓度 Y_i^1；然后，以围攻步长 D_{step3} 向头狼靠近后记录此时的食物浓度 Y_i，若 $Y_i > Y_i^1$ 则更新位置信息 x_{im}^{K+1} 并继续进行下一次围攻行为，若 $Y_i < Y_i^1$ 则退回其原来的位置保持不变。由此可见，人工狼 i 结束自身围攻行为的条件是：$Y_i < Y_i^1$ 或是围攻次数 R 大于设定上限 R_{max}。围攻行为流程图见图 5.3。

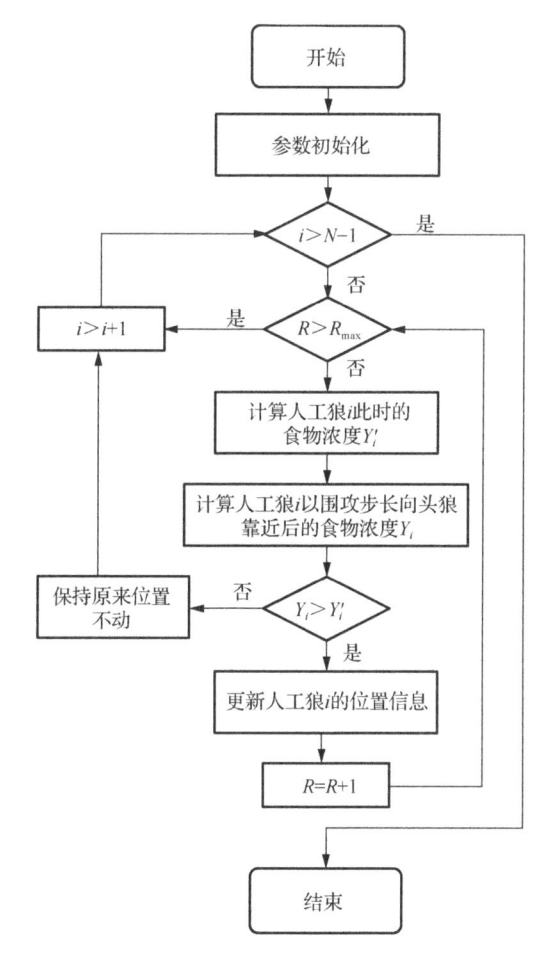

图 5.3 人工狼围攻行为

5)"强者生存"的狼群更新规则

在"胜者为王"的头狼产生规则中我们可以得知狼群分配食物的原则是按照"论功行赏"的方式，也就意味着在狼群中，那些对捕猎活动没有做出贡献的狼将会分得很少的食物甚至会分不到食物。由于缺少食物，他们的体能水准将会持续恶化。这就导致了狼群中那些弱小的狼会由于这样的更新法则而被逐渐淘汰。在量子狼群算法中也依然使用这样的狼群体系更新规则，在保证总数 N 不变的前提下，来淘汰每轮运算中结果最差的 Z 匹狼，并随机生成 Z 匹新人工狼。这样做的好处是：既能保持算法解的多样性，还能够开辟新的解空间。但 Z 的数值不是随便取得的。首先，Z 应为整数。其次，若 Z 很大，就意味着更新的人工狼很多，虽然多样性可以保持甚至可以拓展，但是过多的新人工狼会使整个算法趋近于随机搜索；相反，若 Z 很小，那么淘汰规则便失去了意义，而且开辟解空间的能力也会被限制。Z 的取值范围为 $[N/(2\times\beta), N/\beta]$，$\beta$ 为群体更新比例因子。

2. 运算步骤

根据前文的叙述，可以整理出量子狼群算法规划船舶避碰路径的整体流程如下。

（1）首先要进行基本的参数初始化设定。对基本参量人工狼总数 N，探狼比例因子 α，游走方向 H，游走次数上限 $Q_{\max}$，围攻次数上限 $R_{\max}$，游走、奔袭和围攻步长 D_{step1}、D_{step2}、D_{step3}，距离判定因子 ω，更新比例因子 β 和更新人工狼数 Z 进行定义。求取每匹人工狼目标函数 Y 的值，并将 Y 全部记录在一个 3×1 的矩阵中。

（2）在选出头狼后，探狼开始进行游走行为。探狼通过向 H 个方向的游走得出最适合的方向，然后向这个方向走出游走步长。

设选择游走的方向为 h，则游走行为后探狼的位置记为

$$X_1 = \left[X(1,i) + \sin\left(2\pi \times \frac{h}{H}\right) \times 0.3 \quad X(2,i) + \sin\left(2\pi \times \frac{h}{H}\right) \times 0.15 \quad X_{31} \right] \quad (5.8)$$

式中，$X(1,i)$ 表示在第一维空间中，人工狼 i 在进行游走行为前的位置坐标；$X(2,i)$ 表示在第二维空间中人工狼 i 在进行游走行为前的位置坐标；X_{31} 是由 $X(1,i)$ 和 $X(2,i)$ 共同决定的。

探狼 i 会朝着已知的 Y 最优的方向前进，直到次数达到游走上限或 $Y_i > Y_{\text{LEAD}}$。

（3）开始召唤行为。猛狼在听到头狼的叫声后向头狼奔袭，猛狼 k 奔袭后的位置记为

$$X_2 = \begin{bmatrix} X(1,i) + 0.6 \times \left[X_{\text{LEAD}}(1,1) - X(1,i)\right] / \left|X_{\text{LEAD}}(1,1) - X(1,i)\right| \\ X(2,i) + 0.3 \times \left[X_{\text{LEAD}}(2,1) - X(2,i)\right] / \left|X_{\text{LEAD}}(2,1) - X(2,i)\right| \\ X_{31} \end{bmatrix} \quad (5.9)$$

式中，$X(1,i)$ 表示在第一维空间中人工狼奔袭前的位置坐标；$X_{\text{LEAD}}(1,1)$ 表示在第一维空间中头狼的位置坐标；$X(2,i)$ 表示在第二维空间中人工狼奔袭前的位置坐标；$X_{\text{LEAD}}(2,1)$ 表示在第二维空间中头狼的位置坐标；X_{31} 是由 $X(1,i)$ 和 $X(2,i)$

第5章 船舶智能避碰建模与仿真

共同决定的。召唤行为结束的条件是：$Y_i > Y_{LEAD}$ 或 $d_i < d_{near}$。

（4）在以上两种行为后，狼群确定了食物浓度最大的位置，开始进行围攻行为。猛狼和探狼联手向头狼所在位置进行捕猎的最后一项活动——围攻，并对自身的位置信息进行合理更新。

（5）依据狼群更新规则对 Z 匹人工狼进行更新。

（6）算法终止条件判断。即现在得到的避碰方案是否符合《国际海上避碰规则》和预先设定的角度要求。若满足则输出避碰方案；否则从步骤2位置重新开始，继续寻找最优的Y值方案。

根据以上叙述，可以得到量子狼群算法的流程图如图5.4所示。

3. 收敛性证明

通过对召唤行为的分析可知，量子狼群算法和狼群算法存在差别，量子狼群算法中的"量子"，体现在猛狼奔袭过程位置的更新方式。根据狼群算法的相关研究得知：猛狼的位置更新方式决定了狼群算法的收敛速度。若猛狼在量子化后的位置更新较未量子化的情况下更快，那么算法整体的迭代次数就会减少，具体表现就是收敛性变好。为验证量子狼群算法较狼群算法的优越性，进行了如下的仿真。

设定两船为质子模型，仅利用狼群算法和量子狼群算法来验证规划轨迹时的收敛性。海上会遇局面设定为对遇。假设两船行驶在开阔水域，能见度良好。默认距离单位为海里（n mile），速度单位为节（kn）。我船与目标船相距8n mile，我船与目标船的航速均为2kn，在两种算法中均设 $N = 26$，$R_{max} = 6$，则总迭代次数最多为$(26-1)×6=150$次。利用MATLAB进行仿真，得到两个算法的避碰方案如表5.1所示。

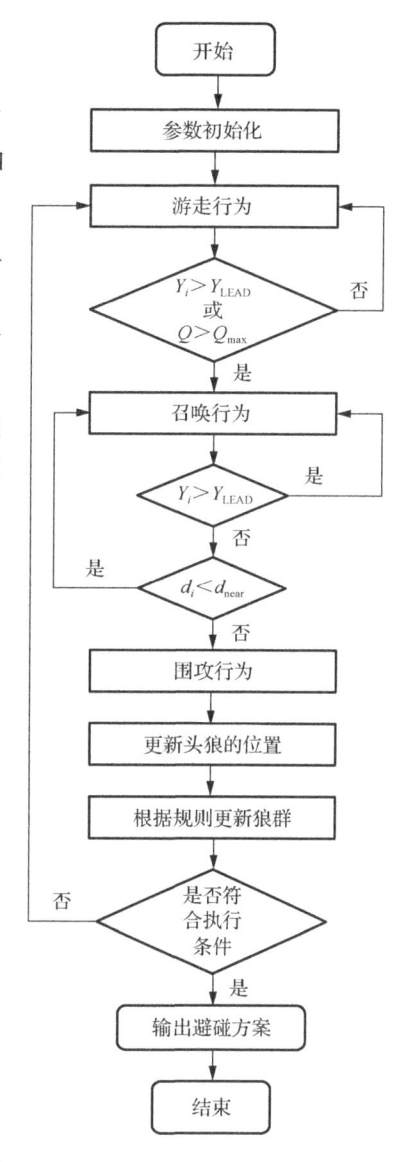

图5.4 量子狼群算法流程

表 5.1 避碰方案

算法	避碰角度 CO/(°)	复航角度 CB/(°)	避碰时间 t/h
量子狼群算法	31.0102	59.6808	3.3533
狼群算法	31.0111	59.0451	3.3616

两种算法的收敛性曲线如图 5.5 和图 5.6 所示。

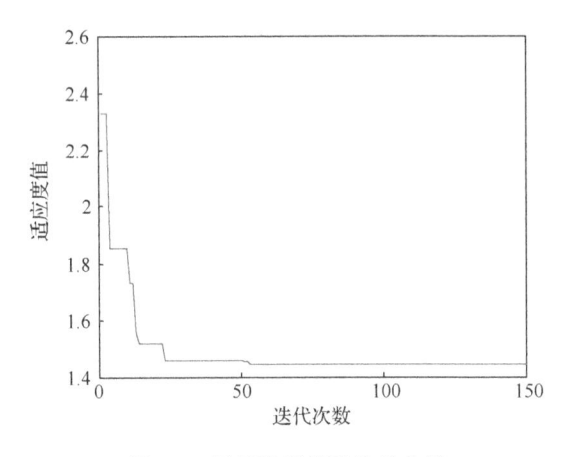

图 5.5 量子狼群算法收敛曲线

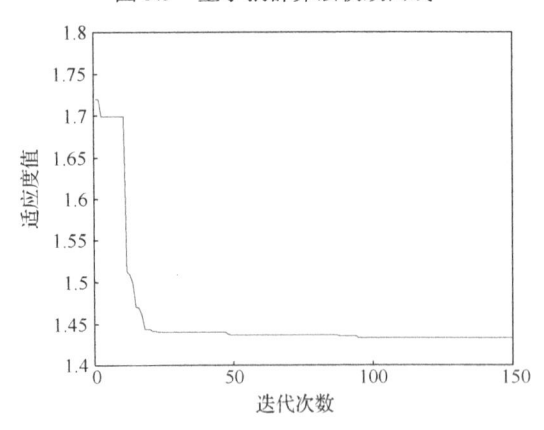

图 5.6 狼群算法收敛曲线

从曲线中可以看出在对遇局面下，量子狼群算法规划船舶避碰的收敛曲线在约 50 次时完成了收敛，而狼群算法在将近 100 次时才完成收敛。目标函数在运算的过程中也在不断地减小，这意味着船舶的避碰路径在不断被优化成最优的状态，可以证明量子狼群算法的有效性。从避碰的方案上可以看出，量子狼群算法得到的方案与狼群算法得到的方案相比，避碰角度和整体时间消耗都要略优。由于整体迭代次数变少，算法规划避碰路径所需时间也会减少，所以量子狼群算法更适合应用于船舶智能避碰策略的研究。

5.1.2 船舶避碰过程建模分析

1. 船舶避碰过程

根据上一节所述的智能避碰算法，将研究的避碰决策分为以下部分。

（1）进行船舶速度、航向和位置的初始化设定。这些信息通过第3章介绍的船舶信息采集完成。还应同时将量子狼群算法的基础参数进行初始化设定，建立三自由度船舶模型，包括船舶模型基础六个状态量矩阵的定义和龙格-库塔迭代解算过程的编程。

（2）通过信息采集得到的相关信息，应用几何方法确定两船相对运动方向和夹角，据此判断当前会遇局面，为下面应用量子狼群算法进行避碰路径规划奠定基础。

（3）设置检测的时间 u。每 0.03h 进行一次船舶运动状态的检测，即每间隔 0.03h 就会根据输入的控制力和上一时刻船舶的状态通过龙格-库塔迭代来解算出船舶此刻的六个状态量，并记录下此时两船运动状态，包括位置坐标和速度等。这样持续监测至3h。设定 u 从 0h 增加到 3h，若在这个时间段无碰撞危险，则重新开始下一轮 3h 的检测。

（4）根据船舶避碰前后的运动参数模型来求解避碰前后的 DCPA、TCPA，并确定计算 CRI 所需的参数信息，包括危险隶属度函数的具体数值等。应用 CRI 的运算公式确定此时的船舶碰撞危险程度，以此作为采取避碰操作的依据。

（5）选定 CRI=0.6 作为两船有碰撞的危险而需我船采取避碰操作的阈值。即当 CRI>0.6 时，需利用量子狼群算法来规划避碰方案并采取相应避碰操作。

（6）依据量子狼群算法的具体运算流程，得到目标函数的最优解。

（7）对量子狼群算法规划的方案进行检测，如符合《国际海上避碰规则》要求、相关法律法规和符合实际操作情况，则更新船舶模型的状态信息，并执行该避碰方案。否则由有经验的船舶驾驶员根据经验来执行合适的避碰操作。

根据上述七个步骤，可以确立建立的船舶避碰流程如图 5.7 所示。

2. 船舶模型的状态更新

定义 $\eta = \begin{bmatrix} x & y & \psi \end{bmatrix}^T$ 表示在惯性参考坐标系下位置和艏摇角组成的向量，$V = \begin{bmatrix} u & v & r \end{bmatrix}^T$ 表示动坐标系下纵荡速度、横荡速度和艏摇角速度组成的向量。为方便编码，将两向量合并，设

$$X = \begin{bmatrix} V & \eta \end{bmatrix}^T \tag{5.10}$$

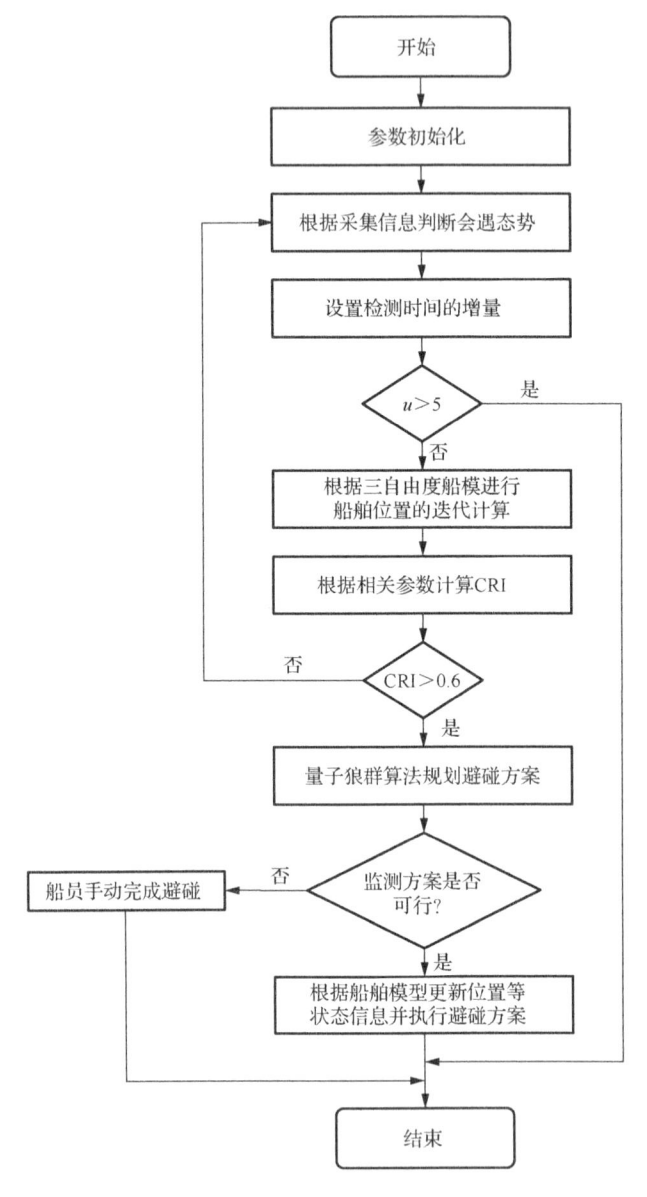

图 5.7 船舶避碰流程图

即

$$X = \begin{bmatrix} u & v & r & x & y & \psi \end{bmatrix}^{\mathrm{T}} \tag{5.11}$$

作为船舶的六个状态量，矩阵前三行分别为动坐标系下的纵荡速度、横荡速度和艏摇角速度。后三行分别为惯性参考坐标系下的位置和艏摇角。船舶模型的状态更新就是随着时间的推移对矩阵 X 进行更新。

通过 $M\dot{V}+D(V)V=\tau$，可以得到状态矩阵 X 的导数形式，即 $X'=\begin{bmatrix}\dot{V}&\dot{\eta}\end{bmatrix}$。在工程中，求解微分方程有多种方式，本书选择用龙格-库塔（Runge-Kutta）法作为求解此方程的方法。龙格-库塔法是一种在工程上应用十分广泛的高精度算法，但其实现原理十分复杂。运用计算机仿真应用此法时，需已知方程导数和初值信息，可省去求解微分方程的过程。其便于编码，且适合于求解船舶状态。具体可以表述如下。已知初值问题：

$$\dot{y}=f(t,y),y(t_0)=y_0 \tag{5.12}$$

应用龙格-库塔法可以得到：

$$y_{n+1}=y_n+\frac{h}{6}(k_1+2k_2+2k_3+k_4) \tag{5.13}$$

式中，

$$k_1=f(t_n,y_n) \tag{5.14}$$

$$k_2=f\left(t_n+\frac{h}{2},y_n+\frac{h}{2}k_1\right) \tag{5.15}$$

$$k_3=f\left(t_n+\frac{h}{2},y_n+\frac{h}{2}k_2\right) \tag{5.16}$$

$$k_4=f(t_n+h,y_n+hk_3) \tag{5.17}$$

船舶状态更新的具体流程如下。

（1）初始化定义。定义船舶的六个状态量矩阵 $X_0=\begin{bmatrix}u&v&r&x&y&\psi\end{bmatrix}^T$ 和控制力矩阵 τ 作为输入量，设一个 6×1 的空矩阵 X'。

（2）根据经验公式算出 $M\dot{V}+D(V)V=\tau$ 中的船体惯量矩阵 M 和阻尼矩阵 D 的具体值。求取 $M\dot{V}+D(V)V=\tau$ 中的 $\dot{V}$ 作为 X' 的前三行。

（3）通过坐标转换 $\dot{\eta}=J(\psi)V$，可以得到 $\dot{\eta}$ 作为 X' 中的后三行。

（4）应用龙格-库塔法得到船舶更新后的状态矩阵 X。

综上所述，其流程图如图 5.8 所示。

3. 船舶避碰目标函数的建立

船舶智能避碰决策中目标函数的设定分为两种类型：一种是路径最短设定；另一种是时间最短设定。根据船舶实际航行状况，船舶航行的实际距离越短，船体消耗的燃油就越少，航行时产生的振荡也越少，这在一定程度上能提升船舶行驶的安全性。所以选择最短避碰的路径作为避碰方案的总目标，据此来建立避碰路线的目标函数。

首先需要一些初始化的参数设定，设从开始避碰到开始复航的距离为 d_1，复航到整个避碰过程结束的距离为 d_2，我船原航迹的长度为 S，我船纵荡速度为 u_1，避碰角度为 CO，复航角度为 CB，r 为内切圆半径。理想右转弯避碰轨迹示意图，如图 5.9 所示。

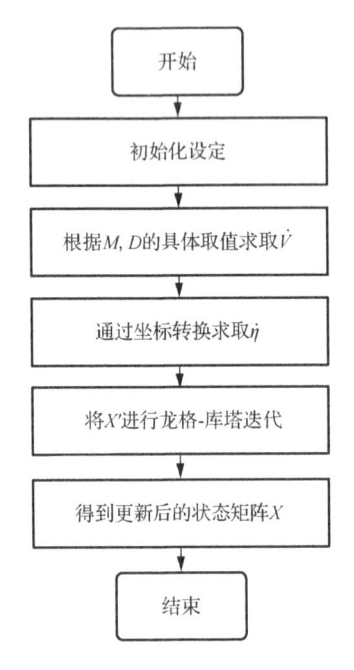

图 5.8　船舶模型更新流程　　　　　图 5.9　避碰路径示意图

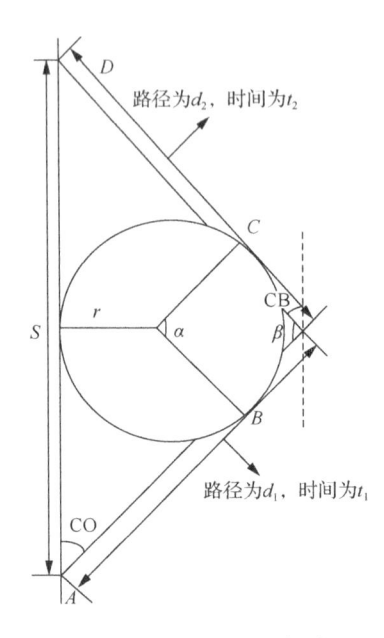

由图 5.9 的几何关系可知，求多出的路程 r 是求解的关键。运用几何原理可知：

$$\begin{cases} \dfrac{1}{2}d_2 \times d_1 \times \sin\beta = \dfrac{1}{2}d_2 \times r + \dfrac{1}{2}d_1 \times r + \dfrac{1}{2}Sr \\ d_1 = t_1 \times u_1 \\ d_2 = t_1 \times u_1 \times \dfrac{\sin\mathrm{CO}}{\sin\mathrm{CB}} \\ \alpha + \beta = 180° \\ \beta = 180° - \mathrm{CO} - \mathrm{CB} \end{cases} \quad (5.18)$$

$$\begin{cases} r = \dfrac{t_1 \times u_1 \times \sin\mathrm{CO} \times (\sin\mathrm{CO} \times \cos\mathrm{CB} + \cos\mathrm{CO} \times \sin\mathrm{CB})}{\sin\mathrm{CO} + \sin\mathrm{CB} + \sin\mathrm{CO} \times \cos\mathrm{CB} + \cos\mathrm{CO} \times \sin\mathrm{CB}} \\ S = \dfrac{\sin(180° - \mathrm{CO} - \mathrm{CB}) \times t_1 \times u_1}{\sin\mathrm{CB}} \\ \alpha = \mathrm{CO} + \mathrm{CB} \end{cases} \quad (5.19)$$

为简化计算，根据图 5.9 将避碰路径分为三个部分：第一部分为从 A 点到 B 点；第二部分为从 B 点到 C 点；第三部分为从 C 点到 D 点。由此可以清楚地知道，目标函数的值就是从 A 点到 D 点的路径减去我船原本应走的航迹路程 S 得到的长度。从 A 点到 B 点长度为 $r/\tan(\mathrm{CO}/2)$；从 B 点到 C 点长度为 $\alpha/(360° \times 2\pi r)$；从 C 点到 D 点长度为 $r/\tan(\mathrm{CB}/2)$。目标函数则是这三段长度和的最小值：

$$F = \min\left\{\frac{r}{\tan\dfrac{CO}{2}} + \frac{\alpha}{360°} \times 2\pi r + \frac{r}{\tan\dfrac{CB}{2}} - x\right\} \quad (5.20)$$

5.1.3 基于量子狼群算法的船舶避碰实现

应用量子狼群算法来规划船舶避碰路径时,需要输出合适的避碰策略,包括避碰角度CO、开始避碰到开始复航的时间t_1和复航角度CB。基于这三个基础量来进行量子狼群算法编码分析。

1. 避碰角度CO

CO指船舶在开始避碰时需要转过的角度。由船舶避碰前后运动参数模型可知:当我船转过CO后,两船之间的DCPA会随着CO的增大而增大。但为了保证两船在避碰过程中的安全性就需要DCPA>船舶最短安全会遇距离SDA。此处取DCPA=SDA=2 n mile。所以在运行量子狼群算法之前,可以应用船舶避碰前后的运动参数模型得到CO的下限基础值。在程序中应用叠加的方法得到这个基础值。设初始CO = 30°,每次都增加1°直到满足DCPA>SDA的条件。但这样得到的CO只是一个下限,不是对于目标函数来说最优的CO。因此,通过量子狼群算法进一步确定避碰角度CO的最优下限值。

2. 从开始避碰到开始复航的时间t_1

t_1的约束条件只有一个,即$t_1 \geqslant$ TCPA,以此来保证船舶开始复航时刻在两船度过了最可能碰撞时刻之后。

3. 复航角度CB

CB是指在确认安全后我船从现在的轨迹转回原轨迹所需要转过的角度。依据船舶避碰前后的运动参数模型,我船在复航时转过CB,随着时间的推移,我船与目标船之间的DCPA会因CB的增大而减小。同样的,为保证两船在复航的阶段没有碰撞的危险,则需要保证转向后DCPA<SDA。根据实际避碰默认距离,取DCPA = SDA = 2n mile,应用船舶避碰前后的运动参数模型得到CB的上限基础值。程序中应用递减的方法得到这个上限值。设初始CB = –60°,每次角度减小1°直到满足DCPA>SDA。综上所述,三个输出量需满足以下条件:

$$\begin{cases} 30° \leqslant CO \leqslant 80° \\ -20° \leqslant CB \leqslant -60° \\ t_1 \geqslant TCPA_{转向后} \\ DCPA_{转向后} > SDA \end{cases} \quad (5.21)$$

在仿真的船舶模型初始化部分，根据实际应用情况和相关船舶模型的参考文献，选择如下参数的普通排水型船。使用的船舶模型参数如表 5.2 所示。

表 5.2 船舶模型参数

参数名称	数值	参数名称	数值
船长 L /m	82	船宽 B/m	20.5
两柱间距 L' /m	78	质量 m/t	20000
船舶设计吃水 d /m	7	排水量 ∇ /t	19800
方形系数 C_b	0.62	型深 D/m	8
最高航速 V/kn	20	转动惯量半径 r/m	$0.24L$

在仿真的算法初始化部分，首先设定 $N=26$，$\alpha=1.5$，$R_{max}=6$，$H=5$，$Q_{max}=4$，$Z=9$，根据量子狼群算法迭代更新公式可以求得探狼数 E。因头狼不参与三种智能行为，所以总迭代次数最多为 $6\times(N-1)=6\times(26-1)=150$ 次。量子狼群算法的运算是基于三个变量，即 CO、CB 和 t_1 的搜索过程。由于目标函数为路径最短，所以 t_1 受 CO 影响。在算法中的体现就是需要先得到 CO 和 CB，再通过补充计算得到 t_1。

除上述参量，还需说明 d_{near} 由 ω 决定，D_{step1}、D_{step2} 和 D_{step3} 均与步长因子 s 有关。取 $\omega=s=200$。d_{near} 求得为 0.2。步长公式为

$$D_{step1}^m = D_{step2}^m/2 = 2\cdot D_{step3}^m = |m_{max}-m_{min}|/s \tag{5.22}$$

式中，m 表示空间维数，其取值范围为 $[m_{min},m_{max}]$。可得 $D_{1,step1}=0.3$，$D_{2,step1}=0.15$，$D_{1,step2}=0.6$，$D_{2,step2}=0.3$，$D_{1,step3}=0.15$，$D_{2,step3}=0.075$。

1）对遇局面

根据前文的仿真船舶模型具体参数，不计风、浪、流的影响，两船会遇局面为对遇，避碰初始化参数如表 5.3 所示。

表 5.3 对遇局面的初始化参数

参数名称	我船	目标船
初始航速/kn	10	10
初始航向/(°)	0	180
初始坐标/n mile	(0,0)	(0,10)
输入的纵向控制力 c_1 /N	8.356×10^5	8.356×10^5
输入的横向控制力 c_2 /N	1.45×10^5	—

检测前 0.11h 内无碰撞危险，在 0.14h 时，显示 CRI=0.6016，需要执行避碰操作，避碰方案为：CO = 33.5955°，CB = 36.7073°。整体避碰过程需要 1.37h。具体避碰轨迹如图 5.10 所示。

第 5 章　船舶智能避碰建模与仿真

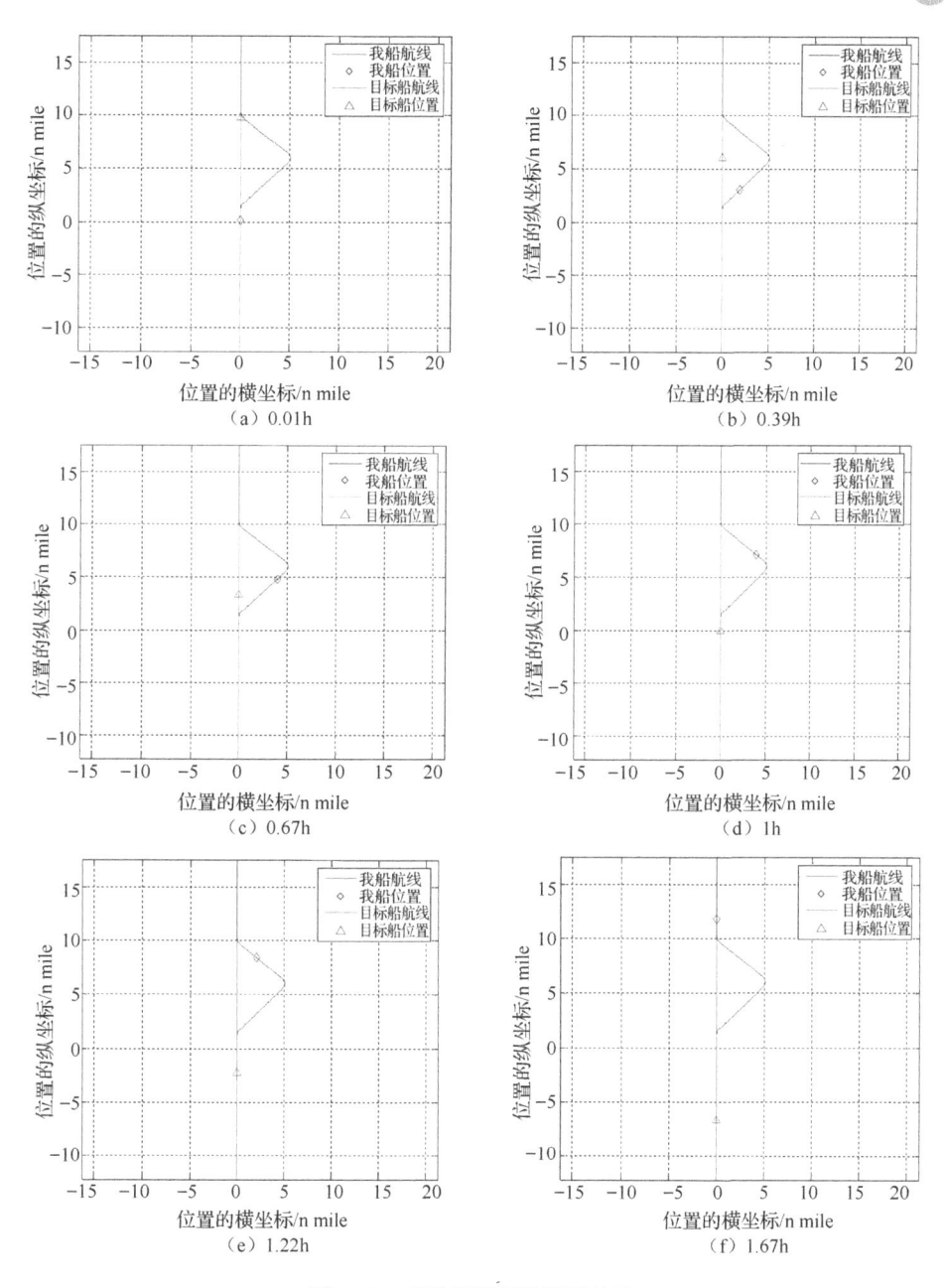

图 5.10　对遇局面下的避碰轨迹

2）右前方交叉相遇局面

船舶模型具体参数与对遇局面相同，两船会遇局面为右前方交叉相遇，避碰初始化参数如表 5.4 所示。

表 5.4 右前方交叉相遇局面的初始化参数

参数名称	我船	目标船
初始航速/kn	10	10
初始航向/(°)	0	240
初始坐标/n mile	(0,0)	$(2\sqrt{3},6)$
输入的纵向控制力 c_1 /N	8.356×10^5	8.356×10^5
输入的横向控制力 c_2 /N	1.45×10^5	—

检测第一个 0.03h 时即发现有碰撞危险，此时 CRI=0.6251，需要马上执行避碰操作。避碰方案为：CO = 40.1591°，CB = 29.1652°。整体避碰过程需要 1.6078h。具体避碰轨迹如图 5.11 所示。

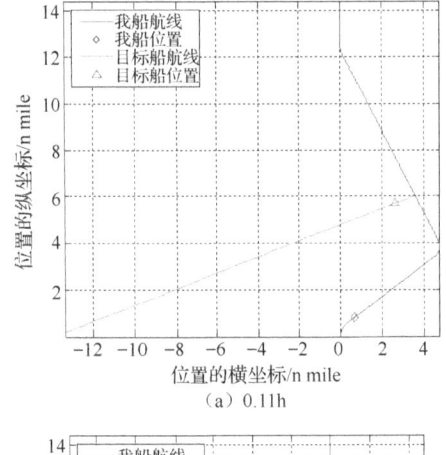

(a) 0.11h

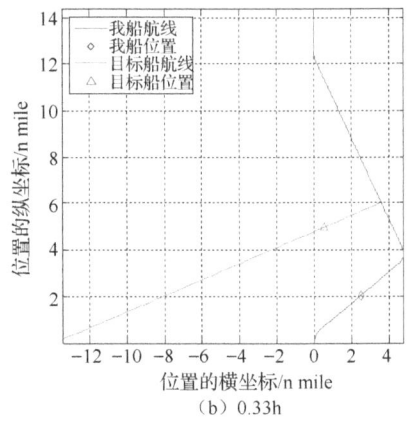

(b) 0.33h

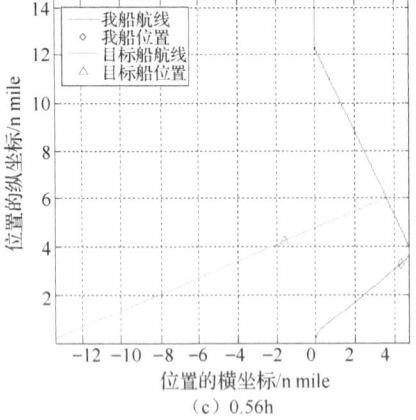

(c) 0.56h

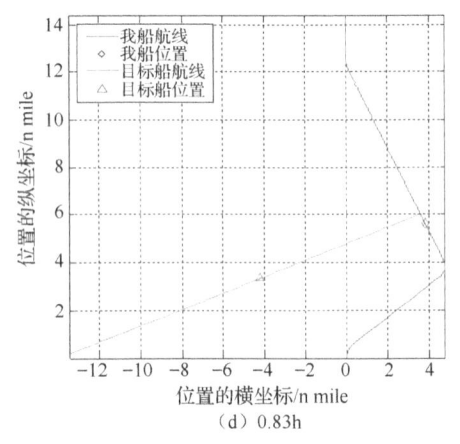

(d) 0.83h

第 5 章 船舶智能避碰建模与仿真

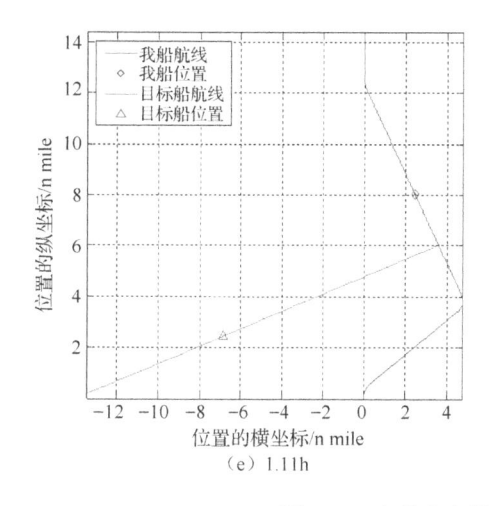

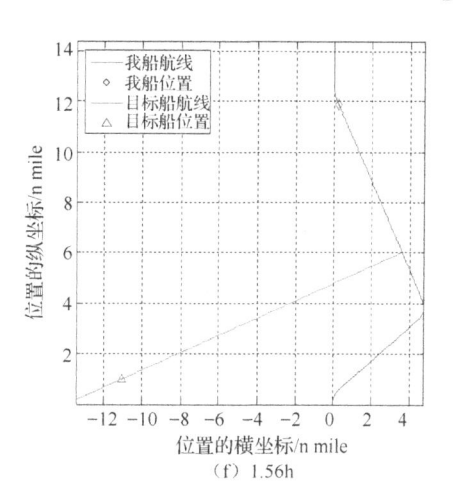

图 5.11 右前方交叉相遇局面的避碰轨迹

3）右后方交叉相遇局面

船舶模型具体参数与对遇局面相同，两船会遇局面为右后方交叉相遇，避碰初始化参数如表 5.5 所示。

表 5.5 右后方交叉相遇局面的初始化参数

参数名称	我船	目标船
初始航速/kn	10	10
初始航向/(°)	0	300
初始坐标/n mile	(0,0)	$(6, 2\sqrt{3})$
输入的纵向控制力 c_1 /N	8.356×10^5	8.356×10^5
输入的横向控制力 c_2 /N	1.45×10^5	—

检测第一个 0.03h 时发现有碰撞危险，此时 CRI=0.6019 需马上开始执行避碰操作。避碰方案为：CO = 36.5288°，CB = 34.0519°。整体避碰过程需要 1.8989h。具体避碰轨迹如图 5.12 所示。

（1）算法收敛性分析。

通过仿真验证，在得到船舶避碰实际轨迹的同时，还可以得到量子狼群算法在寻找最优避碰路径时的收敛性曲线。三种情况下的收敛性曲线如图 5.13 所示。

从图 5.13 可知，量子狼群算法应用于规划船舶避碰轨迹时有着较好的收敛性。在三种情况下，虽然输出的避碰方案不同，但算法均在 100 次以内完成收敛，且由于量子参数 φ 和 μ 的随机性，会出现不到 50 次即可收敛的情况，即如图 5.13（b）所示。目标函数值在狼群算法的不断更新迭代中得到优化，最终输出最优目标参数。

(a) 0.06h

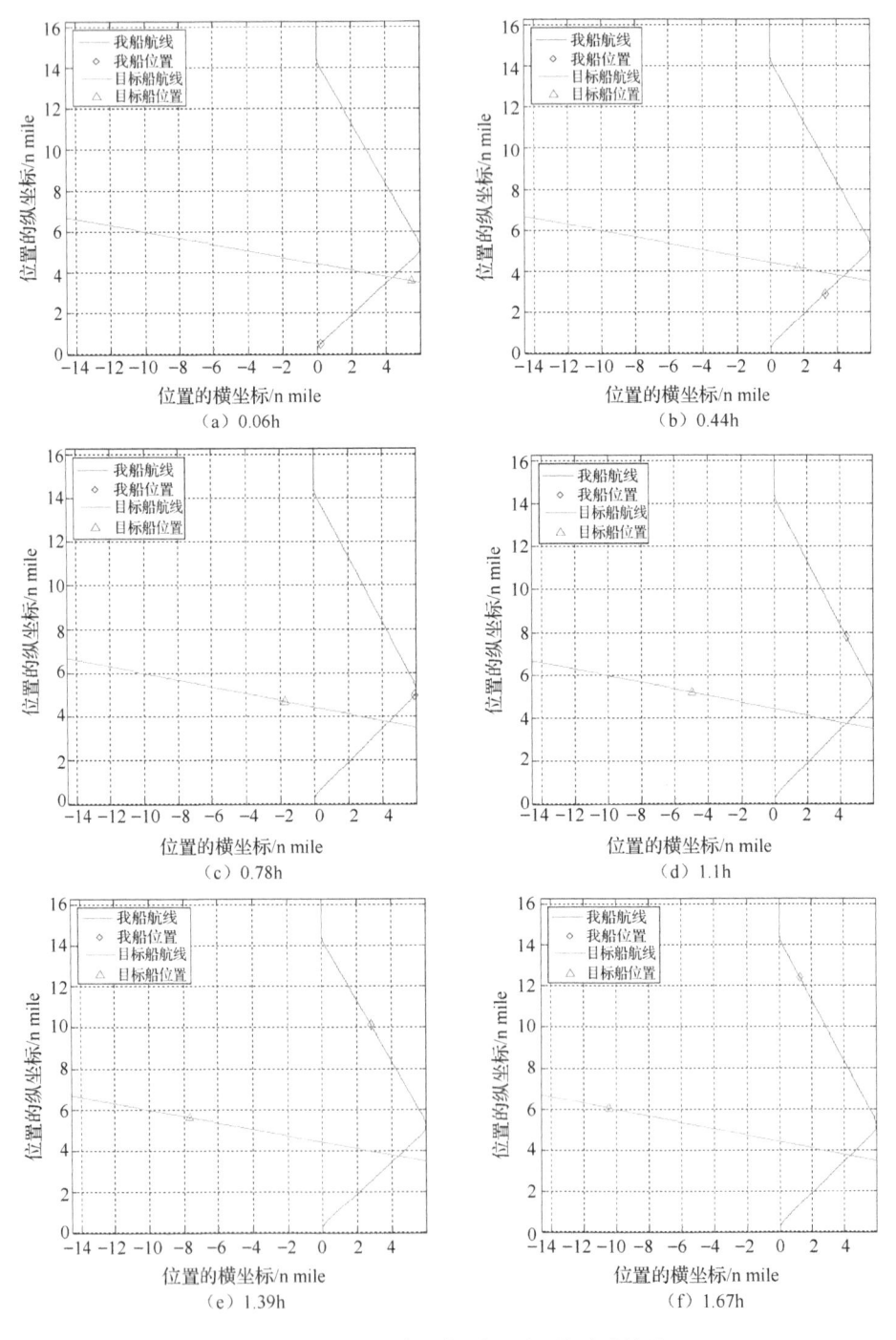

(b) 0.44h

(c) 0.78h

(d) 1.1h

(e) 1.39h

(f) 1.67h

图 5.12 右后方交叉相遇局面下的避碰轨迹

第 5 章 船舶智能避碰建模与仿真

（a）对遇

（b）右前方交叉相遇

（c）右后方交叉相遇

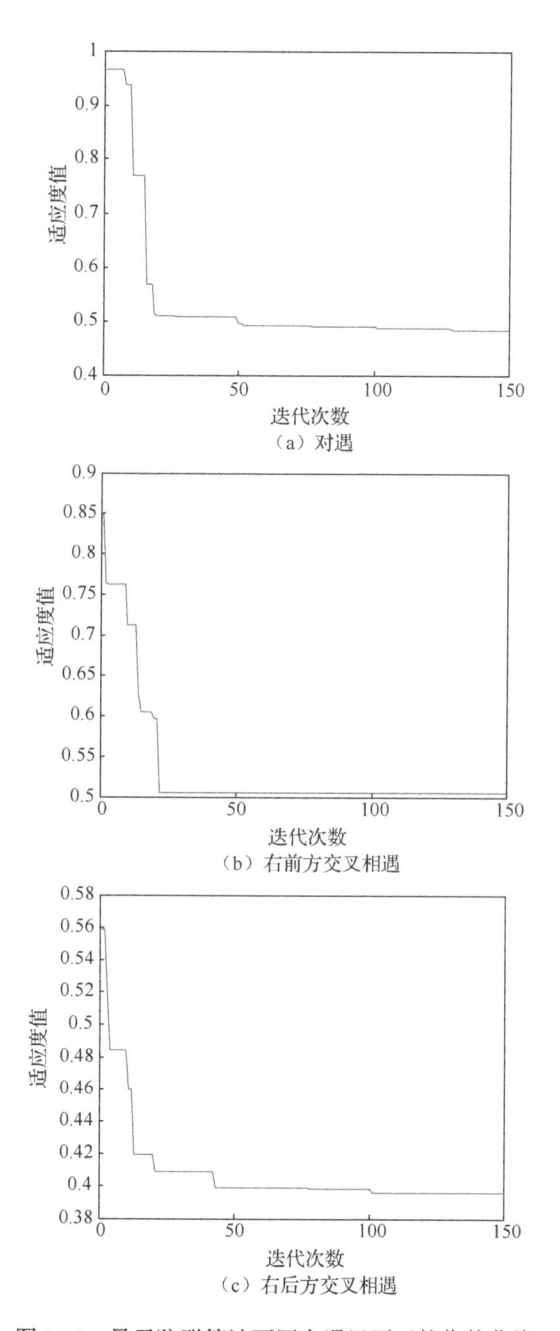

图 5.13 量子狼群算法不同会遇局面下的收敛曲线

（2）安全性分析。

为保证两船在避碰过程中不发生碰撞，可以采用监测船舶避碰过程中不同阶段的 DCPA、TCPA 和 CRI 来判断。根据对船舶避碰流程的分析，可以将仿真中的避碰过程分为六个阶段：第一阶段为两船位于初始坐标的阶段；第二阶段为监测出两船有碰撞的危险需要执行避碰操作的阶段；第三阶段为我船根据避碰策略转向后，处于正在实行避碰的阶段；第四阶段为我船已避开目标船准备复航的阶段；第五阶段为我船转过 CB 阶段；第六阶段为我船回到原来航迹的阶段。根据这六个阶段的划分可以知道，若这六个阶段内检测出的 DCPA、TCPA 和 CRI 的值均满足避碰要求，即可认为避碰过程安全且避碰操作成功。三种会遇局面下这五个阶段的 DCPA、TCPA 和 CRI 大致检测曲线如图 5.14～图 5.16 所示。

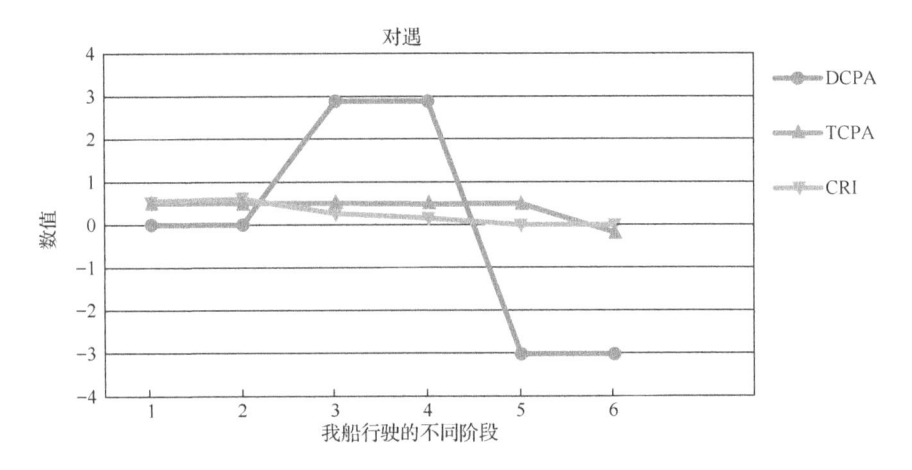

图 5.14　对遇局面安全性参考曲线

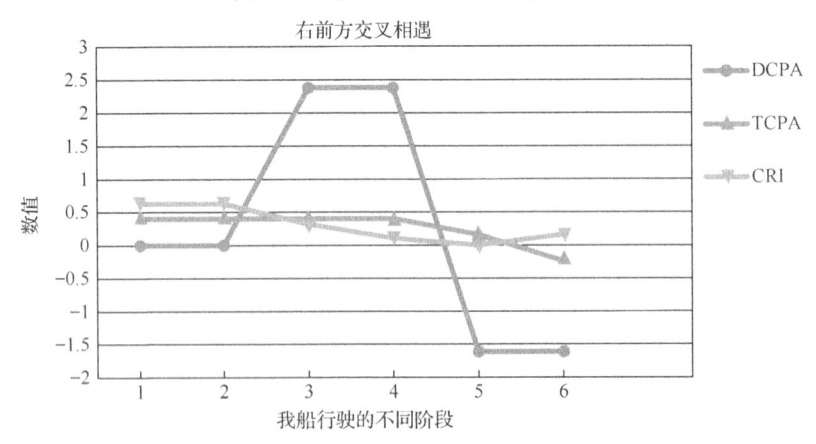

图 5.15　右前方交叉相遇局面安全性参考曲线

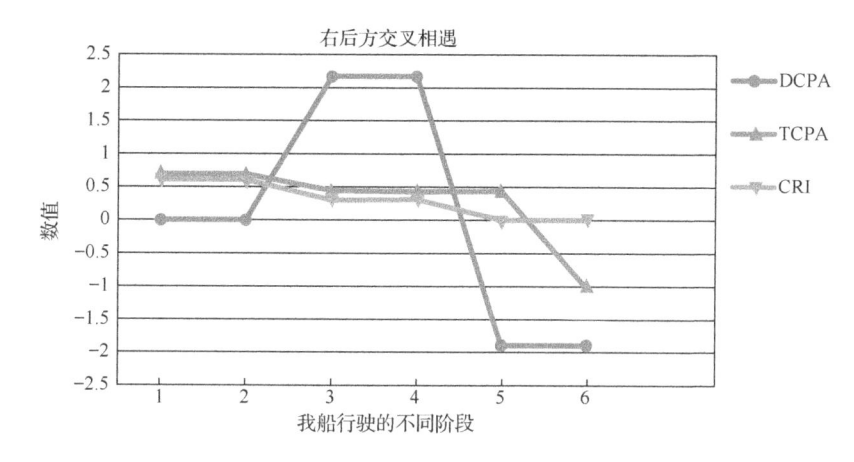

图 5.16 右后方交叉相遇局面安全性参考曲线

① 对遇局面。

从图 5.14 可以看出，在第一阶段，在两船位于初始坐标，此时的 CRI 并没有达到 0.6，DCPA=0n mile，TCPA=0.5h；第二阶段时，即 0.14h 时，检测到 CRI>0.6，需要执行避碰操作，DCPA、TCPA 不变；第三阶段时，我船已向右转向 33.5955°，此时 CRI 明显变小，且 DCPA>SDA=2n mile 表示两船间的距离可以保证其安全，TCPA 没有太大变化；第四阶段时，我船准备复航，此时 CRI 约为 0，DCPA 不变，TCPA 减小；第五阶段时，我船左转 36.7073°，CRI 为 0，DCPA 变为负值表示目标船运动轨迹经过我船船尾，TCPA 也有所减小；第六阶段时，CRI 稳定为 0，DCPA 不变，TCPA 为负值，表示两船已无碰撞危险。综上所述，整个避碰过程安全可靠，避碰操作成功。

② 右前方交叉相遇局面。

从图 5.15 中可以看出，在第一阶段两船位于初始坐标时 CRI 就已经达到了有碰撞危险的程度，即 CRI>0.6，此时的 DCPA=0n mile，TCPA=0.4h，与第二阶段相同，即在两船初始位置时就需要执行避碰的操作；第三阶段时，我船已右转 40.1591°，此时的 CRI 明显变小，DCPA 明显变大，且 DCPA>SDA=2n mile 表示我船转向后，我船与目标船之间的距离可以保证两船安全，TCPA 变小；第四阶段时，CRI=0.1028，可以认为没有碰撞危险，故可以复航，此时 DCPA 不变，TCPA 减小；第五阶段时，我船左转 29.1652°，此时 CRI 为 0，DCPA 变为负值，TCPA 减小；第六阶段时，CRI 稳定为 0，DCPA 不变，TCPA 变为负值，表示此时两船无碰撞危险。综上所述，在右前方交叉相遇局面下的避碰过程安全可靠，避碰操作成功。

③ 右后方交叉相遇局面。

从图 5.16 中得到，在第一阶段，两船位于初始坐标时 CRI 就已达到有碰撞危险的程度，此时 CRI=0.6019， DCPA=0n mile， TCPA=0.6928h；与右前方交叉相遇局面的情况类似，第二阶段与第一阶段相同，即我船在初始位置时就需要执行避碰操作；第三阶段时，我船向右转过避碰角 36.5288°，此时的 CRI 明显变小，DCPA 明显变大，且 DCPA>SDA=2n mile 表明我船与目标船之间的距离可以保证两船安全，TCPA 变小；第四阶段时，已降至碰撞危险度较低的范围，此时 CRI=0.3106，我船准备复航，DCPA 不变，TCPA 减小；第五阶段时，我船向左转 34.0519°，此时 CRI 为 0，DCPA 为负值，TCPA 减小；第六阶段时，CRI 稳定为 0，DCPA 仍为负，TCPA 变为负值，表示无碰撞危险。综上所述，在右后方交叉相遇局面下的避碰过程安全可靠，避碰操作成功。

5.2 细菌觅食算法在船舶智能避碰中的应用

生物学研究表明，大肠杆菌在寻找食物的过程中，总是向着食物源的方向前进并及时避开有毒物质。它的觅食行为主要包括以下步骤[2]。

（1）趋化操作。细菌向食物源丰富区域聚集的行为称为一种趋化性的行为。细菌在觅食过程中主要有两种运动：游动和翻转。游动的步数取决于周围的环境，如果在游动的方向上有丰富的食物源，细菌就会游动更多步。游动和翻转不断交替发生直到细菌的生命终结。

（2）复制操作。细菌的繁殖过程遵循自然界"优胜劣汰，适者生存"的规律。在经过一段搜索食物的时间后，自适应值不理想的一半细菌将被淘汰。同时另一半细菌将会进行自我繁殖，保存细菌种群的规模。

（3）迁徙操作。细菌个体生活的局部区域可能突然发生变化，这样可能导致生活在这个局部区域的细菌种群集体死亡，或者根据所给的迁移概率集体迁徙到一个新局部区域。

5.2.1 优化细菌觅食算法实现原理

细菌觅食算法模拟大肠杆菌的觅食行为过程，其优化过程主要涉及三大操作，即趋化操作、复制操作、迁徙操作，如图 5.17 所示，该算法的具体实现流程如下。

（1）首先进行参数初始化，设定迁移次数 N_{ed}、繁殖次数 N_{re}、趋化次数 N_c、基本迁移概率 p_{ed}、细菌规模数 S、游动次数 N_s。然后初始化细菌位置并计算细菌初始化适应度 J 的值。设置迁移循环 $l=1:N_{ed}$，繁殖循环 $K=1:N_{re}$，趋化循环 $j=1:N_c$，使用 $p(i,j,k,l)$ 表示第 i 个细菌的空间位置向量，记录当前细菌适应度值。

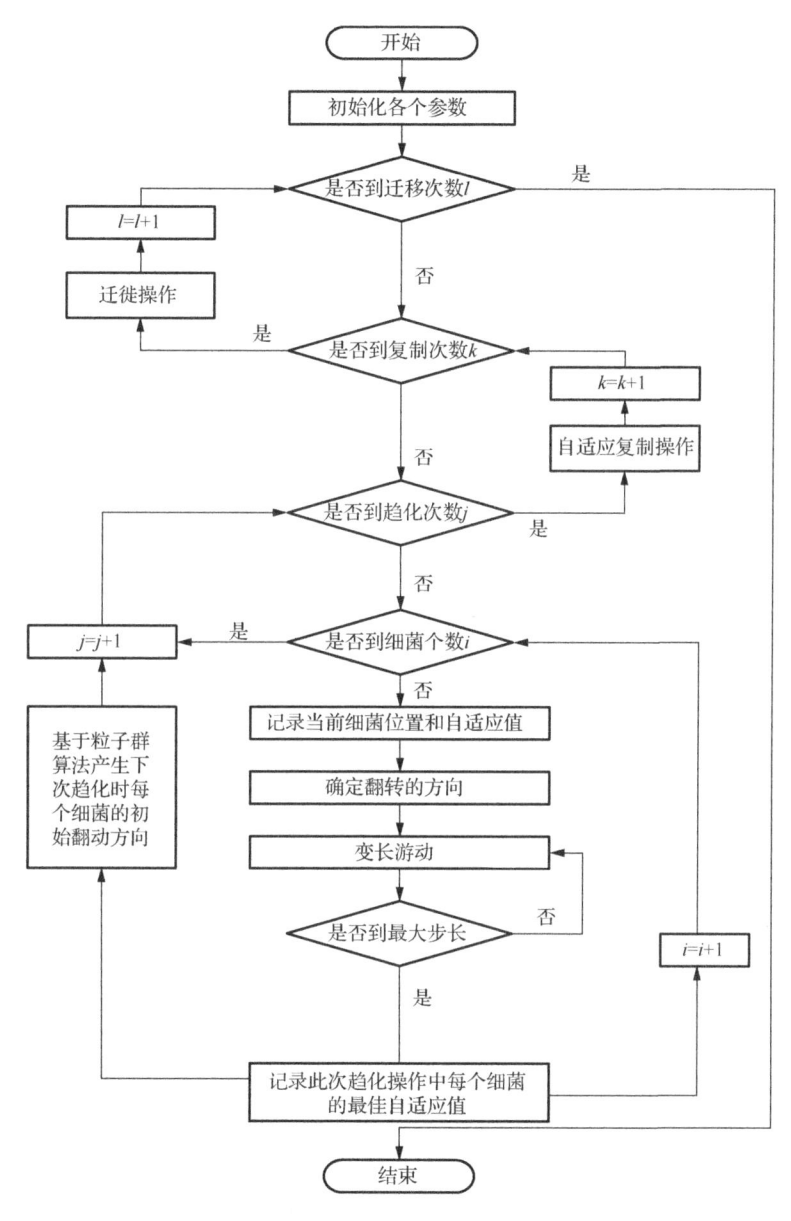

图 5.17 优化细菌觅食算法的实现流程

（2）开始执行趋化循环，趋化循环主要包括两步，即翻转和游动，细菌个体通过翻转确定游动方向，通过游动改变自身位置。

① 依靠翻转更新细菌位置

$$p(i,j+1,k,l) = p(i,j,k,l) + c(i)\phi(i), \quad \phi(i) = \frac{\Delta(i)}{\sqrt{\Delta^{\mathrm{T}}(i)\Delta(i)}} \quad （5.23）$$

式中，$p(i,j+1,k,l)$ 表示进行两次趋化时细菌的位置；$c(i)$ 表示游动步长；$\Delta(i)$ 为变向中生成的任意方向向量；$\phi(i)$ 表示一个任意方向的单位向量。

② 如果翻转后适应度改善，则按反转方向游动直至适应度不再改变或达到最大步长，当然，这里我们需要引入细菌的相互感应机制，在细菌趋向营养更为富集的区域时，细菌群落的个体会根据环境中引诱剂的浓度来判断自己是否在向更为适应的生存环境移动，也可以判断自己与种群是否渐行渐远。另外，细菌还会释放排斥剂，以保证单位区域内的种群密度不会过高。细菌间的相互感应机制用 J_{cc} 表示：

$$\begin{aligned} J_{cc}[\theta, p(j,k,l)] &= \sum_{i=1}^{S} J_{cc}^{i}[\theta, \theta^{i}(j,k,l)] \\ &= \sum_{i=1}^{S}\left\{-d_{attract}\exp\left[-\omega_{attract}\sum_{m=1}^{D}(\theta_m - \theta_m^i)^2\right]\right\} \\ &= \sum_{i=1}^{S}\left\{h_{repellant}\exp\left[-\omega_{repellant}\sum_{m=1}^{D}(\theta_m - \theta_m^i)^2\right]\right\} \end{aligned} \quad (5.24)$$

式中，$d_{attract}$ 为引诱剂作用深度；$\omega_{attract}$ 为引诱剂作用宽度；$h_{repellant}$ 为排斥剂作用高度；$\omega_{repellant}$ 为排斥剂作用宽度。引入细菌相互感应机制后，细菌的适应度必须叠加细菌的感知适应度 J_{cc} 值。

（3）进行繁殖循环，对完成趋化循环的，且在生命周期的细菌适应度进行累加，淘汰获取能量低的半数细菌，并再生能量高的半数细菌。

（4）迁移循环，繁殖循环完成后生成一个迁移概率，如没有达到迁移概率就需要继续循环。

（5）循环结束，输出结果。

细菌觅食算法具有并行搜索、易调出局部最优值的优点，但是每个细菌在趋化操作过程中游动的方向是随机的，这样会造成算法收敛速度慢、计算复杂度高的缺点，因此所有细菌一方面在完成 1 次趋化操作后选出单个细菌的最佳适应度值和此次趋化操作中所有细菌的最佳适应度值，基于粒子群算法优化得到下一次趋化操作开始时所有细菌新的最优翻动方向，提高其收敛速度；另一方面，细菌自适应复制操作过程，通过对细菌所有趋化路径的自适应度值拟合成直线形式，求解其均值和方差，从整体上分析该细菌是否被淘汰，而不是单纯的按照最后一次趋化后的自适应度来判断，提高了细菌的搜索精度。

为了能够对比两种算法在优化船舶避碰路径中的性能，基于避碰路径最短的目标函数，将上述两种算法用于两船和多船避碰过程中，如图 5.18 和图 5.19 所示，横轴表示迭代次数，纵轴是基于避碰航行最短距离的目标函数。在迭代次数相同的情况下，粒子群优化的细菌觅食算法的收敛速度明显优于细菌觅食算法，尤其是在多船避碰实现过程中，验证了优化细菌觅食算法的优越性，提高了船舶避碰方案的生成效率。

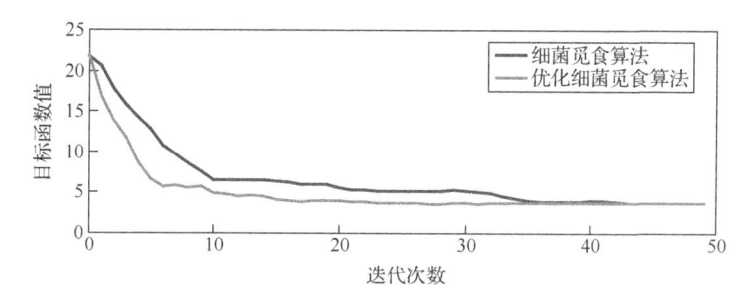

图 5.18 两船避碰中算法收敛性对比曲线

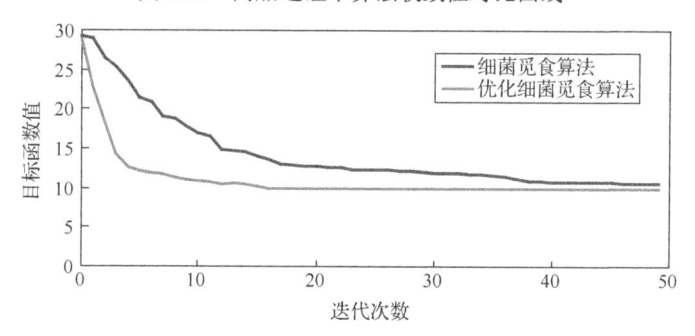

图 5.19 多船避碰中算法收敛性对比曲线

5.2.2 基于细菌觅食算法的船舶智能避碰建模

根据研究内容的需要，模拟海上船舶实际避碰决策形成过程，如图 5.20 所示。基于船舶自动辨识系统确定我船与目标船的地理位置信息和运动信息，如船舶的经纬度信息、航向、航速，基于海图文献、电子海图以及气象云图等系统确定航行海域的海域状况，从而利用避碰几何方法结合第一步中得到的我船与目标船的信息计算矢量三角形，求取目标船 DCPA 和 TCPA，并根据确定的 DCPA、TCPA、安全会遇距离以及得到的航行海域状况，计算船舶碰撞危险度。利用船舶碰撞危险度判断我船与目标船之间是否需要采取避碰行动。其间，我船与目标船的位置及运动信息须实时更新，确保两船行驶安全。若两船碰撞危险度达 0.6，则表明我船与目标船存在碰撞危险，须采取避碰措施。当然，这里所说的存在碰撞危险即前文提到过的有碰撞危险阶段，此时，只需两船避碰即可，可以保证做到提前判断、防患于未然。利用细菌觅食算法结合《国际海上避碰规则》实现对船舶避碰路径的优化，执行船舶避碰方案。

在利用细菌觅食算法对船舶避碰路径规划研究时需要进行优化的参数有以下四个：船舶避碰角度 C_0'，船舶开始避碰到开始复航经过的时间 t_a，船舶复航角度 C_b，船舶开始复航到回到原定航向的时间 t_s，如图 5.21 所示。

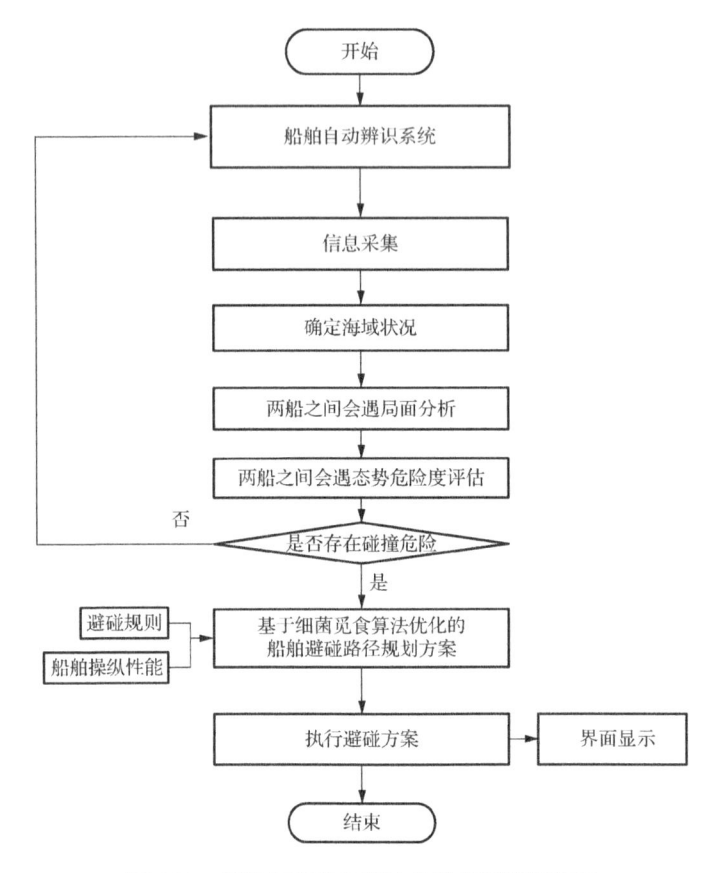

图 5.20 基于细菌觅食算法的船舶避碰流程图

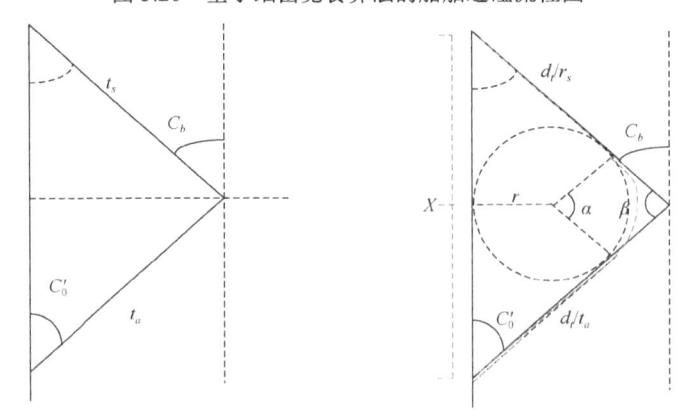

图 5.21 智能算法的编码参数示意图形

（1）设船舶避碰角度为 C'_0，其值需要满足的条件是当船舶转过此角度时，在避碰阶段不会产生碰撞危险。经过理论及试验的证明可以发现，我船向右转 C'_0 后，两船的 DCPA 会随避碰角度的增加而增大。为了保证两船在避碰阶段不会发生碰撞危险，需要保证转向后的最近会遇距离大于船舶安全会遇距离，避碰角度30°开始，每次增加1°，直到满足 DCPA>SDA，从而求得最小避碰角度。然而，由于实际情况中船舶的转向会出现一定程度上的延迟，因而可以适当地增加两船间距离 D。

（2）设从开始避碰到开始复航经过的时间为 t_a，且 $t_a \geqslant$ TCPA，保证船舶复航时已经度过了最危险的阶段。

（3）设船舶复航角度为 C_b。我船复航时左转 C_b 后，两船的最近会遇距离会随着复航角度的增加而减小。为了保证两船在复航阶段不会发生碰撞危险，转向后的最近会遇距离应大于船舶安全会遇距离，即 DCPA>SDA。采用依次递减的方法求得最小复航角度，即从 −60°开始，每次角度都减小1°，直到满足 DCPA>SDA。

（4）设船舶开始复航到回到原定航向的时间为 t_s，船舶运动模型涉及船舶的转向操作，我船的速度 V_0 不变，基于三角几何定理，通过船舶避碰后到复航开始前的时间 t_a、船舶避碰角度 C_0' 与船舶复航角度 C_b 这三个参数确定 t_s。设定以上四个参数，然后对应细菌觅食算法中的细菌个体，即搜索空间中的可行解。

5.2.3 船舶智能避碰方案的建立

我船在完成避碰路径规划的过程中应做到"安全"避碰，同时也要考虑"经济"避碰，因此要求优化避碰路径算法，能够在保证安全的情况下，以最短的路径完成避碰的过程作为目标函数。

$$J = \min(d_s + d_r) \tag{5.25}$$

式中，d_s 为避碰后的我船航行距离；d_r 为复航阶段的我船航行距离。且假设我船的航速为 V_0，避碰角度为 C_0'，复航角度 C_b，避碰后航行的时间为 t_a。那么上述目标函数中 d_s、d_r 满足如下的表达过程：

$$d_s = t_a \cdot v_0 \tag{5.26}$$

$$d_r = t_a \cdot v_0 \cdot \sin C_0' / |\sin C_b| \tag{5.27}$$

我船避碰过程中，避碰参数满足如下的约束条件：

$$30° \leqslant C_0' \leqslant 90°$$
$$-60° \leqslant C_b \leqslant -30°$$
$$t_{\text{TCPA1}} \leqslant t_a \leqslant 40\,\text{min}$$
$$d_{\text{DCPA1}} \geqslant d_G, d_{\text{DCPA2}} \geqslant d_G$$

式中，d_{DCPA1} 和 d_{DCPA2} 分别是避碰后和恢复航向时新的最近会遇距离；d_G 大小根据空间危险度零边界来设定。根据具体的仿真环境要求还可以设置得低一些；避碰后航行的时间为 t_a 至少应该等于采取避碰行动后新的最近会遇时间，计算 t_a 过程：如果 $d_{\text{DCPA1}} < d_G$，那么 $t_a = 40\,\text{min}$，导致目标函数最大，优化过程中被淘汰掉；

在 $d_{\text{DCPA1}} \geqslant d_G$ 的条件下，若满足 $t_{\text{TCPA1}} > 0$，那么 $t_{\text{TCPA1}} = t_a$ 为起始，且在没能满足 $d_{\text{DCPA2}} \geqslant d_G$ 的前提下，t_a 以某一时间搜索步进值增加；在 $d_{\text{DCPA1}} \geqslant d_G$ 的条件下，若满足 $t_{\text{TCPA1}} < 0$，那么初始数值 $t_a = 0.05 \times 60$，且在没能满足 $d_{\text{DCPA2}} \geqslant d_G$ 的前提下，t_a 以某一时间搜索步进值增加（采用的搜索步进值为 0.02×60）。

为了能够使避碰路径更加圆滑，改进了避碰过程中目标函数的设计，在原有避碰路径过程中引入了内切圆这一方法，设船舶在整个避碰过程内航行的总路程与原有航迹的差作为目标函数。其中，整个避碰过程可以分为三个阶段：第一阶段为从开始避碰到开始走内切圆，第二阶段为走内切圆的过程，第三阶段为从走完内切圆到复航结束的过程。为了得出目标函数，根据图 5.21，求出内切圆半径 r。

$$\begin{cases} \dfrac{1}{2} \times d_r \times d_s \times \sin\beta = \dfrac{1}{2} \times d_r \times r + \dfrac{1}{2} \times d_s \times r + \dfrac{1}{2} \times X \times r \\ d_s = t_a \times V_0 \\ d_r = t_a \times V_0 \times \dfrac{\sin C_0'}{\sin C_b} \\ \alpha + \beta = 180° \\ \beta = 180° - C_0' - C_b \end{cases} \quad (5.28)$$

式中，d_s 为从开始避碰到开始复航的距离；d_r 为从开始复航到整个避碰过程结束的距离；r 为内切圆半径；X 为我船原有的航迹，如图 5.21 所示，

$$\begin{cases} r = \dfrac{t_a \times v_0 \times \sin C_0' \times (\sin C_0' \times \cos C_b' + \cos C_0' \times \sin C_b')}{\sin C_0' + \sin C_b + \sin C_0' \times \cos C_b + \cos C_0' \times \sin C_b} \\ X = \dfrac{\sin(180° - C_0' - C_b) \times t_a \times v_0}{\sin C_b} \\ \alpha = C_0' + C_b \end{cases} \quad (5.29)$$

目标函数为避碰的三个阶段减去原航迹的长度。经过计算，第一阶段为 $r / \tan(C_0' / 2)$，第二阶段为 $\alpha / 360° \times 2\pi r$，第三阶段为 $r / \tan(C_b' / 2)$。通过上述的表述，可以建立如下的目标函数：

$$J = \min\left\{ \dfrac{r}{\tan\dfrac{C_0'}{2}} + \dfrac{\alpha}{360°} \times 2 \times \pi \times r + \dfrac{r}{\tan\dfrac{C_b'}{2}} - X \right\} \quad (5.30)$$

且满足如下的约束条件：$\begin{cases} 30° \leqslant C_0' \leqslant 80 \\ -30 \leqslant C_b \leqslant -60 \\ t_a \geqslant \text{TCPA}_{\text{转向后}} \\ \text{DCPA}_{\text{转向后}} > \text{SDA} \end{cases}$

初始化细菌觅食算法参数如下：搜索空间的维数 $P=2$，细菌规模数 $S=26$，趋化次数 $N_c=50$，游动的最大步长 3～8，游动次数 $N_s=4$，繁殖次数 $N_{re}=4$，迁移次数 $N_{ed}=2$，迁移概率的取值范围 0.05～0.3，C_1、C_2、R_1、R_2 为粒子群算法的随机参数。细菌在二维空间中搜索最小的避碰角度和复航角度。

基于细菌觅食算法实现的船舶智能避碰实现的过程如下。首先完成参数、数组、位置的初始化以及初始步长的设置，文献[2]初始步长为 0.05；其次开始循环的过程：

$$\text{for}（\text{int } l=0；l<N_{re}；l++）$$
$$\text{for}（\text{int } k=0；k<N_{re}；k++）$$
$$\text{for}（\text{int } j=0；j<N_c；j++）$$
$$\text{for}（\text{int } i=0；i<S；i++）$$

在二维空间中的位置，计算初始的适应值目标函数 $J[l][k][j][i]=\text{livefun}$（根据初始参数船舶避碰最短路径目标函数值计算），Jlast $=J$（保存该数值）；各个细菌在二维空间中翻转，$\text{Delta}=2\cdot((\text{double})\text{rand}())/\text{RAND\_MAX}-1.0$，产生随机的方向 $\text{cov}+=\text{pow}(\text{Delta},2.0)$；在规定最大步长范围内，按照新的方向游动产生新的位置 $P=P+C\cdot\text{Delta}/\text{sqrt}(\text{cov})$（避碰和复航角度）和此时的目标函数 $J[l][k][j][i]=\text{livefun}()$；寻找此次趋化循环后目标函数最优粒子解包括全局最优解 P_{gbest} 和单个最优解 P_{lbest}，以及对应的粒子位置 Jbest $=J$，根据粒子群算法更新粒子状态，选择下次趋化新方向 $V=w\cdot V+C_1\cdot R_1\cdot(P_{lbest}-P)+C_2\cdot R_2\cdot(P_{gbest}-P)$ 和位置，以及确定的位置 $P=P+V$；对 S 个适应值按大小排序 Quicksort(Jhealth,S)，执行整体评估，进行自适应繁殖；最后按照迁移概率对所有复制细菌执行迁徙操作，获得二维空间中的随机的新位置 $P_x=60+30\cdot(2.0\cdot((\text{double})\text{rand}())/\text{RAND\_MAX}-1$，$P_y=-45+15\cdot(2.0\cdot((\text{double})\text{rand}())/\text{RAND\_MAX}-1$，执行下一次循环。直到所有的迭代次数完成，得到最优的避碰角度和复航角度所组成的目标函数。

5.2.4 船舶智能避碰方案仿真与分析

1. 仿真结果

假设会遇局面发生的海域能见度良好，船舶驾驶人员操纵水平良好，将我船和目标船看作运动质点的前提下，基于上述的目标函数和避碰方案得到我船与目标船对遇工况下，我船为让路船实现的船舶智能避碰过程如图 5.22 所示，假设会遇局面发生的海域能见度良好，船舶驾驶人员操纵水平良好，船舶的动态信息来自船舶自动识别系统。我船位置坐标 $(x_0,y_0)=(0,0)$，航向 $c_0=0°$，航

速 $v_0 = 2 \text{ n mile/h}$；目标船位置坐标 $(x_1, y_1) = (0, 8)$，航向为 $c_t = 180°$，航速为 $v_t = 2 \text{ n mile /h}$。

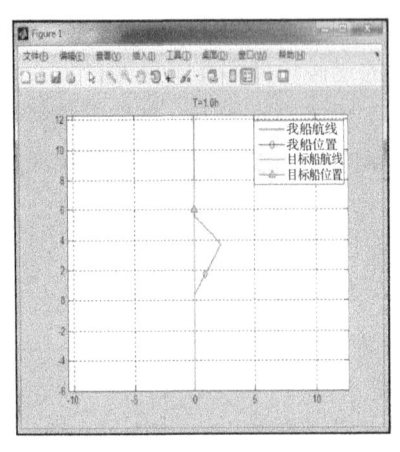

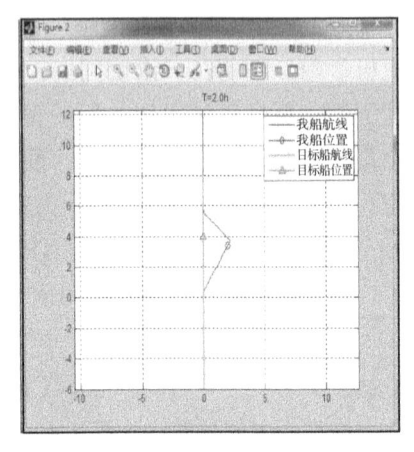

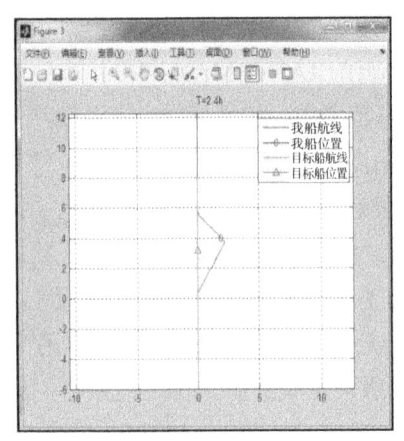

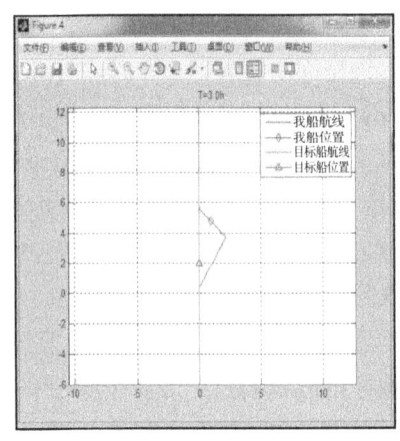

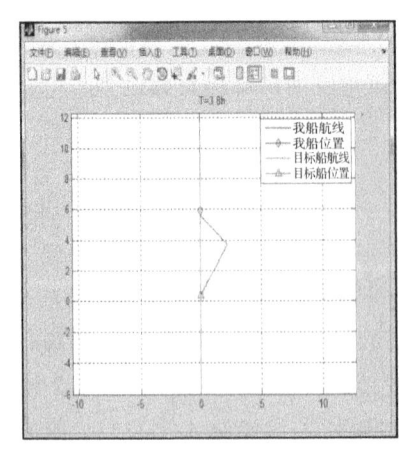

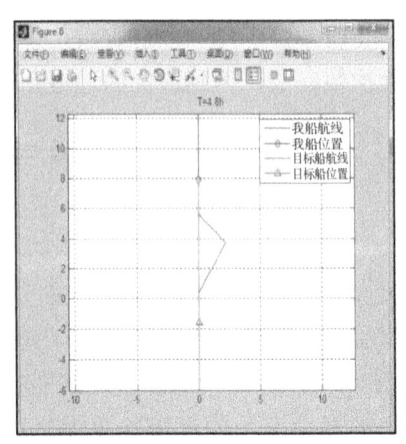

图 5.22 基于目标函数 1 两船对遇局面避碰

此时目标船与我船呈对遇会遇局面，且我船为让路船，基于式（5.25）的目标函数 1 可得我船智能避碰过程如图 5.22 所示，当两船行驶 0.2h 后，船舶碰撞危险度 CRI=0.626，须采取避碰措施，避碰角度为 38°，复航角度为-60.2185°。

该工况下基于式（5.30）的目标函数 2 可得我船智能避碰过程如图 5.23 所示，当两船行驶一段时间后，船舶碰撞危险度的值 CRI=0.6024，须采取避碰措施，避碰角度为 33.1982°，复航角度为-59.7688°，避碰时间为 1.9000h，避碰和复航的总时间为 3.1041h。

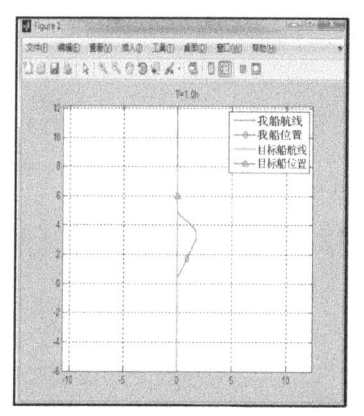

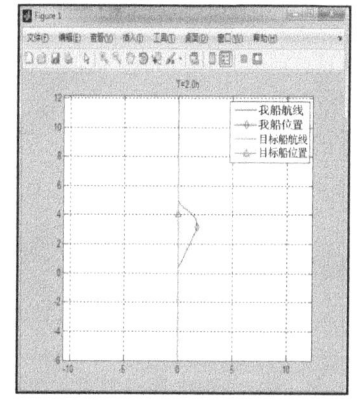

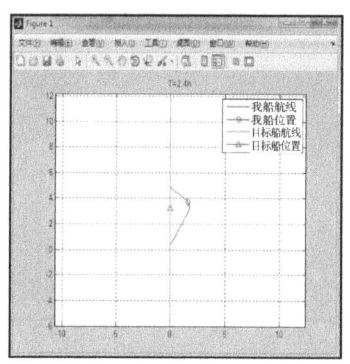

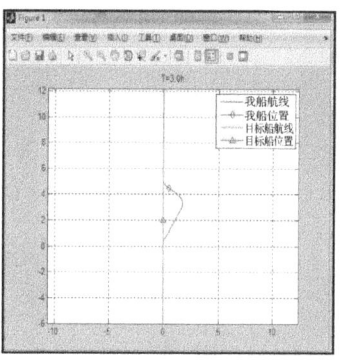

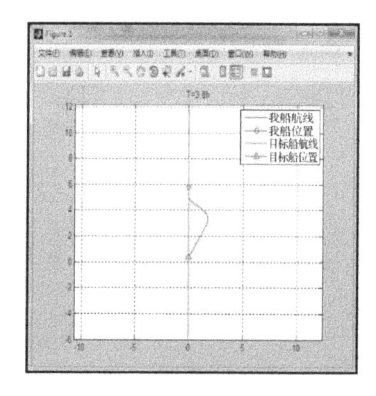

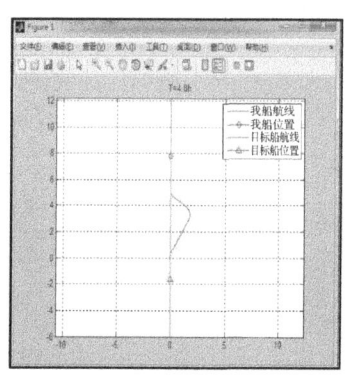

图 5.23 基于目标函数 2 的两船对遇避碰

基于上述的目标函数和避碰方案得到，我船与右前方目标船呈交叉会遇工况下避碰过程，如图 5.24 所示。我船位置坐标 $(x_0, y_0) = (0,0)$，航向 $c_0 = 0°$，航速 $v_0 = 2\text{n mile/h}$；目标船位置坐标 $(x_1, y_1) = (3\sqrt{3}, 9)$，航向为 $c_t = 240°$，航速为 $v_t = 2\text{n mile/h}$。以我船为让路船前提下，当两船行驶 1.24h 后，船舶碰撞危险度的值 CRI = 0.6143，须采取避碰措施，避碰角度为 40.9581°，复航角度为-52.0093°。

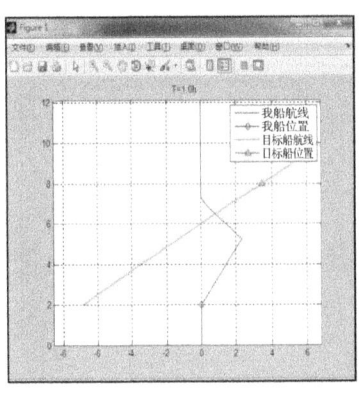

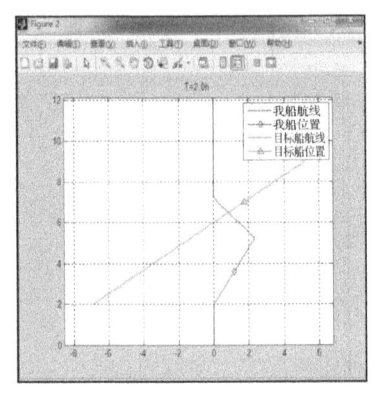

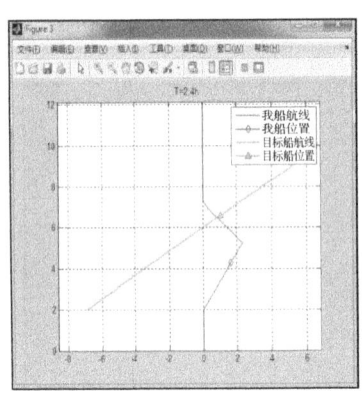

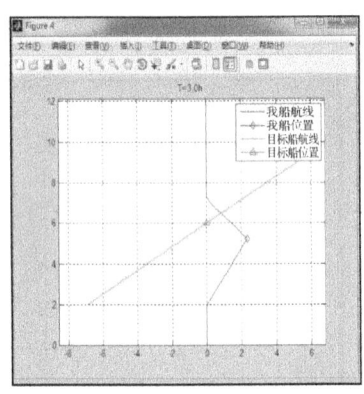

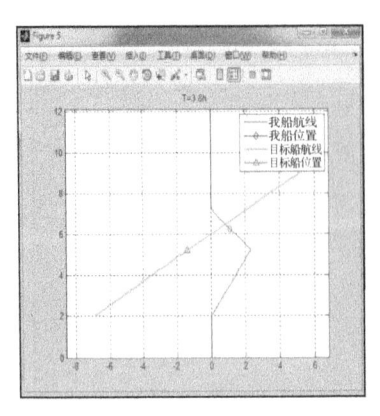

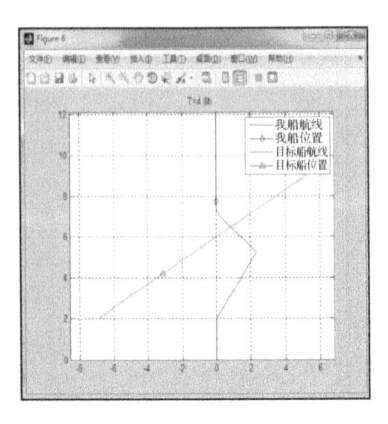

图 5.24 基于目标函数 1 的两船右前方交叉会遇局面避碰

第 5 章 船舶智能避碰建模与仿真

该交叉工况下基于式（5.30）的目标函数可得我船智能避碰过程如图 5.25 所示，当两船行驶一段时间后，船舶碰撞危险度的值 CRI=0.6143，须采取避碰措施，避碰角度为 34.0012°，复航角度为-56.6391°，避碰时间为 1.7900h，避碰和复航的总时间 3.0050h。

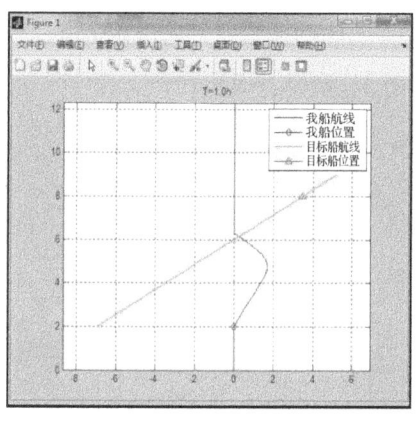

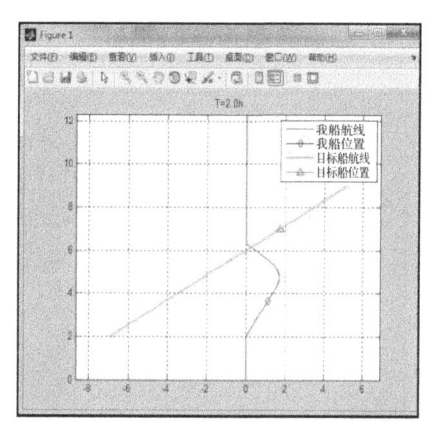

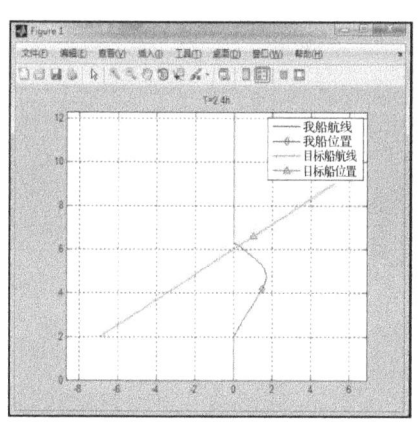

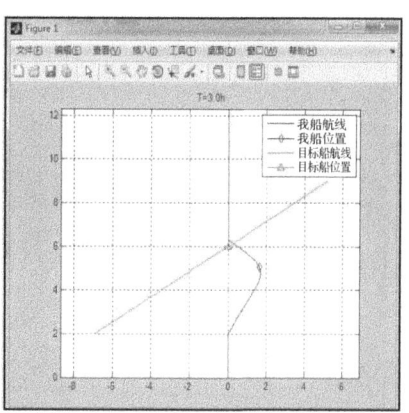

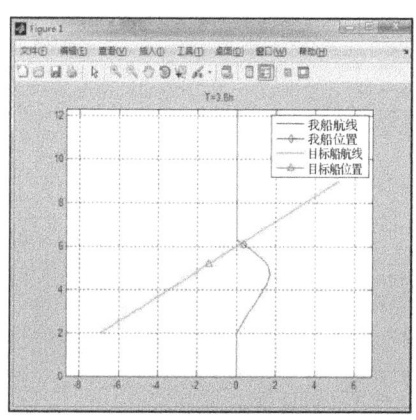

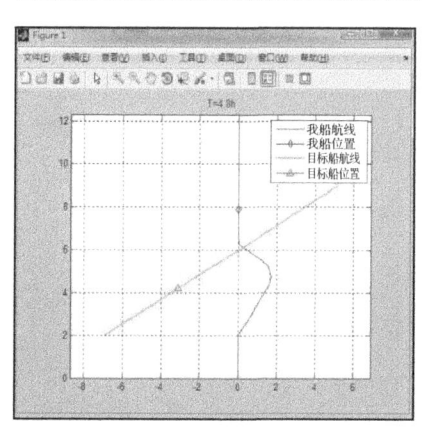

图 5.25 基于目标函数 2 的两船右前方交叉会遇局面避碰

我船与右后方目标船交叉会遇。如图 5.26 所示,我船位置坐标 $(x_0, y_0) = (0,0)$,航向 $c_0 = 0°$,航速 $v_0 = 2$ n mile/h; 目标船位置坐标 $(x_1, y_1) = (4, 2.5)$,航向 $c_t = 300°$,航速 $v_t = 2$ n mile/h n mile/h。此时目标船与我船呈交叉会遇局面且我船为让路船,两船的初始船舶碰撞危险度为 CRI=0.6803,须采取避碰措施,避碰角度为 30.7987°,复航角度为-51.1639°。避碰时间为 1h,复航时间为 0.6573h。

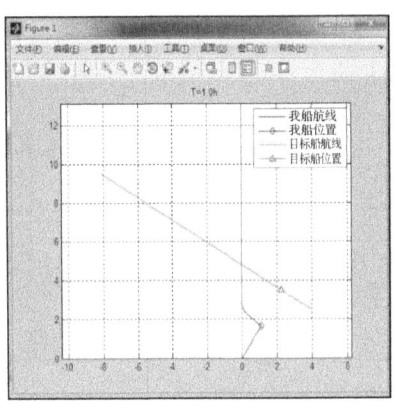

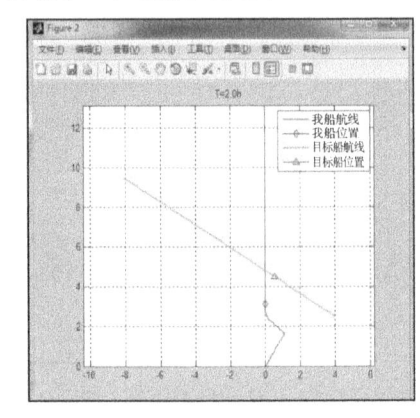

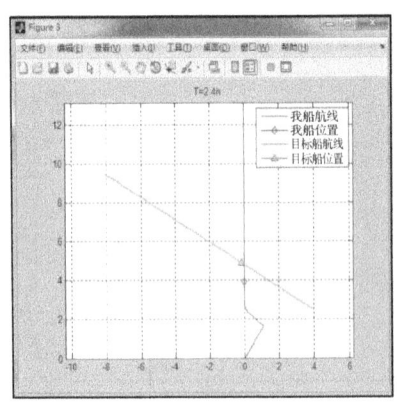

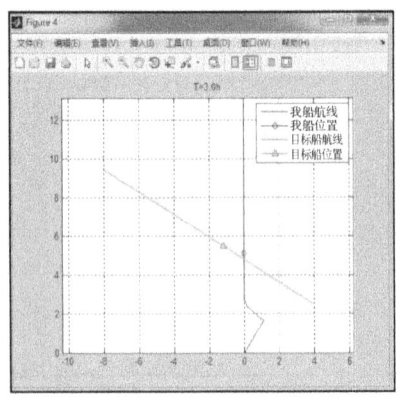

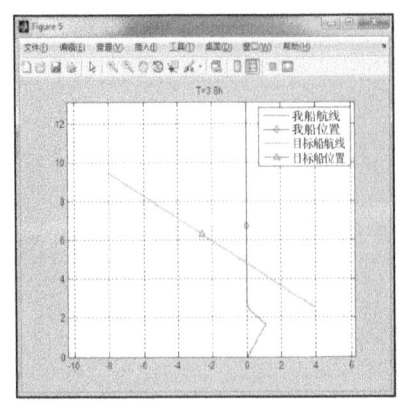

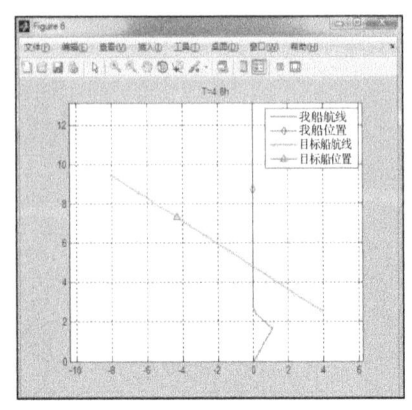

图 5.26 基于目标函数 1 的两船右后方交叉会遇局面避碰

第 5 章 船舶智能避碰建模与仿真

该交叉工况下基于式（5.30）的目标函数可得我船智能避碰过程如图 5.27 所示，当两船行驶一段时间后，船舶碰撞危险度的值 CRI=0.6804，需采取避碰措施，避碰角度为 77.76°，复航角度为-58.92°，避碰时间为 1.0526h，避碰和复航的总时间为 2.2470h。

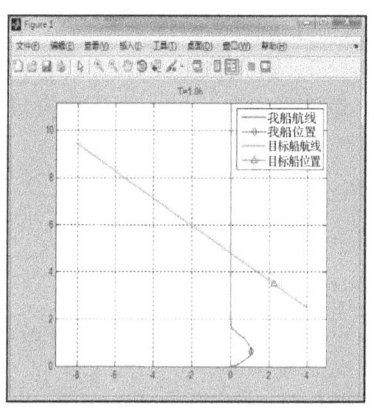

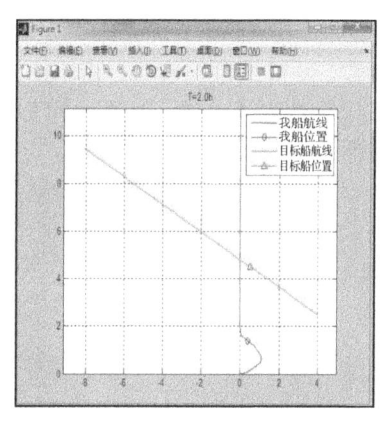

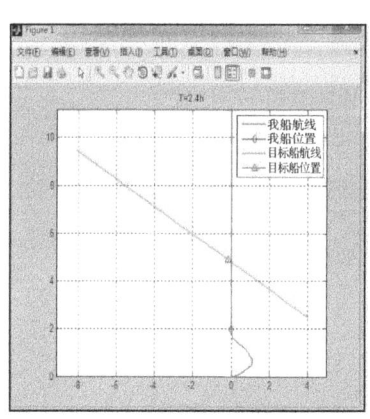

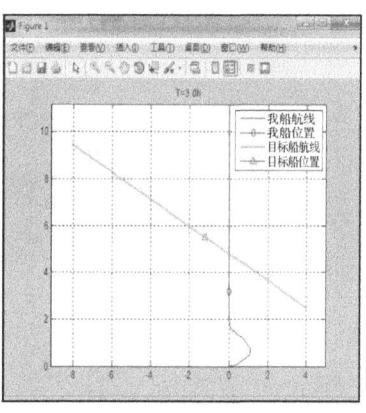

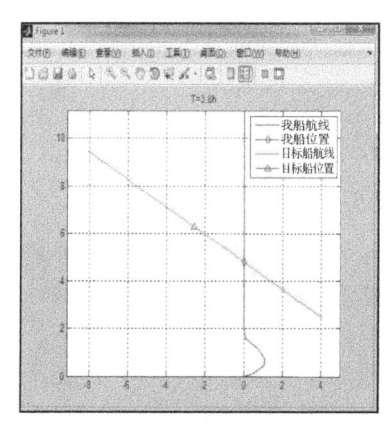

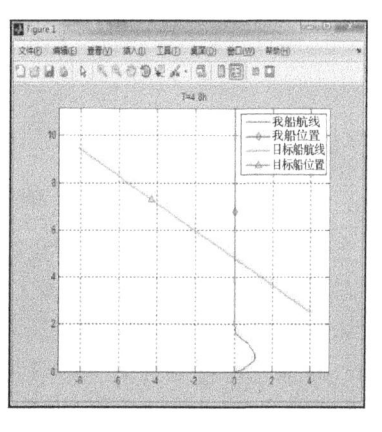

图 5.27　基于目标函数 2 的两船右后方交叉会遇局面避碰

2. 仿真分析

基于上述三种我船与目标船会遇态势，从图 5.28 中可得细菌在搜索过程中进行了翻转和游动，改变了细菌个体位置的同时也改变了适应度，可以看出细菌觅食算法的适应度函数在迭代的过程中不断减小，且达到一定的迭代次数后，目标函数值趋于稳定，证明了优化细菌觅食算法在寻优的有效性，从而得到最优的船舶避碰参数。设置细菌觅食算法趋化次数 $j=50$，繁殖次数 $k=4$，迁移次数 $l=2$，其最大迭代次数为 400 次，从图上可以看出算法在 250～300 次基本收敛，证明了算法收敛性能良好。

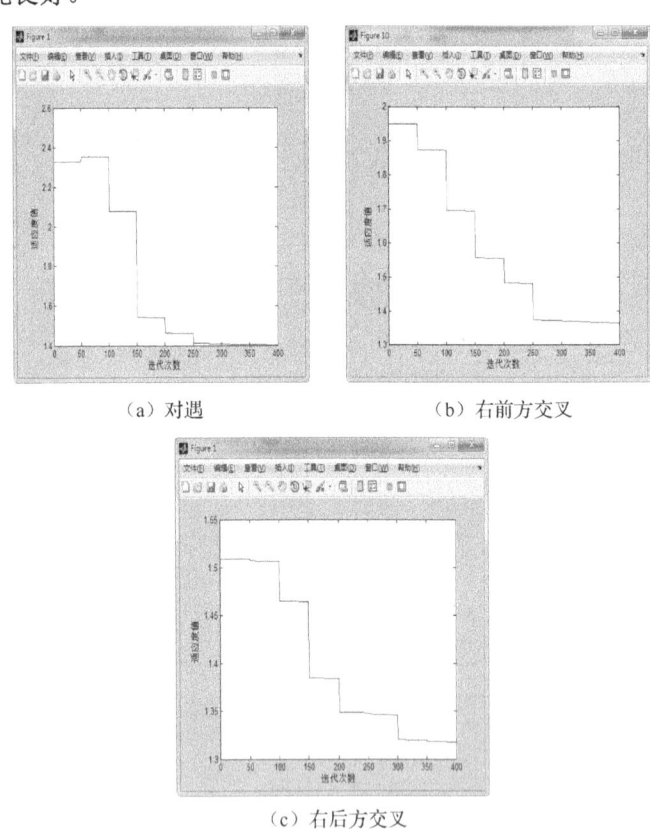

(a) 对遇 (b) 右前方交叉

(c) 右后方交叉

图 5.28 细菌觅食算法收敛性

基于上述三种会遇态势，分析我船与各个方向来的目标船避碰方案的有效性和可行性，得到了 DCPA、TCPA 及 CRI 随着我船的避碰阶段和避碰时间所产生的变化，如图 5.29 所示。在确定我船和目标船存在碰撞危险的前提下，我船采取避碰行动，碰撞危险度明显降低，使得我船能够完成避碰过程，两船不构成碰撞危险。且我船能够安全地恢复原有的航向，不与目标船构成危险，验证我船避碰方案的有效性，验证了智能算法在优化船舶避碰路径中的可行性。

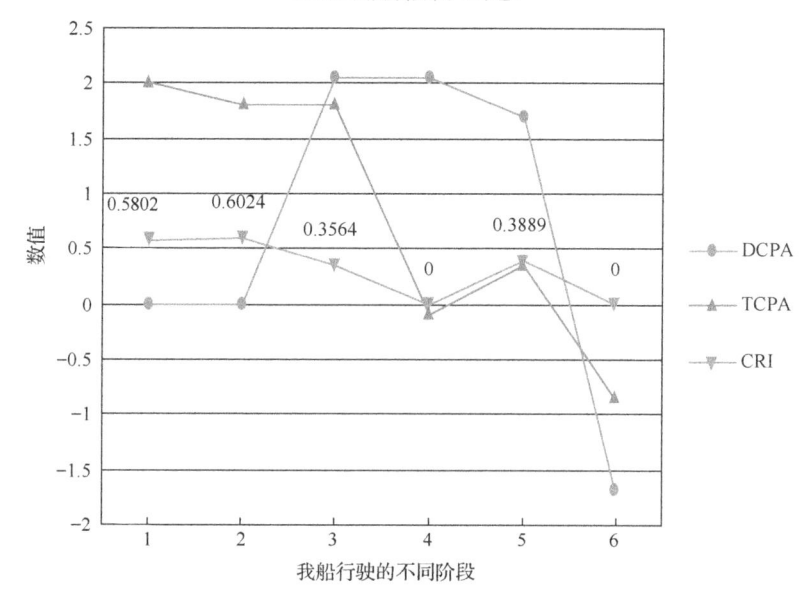

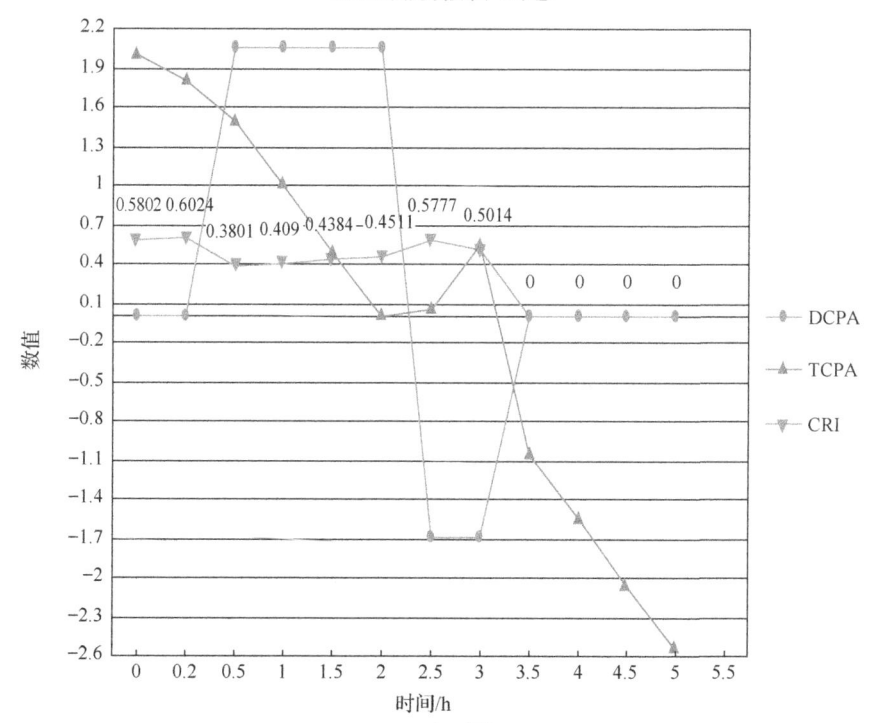

第5章 船舶智能避碰建模与仿真

优化细菌觅食算法（对遇）

优化细菌觅食算法（对遇）

（a）对遇

优化细菌觅食算法（右前方）

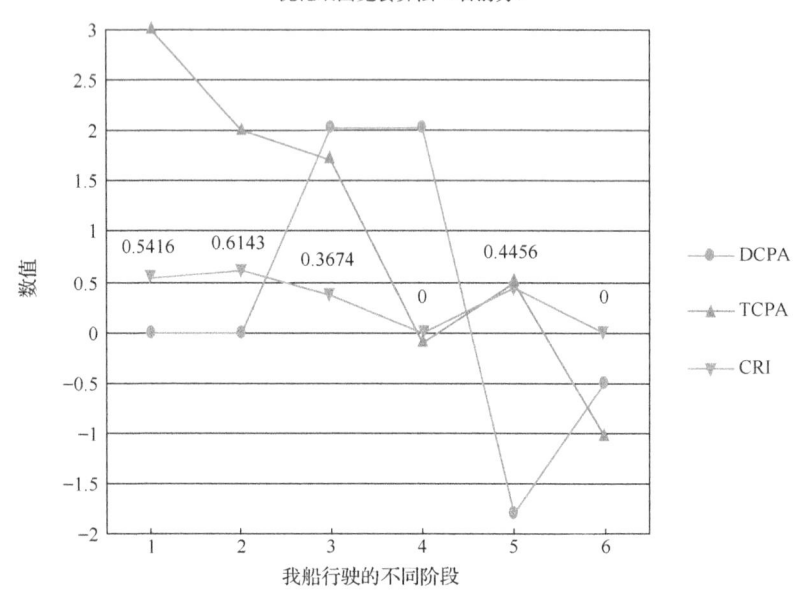

优化细菌觅食算法（右前方）

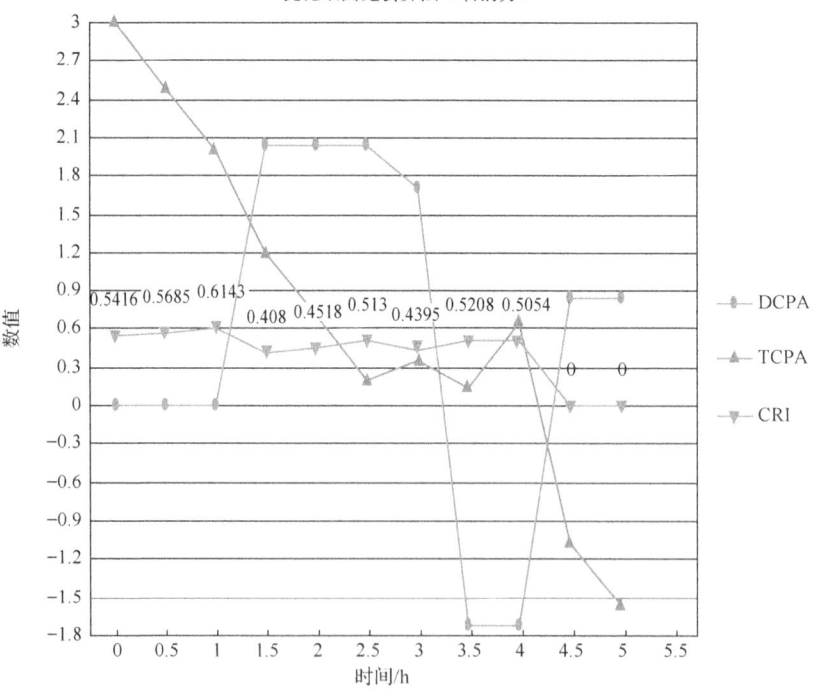

（b）右前方交叉

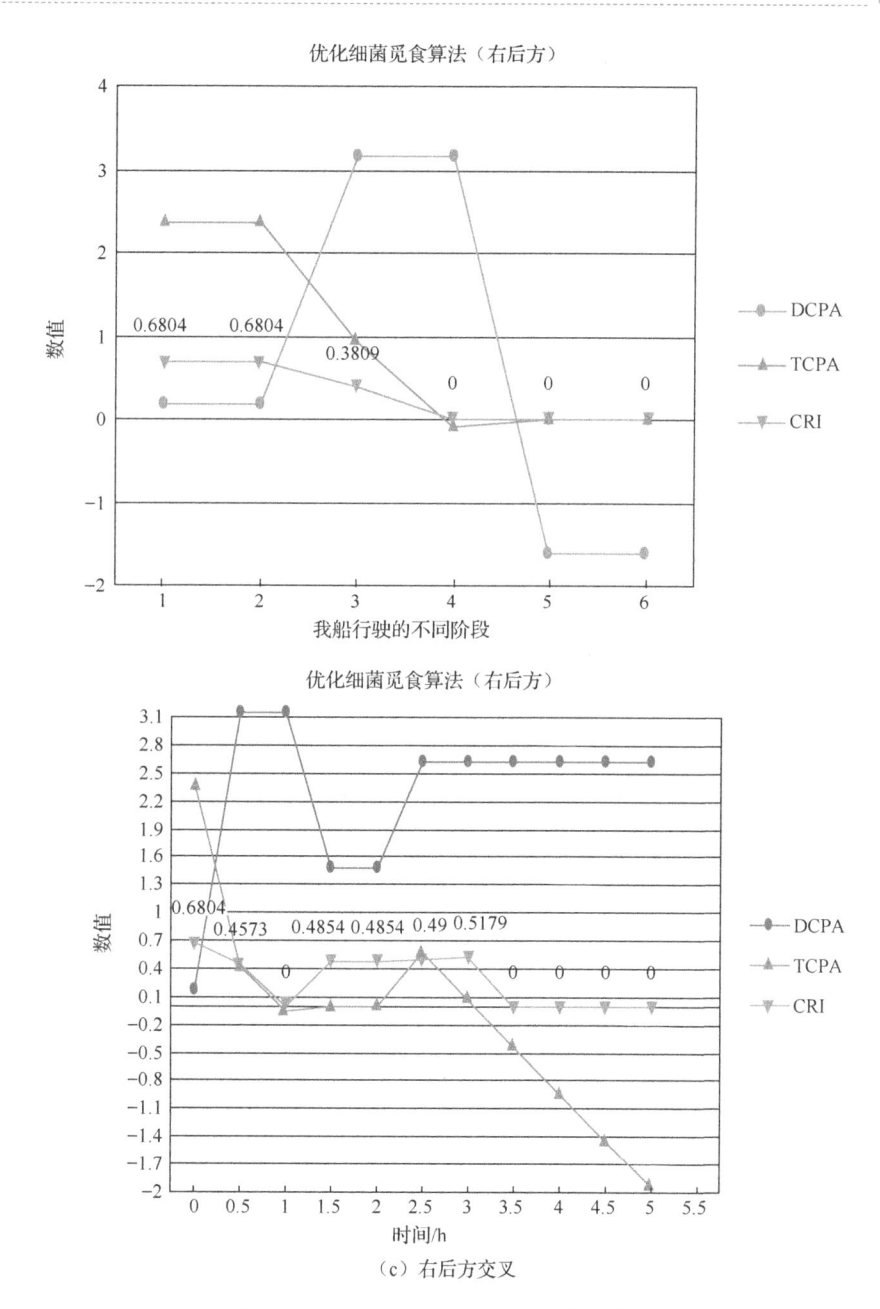

图 5.29　DCPA、TCPA、CRI 变化趋势图

5.2.5　细菌觅食算法在多船会遇避碰中的应用

在一定水域内，当三艘及以上船舶相互接近时，若我船同时与各目标船均形成两船会遇，或者我船仅与其中一艘目标船形成两船会遇，但因其他目标船的存

在，我船必须采取的避碰行动受到限制，则称我船处于多船会遇局面，多船会遇情况下的避碰决策问题，由于《国际海上避碰规则》没有给出具体的避碰指导意见，从而给多船避碰问题的决策和评价带来一定的困难，因此多船会遇的导航与控制仍是一个非常难解决的问题。

近些年来国内外的学者研究和总结了很多多船会遇避碰方法，薛彦卓等[3]基于避碰重点船算法的多船避碰模拟，以我船作为让路船，应用 DCPA 和 TCPA 加权法计算船舶会遇危险度，采用避碰重点船的方法分析多船会遇的影响因素，生成有效的行驶路线。为获得不同海况下多船（会遇的）避碰模拟，分别模拟四船不同起点、不同航速会遇，并比较四船会遇和三船会遇时船舶航行路线，结果表明该方法可以使船舶安全避碰，证明了不同数量的船舶会遇时均可以智能寻找路径。

但对全面的多船会遇态势的分析、精确的多船会遇危险度的建立，有效多船避碰方法的实现仍与实际的应用有一定的距离。因此应该研究多船会遇船舶避碰智能决策系统的新思路，对减轻船舶驾驶员的劳动强度和心理负担具有现实意义。因此，对于多船会遇时的避碰问题，需要首先分析我船与各目标船之间的会遇态势，并优先考虑我船负有避碰责任的目标船，再评估船舶的碰撞危险度；然后，根据碰撞危险度大小，确定优先避碰的船舶；最后，以我船为中心确定最佳的避碰方案，以实现多船避碰。

多船会遇态势的判断是实现多船会遇避碰行动的基础，由于每个目标船本身也执行监测避碰的行动，因此实现的前提是从我船的角度实现避碰过程，在我船与其他目标船存在碰撞危险度的情况下，为了能够限制人在船舶智能避碰行动中的主观因素，国际航海组织制定了《国际海上避碰规则》[4]。依照如下的顺序判断多船会遇的态势：①掌握《国际海上避碰规则》中两船会遇态势的判定，确定我船和各个目标船之间两两会遇态势情况；②确定我船和各个目标船之间是相同的会遇工况（工况包括：对遇、追越、交叉），那么根据船舶驾驶员的操作经验给出避碰方案，执行避碰行动；③若是多船会遇情况，那么根据目标船的方位，分类不同的会遇情况，根据危险度分析确定避碰执行的顺序；④若在完成一次避碰行动后，由于我船航向的改变要重新确定我船和其他目标船之间的会遇态势重复②③的多船会遇分析；⑤将局面看成两船会遇局面，并依此预测其他船的可能行动，最后形成多个两船会遇局面；⑥我船恢复到原有的航线，完成复航。由于多船会遇的复杂性和不确定性，多船避碰决策始终是一个难以有效解决的问题。目前，尽管多船避碰决策方法有很多，但并没有形成统一的观点。而基于目标船不确定行动分析的多船避碰方法在一定程度上可以解决目前决策方法的一些不足和缺陷，为船舶避碰及其智能决策的研究提供一定的理论支持和参考。

本节以两船避碰为基础，得到"循环避碰重点船"的多船会遇避碰方法。首先，以目标船与我船之间的最近会遇距离、最近会遇时间、航速比、方位距离等为参数,基于优化灰色关联决策分析算法得到每个目标船相对于我船的碰撞危险度顺序,从而确定我船的重点避碰船舶;其次,依据优化的细菌觅食算法得到满足目标函数和约束条件的此次避碰的最佳转向幅度;最后,反复判断我船和其他目标船之间的碰撞危险度直到我船顺利通过所有目标船,复航后顺利完成此次航行。从而得到基于优化细菌觅食算法的多船会遇避碰策略,在循环避碰重点船后得到一系列最优的避碰角度,实现了我船避碰最短路径的要求,能够安全、有效地完成所有航行。

5.2.6 基于循环避碰重点船的多船会遇避碰策略

在"避碰重点船"操纵方法的基础上,本节采用的是"循环避碰重点船"策略,解决多船会遇的避碰问题,具体的实现流程如图 5.30 所示。利用自动雷达标绘仪所获得的目标船信息,确定各个目标船舶的数量以及航向、航速状态信息,得到多船的会遇态势,在观测我船和多个目标船实时状态信息的前提下,根据上述优化灰色关联决策分析确定重点避碰的船舶,并基于粒子群优化的细菌觅食算法制定避碰方案,确定避碰的时机和幅度后执行此次的避碰方案,完成一次避碰目标船的过程,并判断由于此次的行动是否产生了新的会遇危险,如果由于此次避碰行动产生新的会遇危险,则应在规定时间内复航解除该次生成的危险;如果不能解除该生成的危险给其他目标船带来的危险,则要在该次避碰行动的基础上再执行一次避碰行动;若此次避碰行动没有给其他目标船带来危险,则我船可以按照避碰后复航的路线继续前进,并重新判断我船和其他目标船之间的会遇态势,重新进行循环,直到不存在危险的目标船,我船完成复航后,按照原有的路线继续前进。

多船避碰目标函数的建立:我船在完成多船避碰路径规划的过程中首要做到安全避碰,同时要考虑"经济"避碰,因此要求优化避碰路径算法,能够在保证安全的情况下,以最短的路径完成所有的避碰操作,其目标函数如下:

$$J_{总路径} = \min(J_1 + J_2 + \cdots + J_i + \cdots + J_n) \\ J_{总路径} = \min(J_1) + \min(J_2) + \cdots + \min(J_i) + \cdots + \min(J_n) \tag{5.31}$$

式(5.31)表示我船完成 n 个目标船避碰操作后,总的最小避碰路径和。且每一次我船避碰和复航最小值满足:

$$\min(J_i) = \min(d_s + d_r) \tag{5.32}$$

式中,d_s 为避碰后的我船航行距离;d_r 为复航阶段的我船航行距离,目标参数的设置如前面所述。

多船避碰实现的依据:当我船与两艘或两艘以上的目标船舶相遇,并构成碰撞危险,并按规则我船负有让路责任时,正确地确定重点避碰船是避碰时机决策与避碰行动决策的基础。

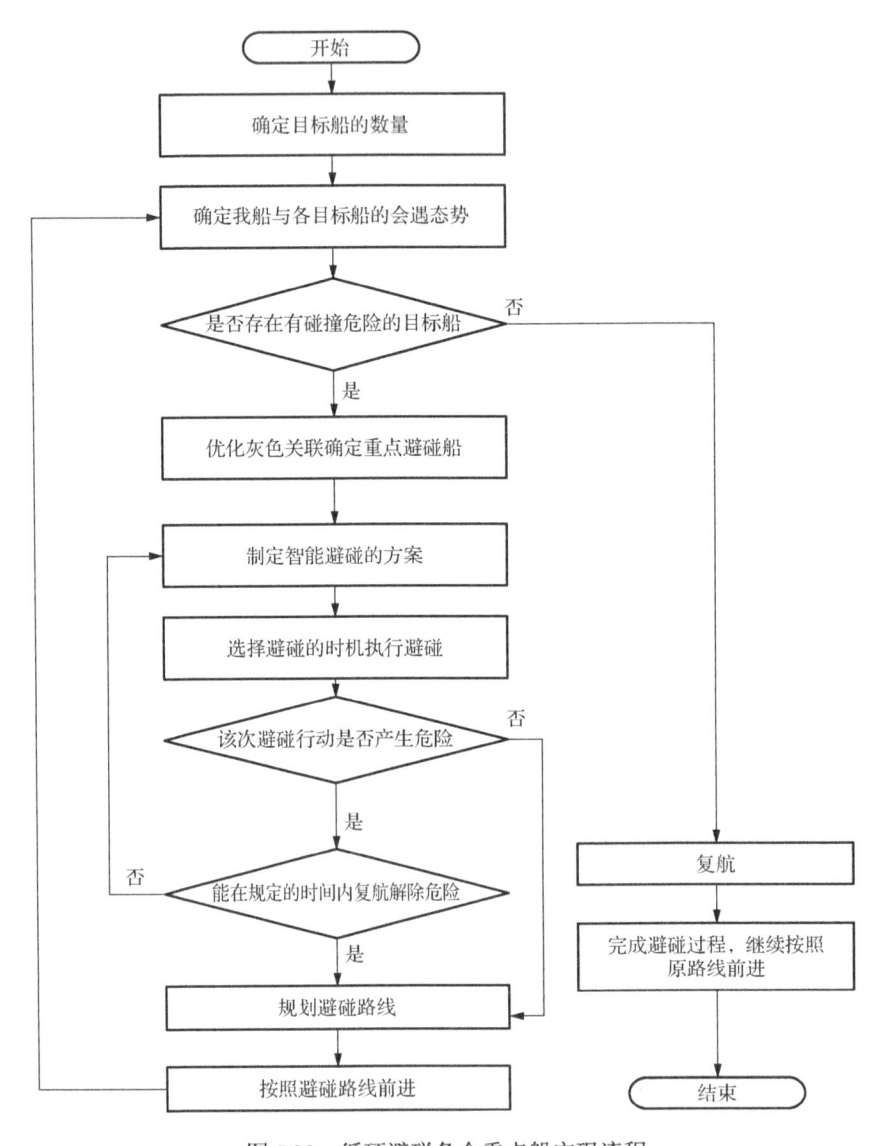

```
                    ┌─────────┐
                    │  开始   │
                    └────┬────┘
                         ↓
                ┌─────────────────┐
                │ 确定目标船的数量 │
                └────────┬────────┘
                         ↓
         ┌──────────────────────────┐
    →────│ 确定我船与各目标船的会遇态势 │
    │    └─────────────┬────────────┘
    │                  ↓
    │        ◇是否存在有碰撞危险的目标船◇──否──→
    │                  │是
    │                  ↓
    │        ┌──────────────────────┐
    │   →────│ 优化灰色关联确定重点避碰船 │
    │   │    └───────────┬──────────┘
    │   │                ↓
    │   │      ┌──────────────────┐
    │   │      │ 制定智能避碰的方案 │
    │   │      └─────────┬────────┘
    │   │                ↓
    │   │      ┌──────────────────┐
    │   │      │ 选择避碰的时机执行避碰 │
    │   │      └─────────┬────────┘
    │   │                ↓
    │   │     ◇该次避碰行动是否产生危险◇──否──→
    │   │                │是
    │   │                ↓                          ┌────────┐
    │   │  否  ◇能在规定的时间内复航解除危险◇        │  复航  │
    │   │  ←───                                    └────┬───┘
    │   │                │是                            ↓
    │   │                ↓                   ┌──────────────────────┐
    │   │      ┌──────────────────┐          │ 完成避碰过程, 继续按照 │
    │   │      │   规划避碰路线   │←─────    │      原路线前进      │
    │   │      └─────────┬────────┘          └──────────┬───────────┘
    │   │                ↓                              ↓
    │   │      ┌──────────────────┐                ┌─────────┐
    └───┴──────│  按照避碰路线前进 │                │  结束   │
               └──────────────────┘                └─────────┘
```

图 5.30　循环避碰各个重点船实现流程

为此，如何建立一个科学、合理的重点避碰船模型，一直是船舶智能避碰决策与控制系统研究领域的重点和难点之一。在基于上述章节中灰色关联决策确定重点避碰船的基础上，扩展了碰撞危险度的影响因素，在灰色关联决策中以 DCPA、TCPA、D、安全会遇距离 SDP、航速比 K 作为决策的目标对象，有效地利用已知数据，减少确定危险度的误差。基于优化灰色关联决策分析确定避碰重点船的实现过程如图 5.31 所示。

第 5 章　船舶智能避碰建模与仿真

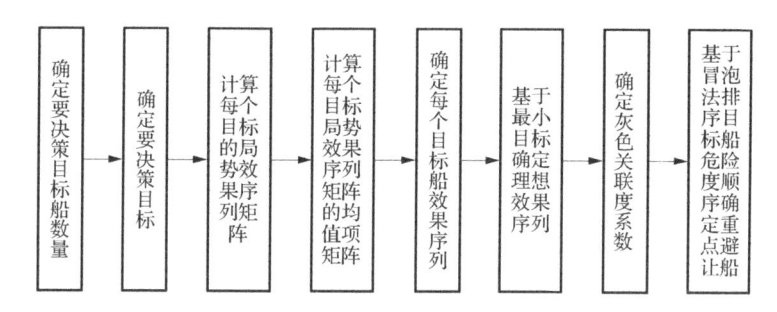

图 5.31　灰色关联决策实现流程

5.2.7　多船会遇避碰仿真与分析

1. 避碰仿真

多船避碰系统采用 Visual Basic 2010 开发人机交互平台，基于该平台实时观测船舶的避碰过程以及运动状态。系统实现的各个模块包括主显示界面、会遇态势的判定、避碰决策模块、危险度计算模块、避碰方案的设计模块、复航时机确定模块等。整个系统工作在实时状态下，能直观地展示我船与目标船的运动情况以及避碰过程。现以开阔水域能见度好时三船会遇为例，以时间危险度和空间危险度确定船舶碰撞危险度，仿真时仅考虑我船为让路船的情况。

情况 1 我船和目标船的仿真基本参数如下：我船的初始航向 0°，航速 8kn，初始位置为（0,0）；目标船 1 初始航向 326°，航速 10kn，初始位置为（6,0）；目标船 2 的初始航向 250°，航速 17kn，初始位置为（6,6）。基于上述我船和目标船的初始参数可得我船与目标船 1 之间初始危险评估参数 DCPA=0.31n mile，TCPA=1.07h，CRI=1；我船与目标船 2 之间的初始危险评估参数 DCPA=0.61 n mile，TCPA=0.4h，CRI=1；且可得基于优化灰色关联分析得到，两船与目标船之间的危险度关联系数分别为 0.675 和 0.864，因此我船先避碰目标船 2，然后再避碰目标船 1，从而完成整体的避碰过程。

仿真实现的结果如图 5.32 所示，目标船和我船交叉会遇态势，我船连续避碰两个目标船的实现过程,基于优化的细菌觅食算法实现了循环避碰重点船的过程。我船经过了两次避碰过程。第一次避碰目标船 2 后得到的避碰角度是 35.46°，复航角度是 42.88°，避碰时间是 52.3077min；我船在避碰过程中虽然与目标船 1 存在一定的风险，但是没发生碰撞，恢复航向后，我船与目标船 1 形成危险，则执行第二次避碰，避碰角度是 42°，复航角度是 40°，避碰时间是 42min。

情况 2 的基本参数和评价参数的设置如图 5.33 所示。我船为航向 0°，航速 8kn，初始位置为（0,0）；目标船 1 的初始航向 300°，航速 12kn，初始位置为（6,0）；目标船 2 的初始航向 179°，航速 11kn，初始位置为（0,14）。可得最初的我船与目标船 1 的初始危险评估参数 DCPA=1.13n mile、TCPA=0.56h、CRI=0.75，以及最初我船与目标船 2 的初始危险评估参数 DCPA=0.14n mile、TCPA=0.74h、CRI=1。我船与目标船 1 形成交叉的会遇态势，与目标船 2 形成对遇的会遇态势，并根据灰色关联分析，确定第一次避碰的重点船为目标船 2，展开连续的避碰过程，完成整个的航行过程。

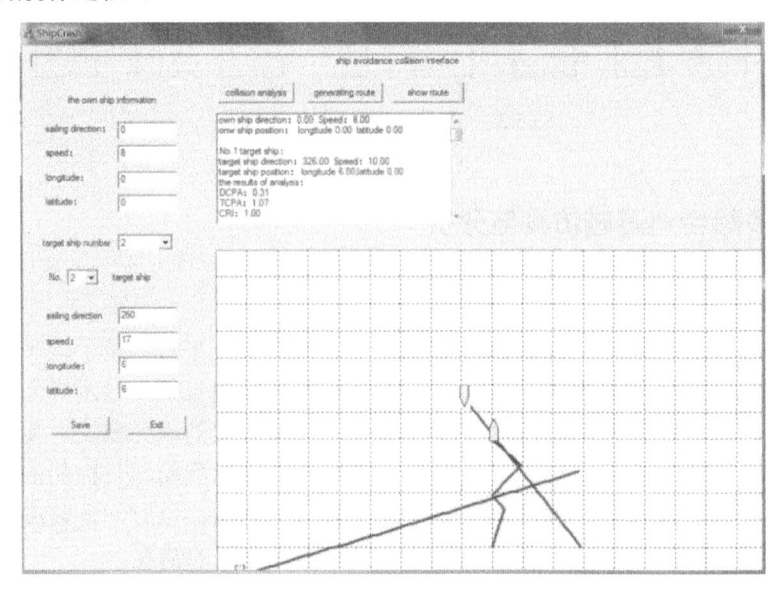

图 5.32　三船避碰仿真的实现（情况 1）

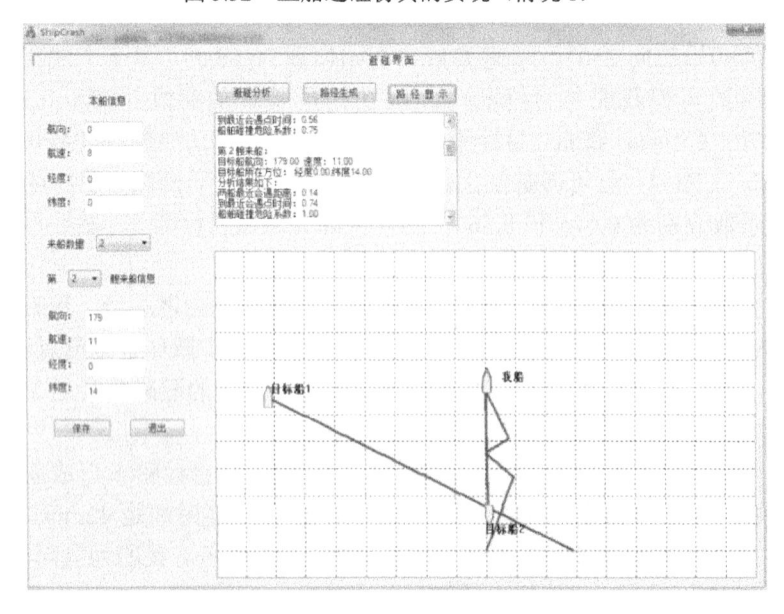

图 5.33　三船避碰仿真的实现（情况 2）

第5章 船舶智能避碰建模与仿真

情况3的基本参数如下：我船初始航向0°，航速10kn，初始位置为（0,0）；目标船1的初始航向250°，航速7kn，初始位置为（3,3）；目标船2的初始航向179°，航速3kn，初始位置为（0,15）；目标船3的初始航向179°，航速4kn，初始位置为（0,6）。我船情况3条件下的初始参数和评估参数设置如图5.34所示。

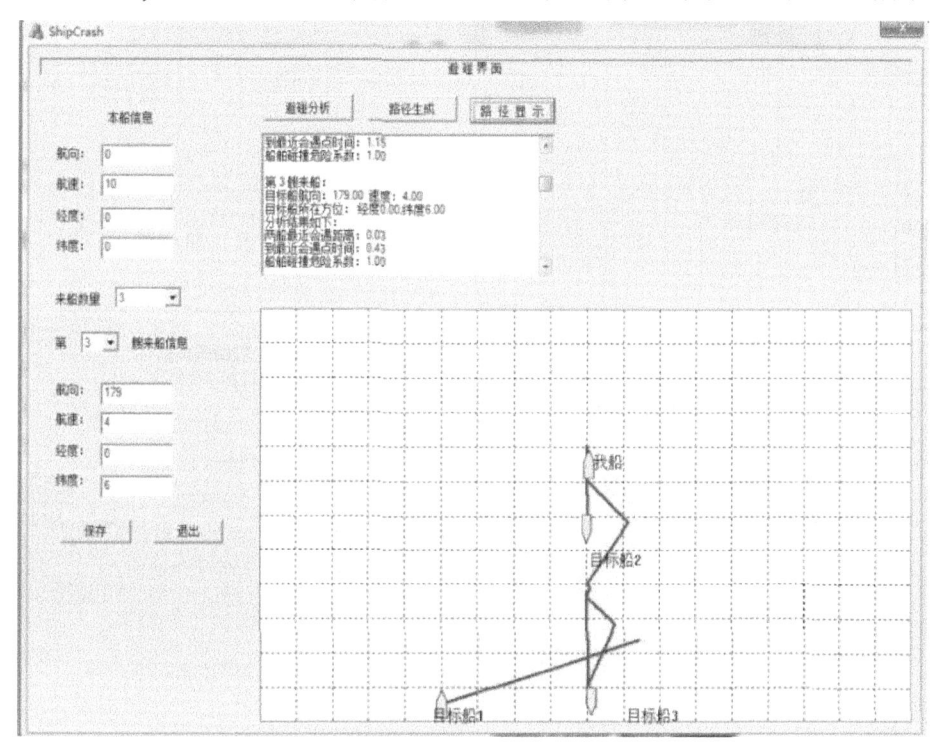

图5.34 四船避碰仿真的实现（情况3）

我船与目标船1初始危险评估参数为DCPA=1.10n mile，TCPA=0.31h，CRI=1；我船与目标船2初始危险评估参数为DCPA=0.06n mile，TCPA=1.15h，CRI=1；我船与目标船3初始危险评估参数为DCPA=0.03n mile，TCPA=0.43h，CRI=1；灰色关联系数分别为0.646，0.706，0.858，因此先避碰目标船3。根据仿真参数得到我船和目标船1是交叉会遇态势，与目标船2和目标船3是对遇的会遇态势，在该场景中依据灰色关联危险度分析确定重点避碰目标船的次序，可得我船与三个目标船都存在碰撞危险的情况下，采取的避碰顺序，以及完成的避碰过程完成安全航行。

2. 仿真分析

情况1船舶避碰的实现过程中，我船避碰两船的轨迹分别如图5.35所示，分别完成我船与目标船1和目标船2的运行避碰轨迹图，由于智能算法在实现过程中参数的不稳定性，所以每次生成的轨迹略有不同，避碰完成后我船和各个目标船 DCPA、TCPA、CRI 的变化曲线图，从图 5.35 中可以得到我船完整的避碰过程。

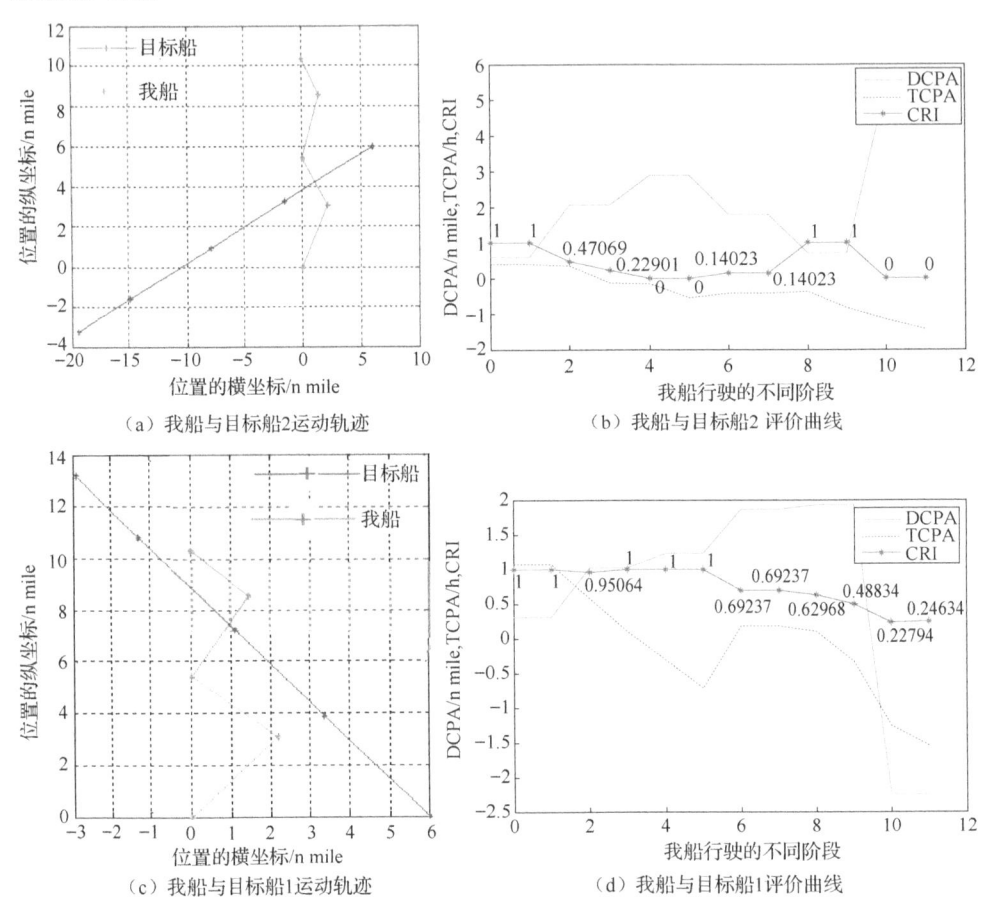

（a）我船与目标船2运动轨迹

（b）我船与目标船2 评价曲线

（c）我船与目标船1运动轨迹

（d）我船与目标船1评价曲线

图 5.35　我船与目标船之间的运动轨迹和评估曲线

我船与目标船 2 之间的航迹如图 5.35（a）所示，在前 6 个阶段我船在避碰目标船 2 时，初始存在碰撞危险，但是随着避碰行动的采取，碰撞危险度下降，在后 6 个阶段我船避碰目标船 1 时，我船与目标船 2 之间的碰撞危险度有上升的过程，是由于多船避碰确定危险度的过程中，采用空间碰撞危险度和时间碰撞危险度的计算方法，这个过程中忽略了 TCPA 和 DCPA 取值的正负问题，因此出现在 8～9 的阶段 TCPA 取值是负数，表示我船已经驶过让清，然而碰撞危险度显示还存在一定风险，从而可得碰撞危险度计算对避碰方案设计上所带来的影响，也从另一方面体现设计全面、适应性强的碰撞危险度分析方法的重要性。由于在避碰目标船 2 的过程中，我船与目标船 1 之间一直存在碰撞危险度，因此我船执行对目标船 1 之间的避碰，随着避碰阶段的不同，碰撞危险度逐渐减少，从而完成避碰过程。

在情况 2 下，我船避碰目标船 2 和目标船 1 的形成轨迹以及在避碰过程中各个阶段的我船避碰评价曲线如图 5.36 所示，可以验证我船和各个目标船避碰方案的准确性。

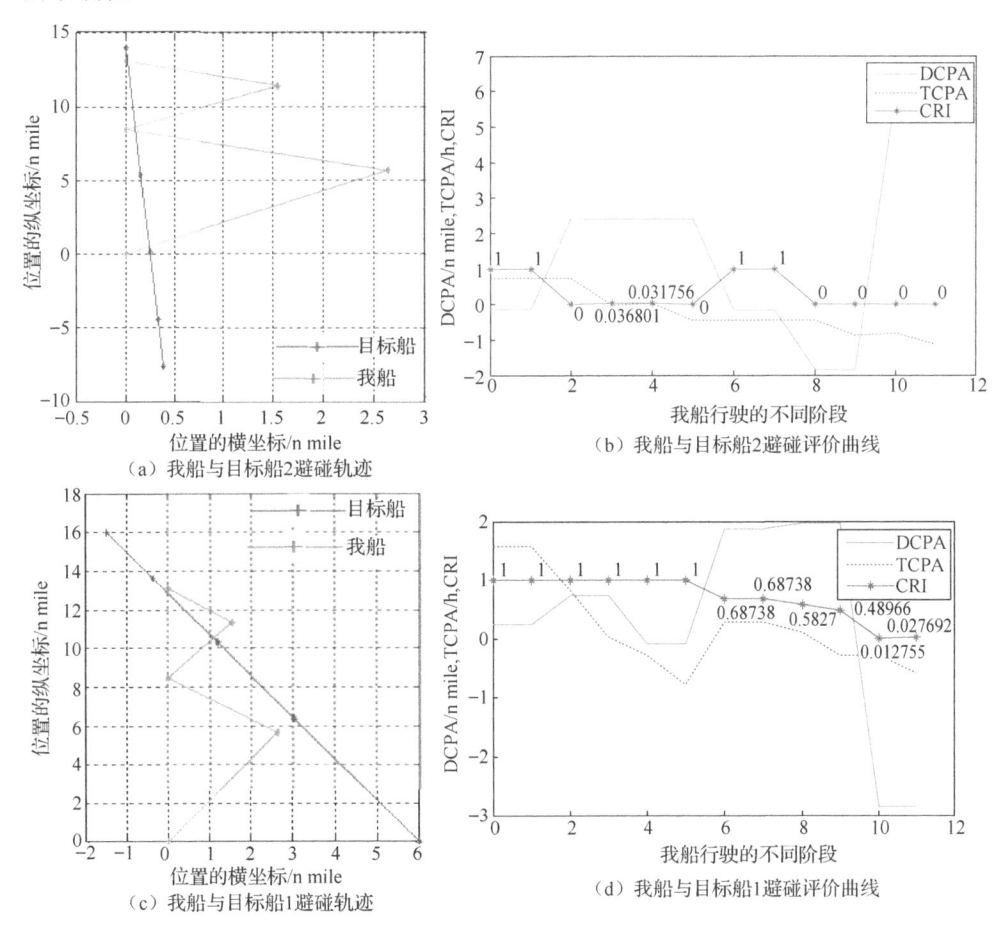

（a）我船与目标船2避碰轨迹

（b）我船与目标船2避碰评价曲线

（c）我船与目标船1避碰轨迹

（d）我船与目标船1避碰评价曲线

图 5.36　我船与目标船 2 和目标船 1 之间的运动轨迹和评价曲线

由图中的曲线变化过程可知，我船与目标船 1、2 之间完成了避碰过程，验证了我船在与两船会遇避碰过程中避碰方案的有效性和可行性。

在情况 3 下，我船避碰目标船 3 和目标船 2 的形成轨迹、在避碰过程中各个阶段我船的避碰评价曲线如图 5.37 所示，验证了我船和各个目标船避碰的准确性。

在多船工况下，我船与各个目标船之间的避碰过程，通过多船避碰方案的评价模型，确定了我船避碰方案的准确性，为多船避碰的实现奠定了基础，为船舶避碰方案提供可行性评估。然而在上述评估方案中，基于 DCPA 和 TCPA 异或得到船舶碰撞危险度，两者取值忽略了正负，会导致虽然船舶已经驶过让清，但是计算结果仍显示存在危险。但是这并不会影响整体的避碰效果。

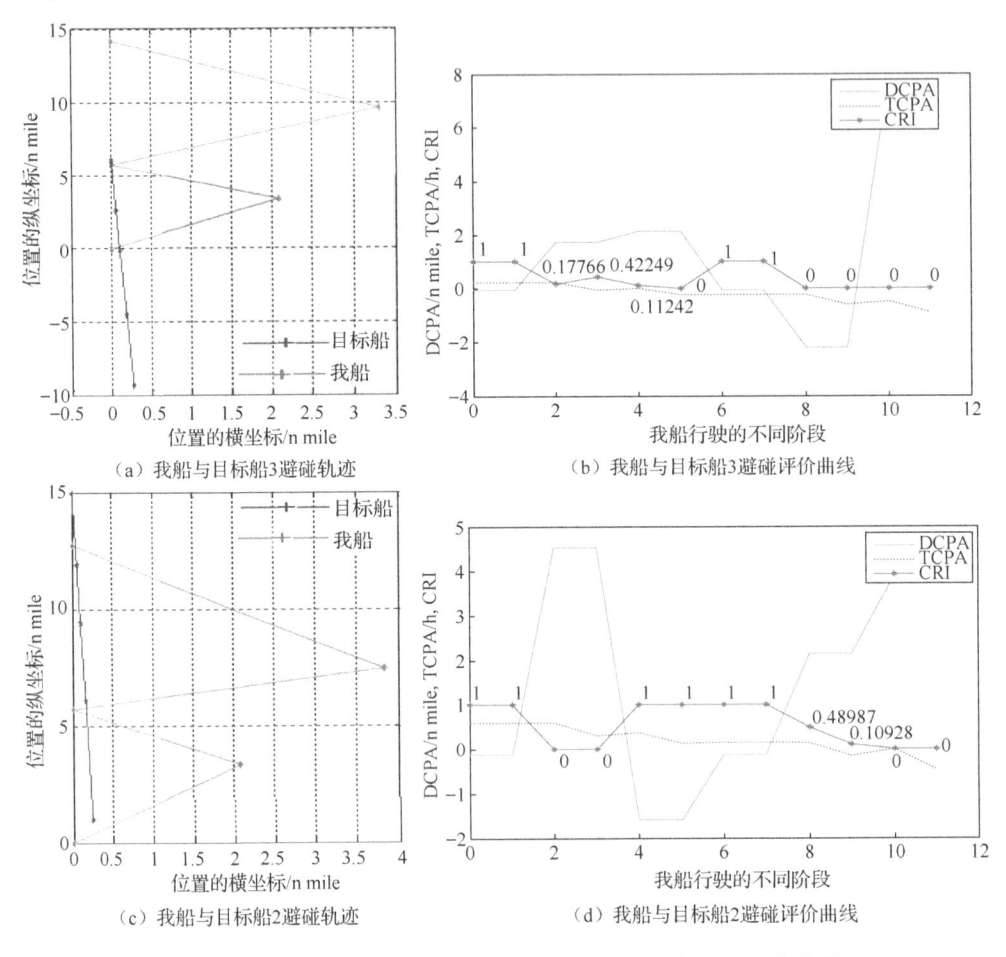

（a）我船与目标船3避碰轨迹

（b）我船与目标船3避碰评价曲线

（c）我船与目标船2避碰轨迹

（d）我船与目标船2避碰评价曲线

图 5.37　我船与目标船 3 和目标船 2 之间的运动轨迹和评价曲线

5.3　确定性船舶智能避碰方案可行性评估建模与仿真

基于前文两船及多船避碰方案，本章在确定船舶避碰时机及让路船避碰行动选择的前提下，通过对目标船避碰决策参数及模型的研究，为船舶驾驶人员作出的避碰决策方案进行预先判定，从而建立确定性船舶避碰方案评估模型。

目前船舶智能避碰评估模型根据研究的重点不同可分为宏观避碰评估和微观

避碰评价两类。

具体的方法有：通过避碰过程的建立对单目标船避碰进行评估；结合专家系统，基于船舶操纵模拟器进行自动评估；利用分析法建立一套全面科学的评价体系；引入逼近理想解排序法（technique for order preference by similarity to an ideal solution，TOPSIS）建立评价指标体系以及相应的评价数学模型；通过模糊逻辑乘的危险度评价方法实现避碰评价。综上所述，一系列危险度评估模型中涉及大量的不确定性参数，影响评价结果的准确性。

因此，本章在微观避碰决策评估下建立了确定性船舶避碰方案评估模型，相比其他的船舶避碰方案评估模型，该模型具有如下的优点：首先，该避碰方案评估模型是基于我船与目标船的具体运动参数来实现的，所以评价结论具有确定性；其次，该模型的扩充能力较强，在两船避碰决策评价模型的基础上，可扩充至建立多船会遇避碰决策评价模型；最后，该评价模型的实现较为简单，只需输入我船与目标船的初始参数以及让路船所采取的避碰决策方案，即可输出避碰方案可行性分析的曲线图，生成方案可行性报告，且该避碰方案评估模型在构建中考虑的避碰过程更加全面。

5.3.1 避碰时机的确定

在船舶避碰中，船舶要确定采取避碰行动的时机，使会遇的两船在安全距离上通过。近些年有很多专家学者对船舶避碰时机进行了研究，取得了不同程度的成果，提出了一些确定避碰时机的数学模型。根据其研究内容和方法，大致分为基于船舶领域的避碰时机模型、基于避碰行为调查统计方法的避碰时机模型、基于碰撞危险度的避碰时机模型、使用可拓集合论确定避碰时机、使用模糊决策方法确定避碰时机，用时间或距离作为确定避碰时机的主要因素。但研究中存在的主要问题是考虑因素相对较少，没有反映直航船舶驾驶员的心理，也没有反映出会遇各船避碰操纵的不确定性等。为此，结合已有的研究成果，确定两船采取避碰行动的最近会遇距离为5n mile，其满足《国际海上避碰规则》中对避碰行动时机的要求。

本章根据不同的仿真环境和仿真对象，采用的避碰时机确定方法也有所不同，整体的危险度等级如表5.6所示。

表 5.6　危险度等级划分

CRI 数值	危险等级	CRI 数值	危险等级
0～0.2	低	0.61～0.8	较高
0.21～0.4	较低	0.81～1	很高
0.41～0.6	一般	—	—

CRI 在 0.61～0.8 时，危险等级较高，需要采取避碰行动，因此本书选择在 CRI=0.6～0.7 时调用智能避碰生成方案，开始转向避碰。

5.3.2 避碰行动的选择

船舶避碰行动的选择在遵守《国际海上避碰规则》的前提下，应结合我船与目标船之间的会遇态势。两船之间存在的会遇模型如图 5.38 所示。根据是否有重叠的区域，以及能否通过各自航行区域，船舶会遇分为 4 类。

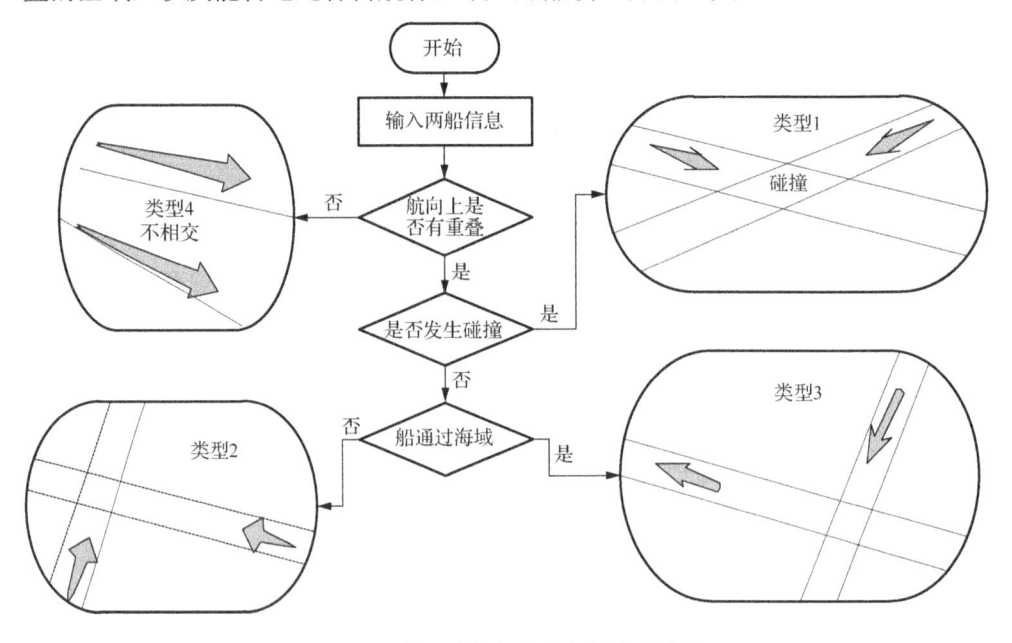

图 5.38 基于碰撞航向的船舶会遇分类

基于船舶在海上的会遇分类以及《国际海上避碰规则》，基于图 5.38 的会遇分类，对于相同的会遇态势有不同的角度划分，图中有两种会遇态势的划分，总的来说，船舶碰撞会遇态势可以分为对遇、交叉、追越以及模糊态势。

模糊态势是一种特殊的会遇态势类型，模糊态势下船舶会遇不同于其他的会遇态势模式，在该船舶会遇局面下选择避碰行动策略要尤为谨慎，选择避碰行动的不同，可能会导致事故的发生。因此在船舶处于模糊会遇态势的局面下，船舶驾驶员应该结合现有的航海条件和《国际海上避碰规则》，基于个人的航海经验，判定船舶应该采取的避碰行动，避免不必要的事故发生。因此应该选择性地解释规则以避免事故的发生。

船舶会遇态势是船舶避碰领域中十分重要的概念，分析好船舶的会遇态势是船舶避碰的基础和前提。《国际海上避碰规则》中有明确规定，互见中机动船舶的会遇态势分成对遇局面、交叉相遇局面、追越三种情况。以下做详细介绍。

第 5 章　船舶智能避碰建模与仿真

（1）对遇局面：《国际海上避碰规则》中第十四条第一款规定"当两艘机动船在相反的或接近相反的航向上相遇致有构成碰撞危险时，各应向右转向，从而各从他船的左舷驶过。"此时，两船船首方向相差 180°，目标船处在我船航向的-5°～5°。

（2）交叉相遇局面：《国际海上避碰规则》中第十五条规定"当两艘机动船交叉相遇致有构成碰撞危险时，有他船在本船右舷的船舶应给他船让路，如当时环境许可，还应避免横越他船的前方。"此时，目标船处在我船航向的 5°～112.5°或 24.5°～355°。

（3）追越局面：《国际海上避碰规则》中第十三条第二款规定"一船正从他船正横后大于 22.5°的某一方向赶上他船时，即该船对其所追越的船所处位置，在夜间只能看见被追越船的尾灯而不能看见它的任一舷灯时，应认为是在追越中。"也就是说，该船相对其追越的船所处的位置，是在夜间只能看见被追越船的尾灯而不能看见它的任一位置。此时，目标船处在我船航向的 112.5°～247.5°。

另外，《国际海上避碰规则》中还指出，船舶的会遇局面适用的是互见的两艘船舶，如果能见度较低，两船不互见，则无法判断会遇态势，既不存在让路船与直航船，也不存在避碰关系。经过简化和分析整理，船舶会遇态势可以进一步由图 5.39 表示。在能见度良好的宽阔海域（即两船互见），以我船为中心，F 区域表示对遇局面，A、B、E 区域表示交叉相遇局面，C、D 区域表示追越局面。根据以上分析，对于 F、A、B 区域的目标船，我船有让路责任，而对于 C、D、E 区域的目标船，我船为直航船，可以保持航速航向不变即不采取避碰措施。《国际海上避碰规则》中只规定了对于 F、A 区域的目标船，我船应该采取右转的避碰方法，而对于 B 区域的目标船则需要根据实际情况具体分析。本书为了统一避碰方法，限定我船为避碰船，对于 F、A、B 区域的目标船，统一采取右转的避碰方法。

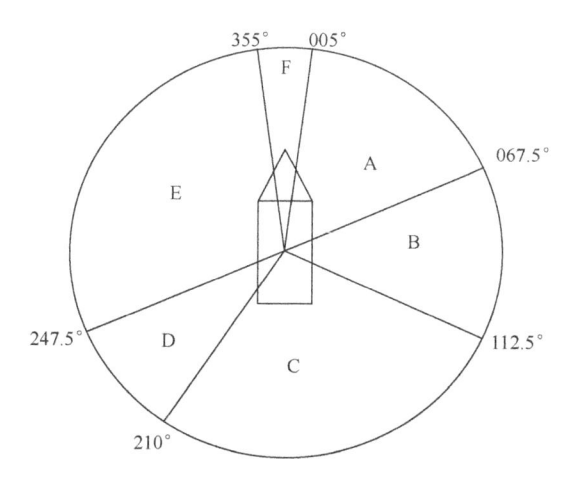

图 5.39　基于《国际海上避碰规则》的船舶会遇分类模型

例如，当船舶相遇在几乎相反航向的局面下，目标船位于右舷，根据《国际海上避碰规则》第十四条，要求我船和目标船分别采取避碰形式，如果其中的一个船舶驾驶员认为是按照《国际海上避碰规则》第十五条的交叉相遇局面下，采取的避碰行动则会保持原有的航向，那么就会导致事故的发生，因此将模糊态势看作一种特殊的会遇态势，在遵守《国际海上避碰规则》的前提下，船舶驾驶员之间要进行协商，依据船舶驾驶员操作的丰富性，准确地完成避碰过程。

其他三种（对遇、交叉相遇、追越）我船与目标船会遇情况下避碰行动如图 5.40 所示。《国际海上避碰规则》也是建立船舶避碰目标函数的限制条件。其中，《国际海上避碰规则》中有关避碰的规则着重强调的内容如下：①每一艘船舶都有自己的船舶领域，不能被其他的船舶侵犯。②改变速度的船舶避碰方式只有在航向改变无法避免的情况下才能使用。在避碰过程中速度应该保持不变，除非航向改变无法满足避碰要求。③要遵守《国际海上避碰规则》，尤其是第十三条至第十七条。

综上所述，转向的避碰方式在对遇情况下采用的概率是 100%，在交叉相遇局面下采用的概率是 94.2%，在追越局面下采用的概率是 96.4%。因此主要采用的转向的避碰方式，且转向的角度以及正负范围符合《国际海上避碰规则》。

（a）两船处于追越局面下　　（b）两船处于对遇局面下　　（c）两船处于交叉相遇局面下

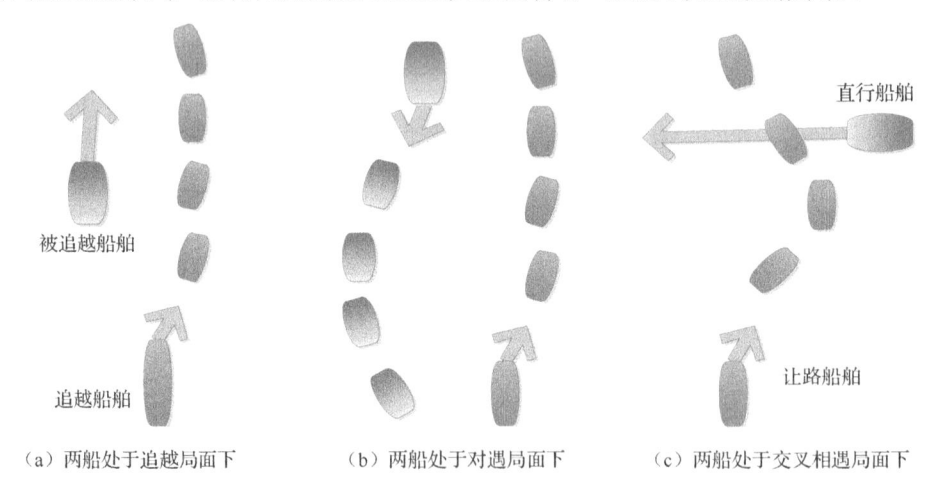

图 5.40　基于《国际海上避碰规则》的船舶避碰行动规则

5.3.3　船舶避碰方案评估建模

开发一种实用的船舶避碰自动评估系统是一项非常复杂的工程，具体表现为对避碰规则理解的不确定性，如在碰撞危险度、会遇态势、船舶领域、避碰阶段等方面还没有统一而权威的模型；避碰过程中外界环境的不确定性；避碰各阶段（包括避碰时机、紧迫局面等）定量描述的不确定性。因此本节基于船舶碰撞危险度及其影响因素，输入我船避碰方案的关键参数，建立了船舶避碰方案可行性分析模型,输出我船避碰过程中各个影响参数的变化曲线,通过查核判定该避碰方案的可行性。

1. DCPA 和 TCPA 参数的确定

DCPA 即两船会遇时的最近会遇距离,在相对运动雷达上,其大小为从圆心到目标船的相对运动线的垂直距离,单位为海里(n mile);CAP 为最近会遇点,即垂足。避碰前 DCPA、TCPA 模型是建立在已知我船与目标船的位置信息和航向航速等信息的基础上实现的,运动过程如图 5.41 所示。

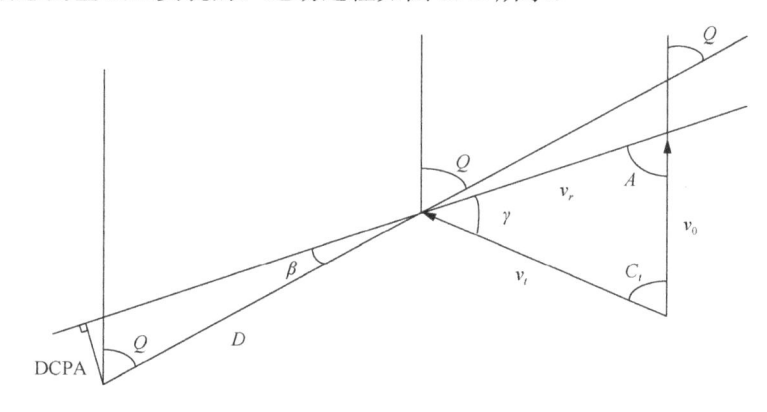

图 5.41 避碰前的 DCPA 模型

设我船初始位置坐标为 (x_0, y_0),航速为 v_0,航向为 ϕ_0;目标船的初始位置为 (x_1, y_1),航速为 v_t,航向为 ϕ_t。根据避碰转向前 DCPA 模型、TCPA 模型求得如下参数。

(1)我船与目标船航向的相对交角为
$$C_t = \phi_t - \phi_0 \tag{5.33}$$
(2)我船航速在 x、y 轴方向上的分量为
$$\begin{cases} v_{x0} = v_0 \cdot \sin\phi_0 \\ v_{y0} = v_0 \cdot \cos\phi_0 \end{cases} \tag{5.34}$$
(3)目标船航速在 x、y 轴方向上的分量为
$$\begin{cases} v_{xt} = v_t \cdot \sin\phi_t \\ v_{yt} = v_t \cdot \cos\phi_t \end{cases} \tag{5.35}$$
(4)目标船相对我船的运动速度在 x、y 轴方向上的分量为
$$\begin{cases} v_{xr} = v_{xt} - v_{x0} \\ v_{yr} = v_{yt} - v_{y0} \end{cases} \tag{5.36}$$

（5）则目标船的相对运动速度大小为

$$v_r = \sqrt{v_{xr}^2 + v_{yr}^2} \tag{5.37}$$

（6）目标船的相对运动速度方向为

$$\phi_r = \arctan\frac{v_{xr}}{v_{yr}} + \alpha \tag{5.38}$$

式中，$\alpha = \begin{cases} 0°, & v_{xr} \geq 0, \ v_{yr} \geq 0 \\ 180°, & v_{xr} < 0, \ v_{yr} < 0 \\ 180°, & v_{xr} \geq 0, \ v_{yr} < 0 \\ 360°, & v_{xr} < 0, \ v_{yr} \geq 0 \end{cases}$

（7）我船与目标船距离为

$$D = \sqrt{(x_t - x_0)^2 + (y_t - y_0)^2} \tag{5.39}$$

（8）目标船相对于我船的方位角为

$$\alpha_t = \arctan\frac{x_t - x_0}{y_t - y_0} + \beta \tag{5.40}$$

式中，$\beta = \begin{cases} 0°, & x_t - x_0 \geq 0, y_t - y_0 \geq 0 \\ 180°, & x_t - x_0 < 0, y_t - y_0 < 0 \\ 180°, & x_t - x_0 \geq 0, y_t - y_0 < 0 \\ 360°, & x_t - x_0 < 0, y_t - y_0 \geq 0 \end{cases}$。

（9）我船与目标船的最近会遇距离为

$$\text{DCPA} = D \cdot \sin(\phi_r - \alpha_t - \pi) \tag{5.41}$$

（10）到达最近会遇点的时间为

$$\text{TCPA} = D \cdot \cos(\phi_r - \alpha_t - \pi) / v_r \tag{5.42}$$

我船进行避碰转向，DCPA 的距离变长，从而增加了我船和目标船之间的距离，转向运动过程示意图如图 5.42 所示。

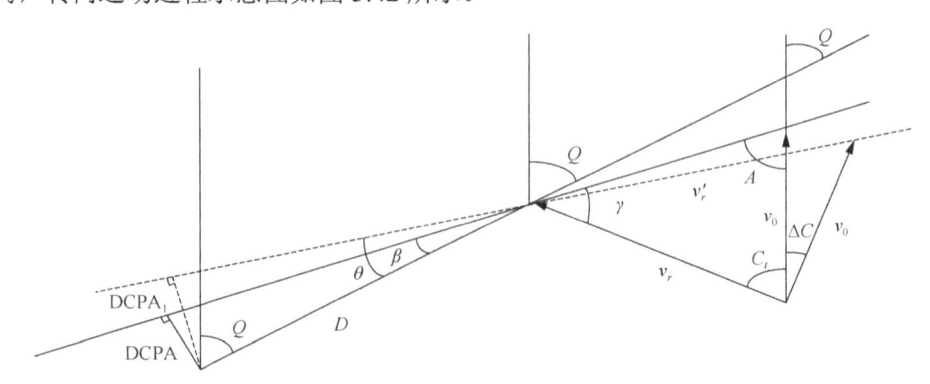

图 5.42 避碰转向后的 DCPA 模型

设我船初始位置 (x_0, y_0)，航速为 v_0，航向为 ϕ_0，避碰角度为 $\Delta\phi$；目标船 (x_t, y_t)，航速为 v_t，航向为 ϕ_t。

（1）目标船与我船的航向交叉角为

$$C_t = \phi_t - \phi_0 \tag{5.43}$$

（2）我船航速在 x、y 轴方向上的分量为

$$\begin{cases} v'_{x0} = v_0 \cdot \sin(\phi_0 + \Delta\phi) \\ v'_{y0} = v_0 \cdot \cos(\phi_0 + \Delta\phi) \end{cases} \tag{5.44}$$

（3）目标船航速在 x、y 轴方向上的分量为

$$\begin{cases} v_{xt} = v_t \cdot \sin\phi_t \\ v_{yt} = v_t \cdot \cos\phi_t \end{cases} \tag{5.45}$$

（4）目标船相对我船在 x、y 轴方向上运动速度为

$$\begin{cases} v'_{xr} = v_{xt} - v'_{x0} \\ v'_{yr} = v_{yt} - v'_{y0} \end{cases} \tag{5.46}$$

（5）目标船的相对运动速度大小为

$$v'_r = \sqrt{v'^2_{xr} + v'^2_{yr}} \tag{5.47}$$

（6）目标船的相对运动速度方向为

$$\phi'_r = \arctan\frac{v'_{xr}}{v'_{yr}} + \alpha \tag{5.48}$$

式中，$\alpha = \begin{cases} 0°, & v'_{xr} \geq 0,\ v'_{yr} \geq 0 \\ 180°, & v'_{xr} < 0,\ v'_{yr} < 0 \\ 180°, & v'_{xr} \geq 0,\ v'_{yr} < 0 \\ 360°, & v'_{xr} < 0,\ v'_{yr} \geq 0 \end{cases}$。

（7）我船与目标船距离为

$$D = \sqrt{(x_t - x_0)^2 + (y_t - y_0)^2} \tag{5.49}$$

（8）目标船相对于我船的方位角为

$$\alpha_t = \arctan\frac{x_t - x_0}{y_t - y_0} + \beta \tag{5.50}$$

式中，$\beta = \begin{cases} 0°, & x_t - x_0 \geq 0,\ y_t - y_0 \geq 0 \\ 180°, & x_t - x_0 < 0,\ y_t - y_0 < 0 \\ 180°, & x_t - x_0 \geq 0,\ y_t - y_0 < 0 \\ 360°, & x_t - x_0 < 0,\ y_t - y_0 \geq 0 \end{cases}$。

（9）我船与目标船的最近会遇距离为

$$DCPA' = D \cdot \sin(\phi'_r - \alpha_t - \pi) \tag{5.51}$$

(10) 到达最近会遇点的时间为
$$TCPA' = D \cdot \cos(\phi_r' - \alpha_t - \pi)/v_r' \tag{5.52}$$

基于上述对我船避碰目标船运动转向前后的描述,以及相应评估参数的计算,可得总的 DCPA、TCPA 运算的实现流程如图 5.43 所示。

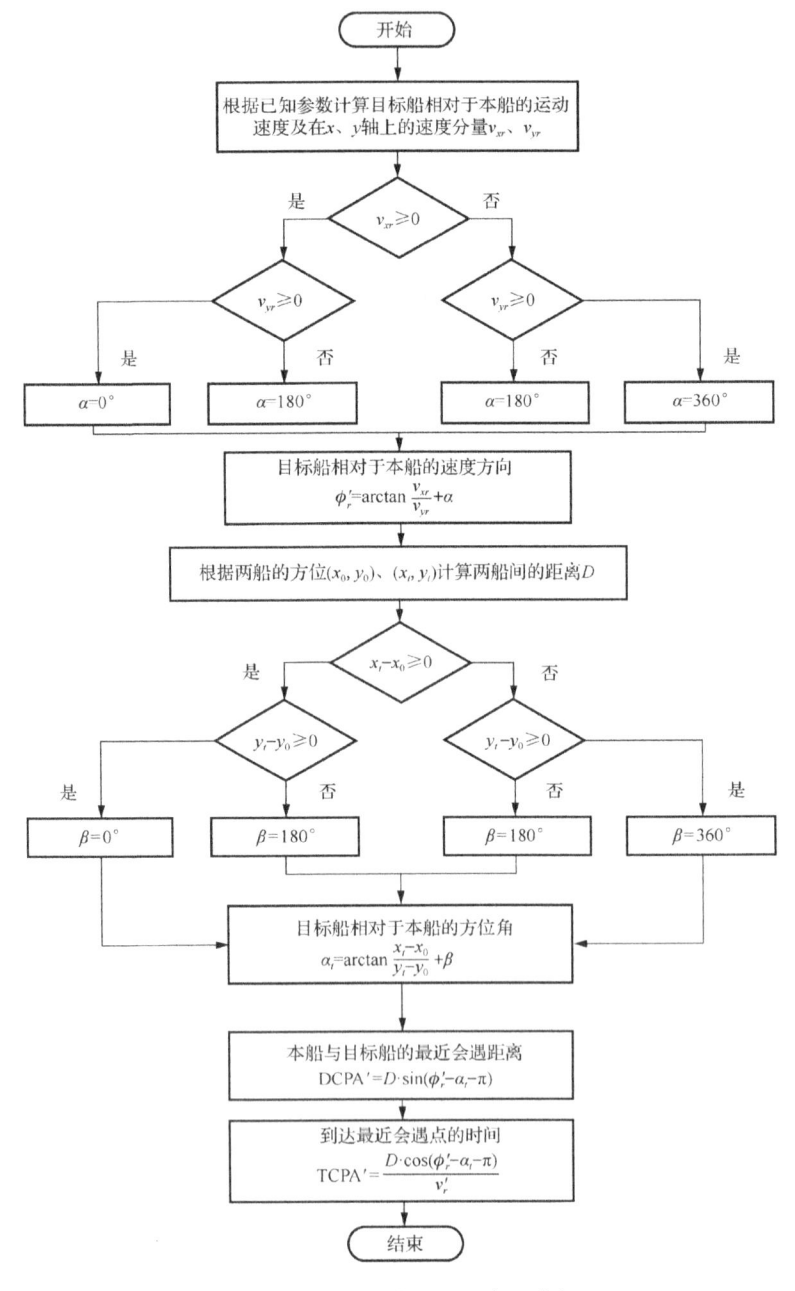

图 5.43 DCPA 和 TCPA 实现流程

第 5 章　船舶智能避碰建模与仿真

DCPA 能直接反映出两船在最危险时刻所保持的距离，直观地反映出了碰撞危险度的大小，是评判碰撞危险度的主要因素。在能见度不良时，理论上将 DCPA<2n mile 定为有碰撞危险。TCAP 是两船会遇时达到最近会遇点的时间，即从第一次观测目标船的时刻起算，单位为 min，其能直接反映出船舶会遇的紧迫程度，在相同 DCPA 下，TCPA 的大小决定了船舶最近会遇时刻来临的快与慢，从而决定了碰撞危险度的大小。DCAP 与 TCAP 从不同角度评判了船舶碰撞的危险度，它们不同的避碰措施呈一定的规律变化，其中，DCPA 在我船与目标船不同的会遇局面下，取值有正负之分，其对碰撞危险度的判定，以及避碰方案可行性的分析有一定的影响，其正负取值如图 5.44 所示。

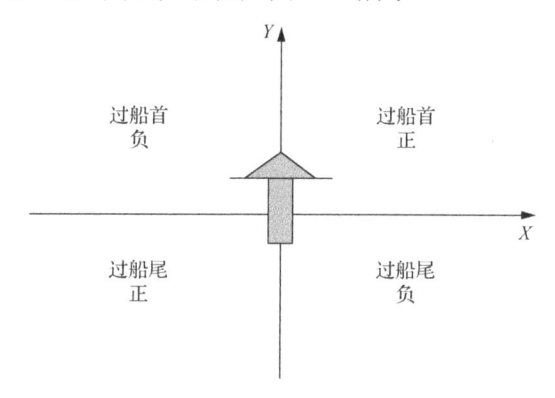

图 5.44　DCPA 取值分布图

我船会遇目标船的 DCPA 与 TCPA 表达式如下：$DCPA = R_t \times \sin(\phi_r - \alpha_t - \pi)$，$TCPA = R_t \times \cos(\phi_r - \alpha_t - \pi)/v_r$。式中，$R_t$ 为我船与目标船的距离；ϕ_r 为相对速度与 y 轴方向的夹角；ϕ_t 是目标船相对于 y 轴方向的夹角；α_t 为目标船和我船连线与 y 轴之间的夹角。从 DCPA 定义可得，若 DCPA 为正值则 $\sin(\phi_r - \alpha_t - \pi)$ 大于零，$\phi_r - \alpha_t - \pi \in [0, \pi] \cup [-\pi, -2\pi]$。两船间运动参数示意图如图 5.45 所示。如图 5.45（a）所示，目标船在右侧过我船船首，我船位于相对运动速度线的左侧，DCPA 为正；如图 5.45（b）所示，目标船在左侧过我船船首，我船位于相对运动速度线的右侧，DCPA 为负；如图 5.45（c）所示，目标船在右侧过我船船尾，我船位于相对运动速度线的右侧，DCPA 为负；如图 5.45（d）所示，目标船在左侧过我船船尾，我船位于相对运动速度线的左侧，DCPA 为正。其中相对航迹线是从目标船看向我船的方向。

基于上述所给出的不同情况下的 DCPA 决策模型[5]，不仅能确定两船的最近会遇距离，还可直接根据其符号判断相对运动关系（过船首或船尾）。且我船或目标船转向后得 DCPA、TCPA 决策模型，不受初始 DCPA=0n mile 的限制，可适用于任何会遇情况，是船舶智能避碰决策与控制系统中转向避碰决策子系统和复航决策子系统的重要组成部分，为下一步船舶避碰方案可行性的评估分析奠定基础。

(a) 右侧过船首示意图

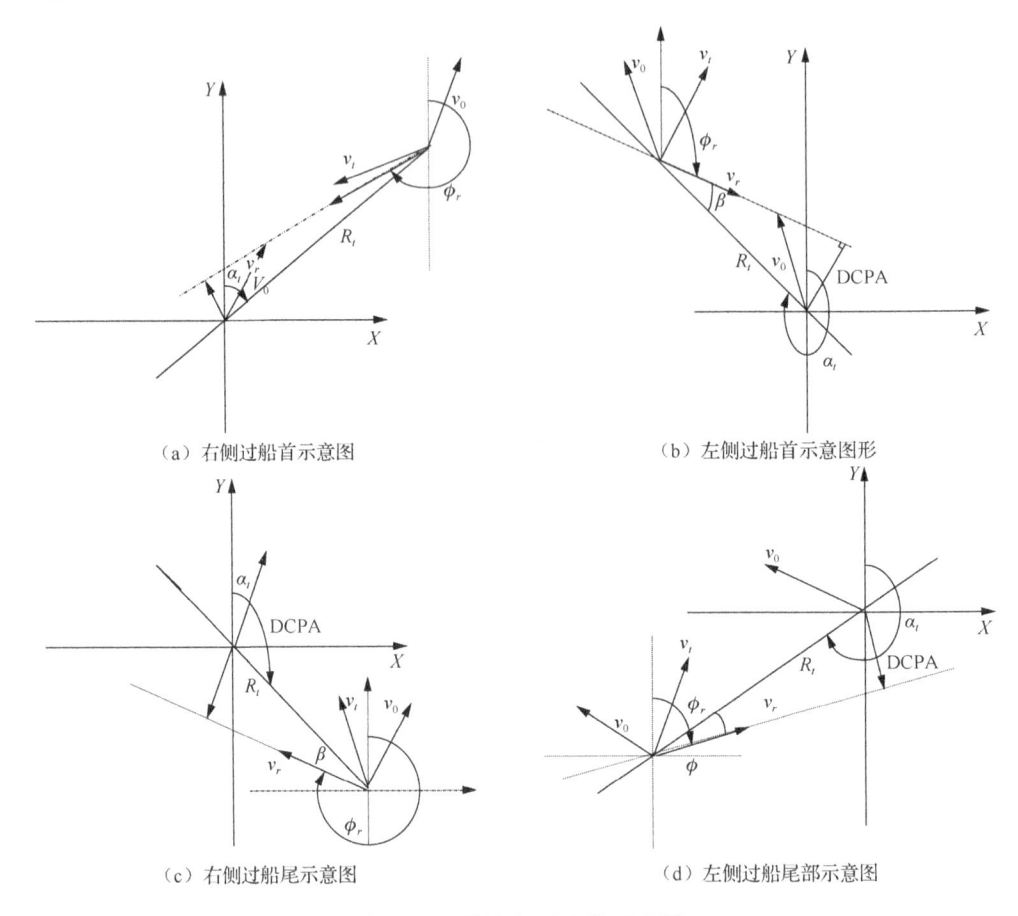

(b) 左侧过船首示意图形

(c) 右侧过船尾示意图

(d) 左侧过船尾部示意图

图 5.45　两船间运动参数示意图

2. 避碰阶段几何建模

船舶避碰方案评估模型建模过程中，主要分为五个阶段，即直航阶段、避碰前阶段、避碰后阶段、复航前阶段、复航后阶段，各阶段涉及避碰参数的正确性，从而验证整体避碰方案的可行性，船舶驾驶员对此进行避碰方案评估，从而发现不足，达到进一步提高避碰操纵技能的目的。

1) DCPA 和 TCPA 避碰前后几何建模

我船在执行避碰前，首先要进行初始碰撞危险度的判断，根据我船和目标船的基本信息，确定初始状态我船和目标船的方位角，基于上述公式判断我船和目标船的最近会遇距离和最近会遇时间；通过模糊统计方法确定我船和目标船的初始碰撞危险度，确定我船和目标船之间是否存在碰撞关系，抑或直航一段时间后存在碰撞关系，对此有一个初步的掌握。其次，在判断当前并无碰撞危险的前提下，应该执行直航的操作，并实时判断危险度的大小，若在某一时刻碰撞危险度超过阈值，则计算直航后我船和目标船的位置坐标以及距离，得到此时目标船相

第 5 章 船舶智能避碰建模与仿真

对于我船的方位角、相对运动速度及方向角，从而计算此时的 DCPA、TCPA 及 CRI，为避碰操作奠定基础。最后，若存在碰撞危险，则开始采取避碰，得到避碰前的评估建模过程，通过判断得到我船避碰前碰撞危险度的大小，以及判定我船在执行避碰前所得到的避碰角度的正确性，若避碰方案不正确，则该次避碰任务失败，实现过程如图 5.46 所示。在根据模糊统计方式建立 CRI 量化模型时，将 TCPA 的正负作为判定碰撞危险度的一个条件。参考文献[6]可得当 TCPA<0h 时，我船已驶过了两船会遇时的最近会遇点，两船运动的几何模型上表现为两船速度的反向延长线相交，判断两船此时已无碰撞可能，即将 TCPA<0h 的情况认定为 CRI=0。

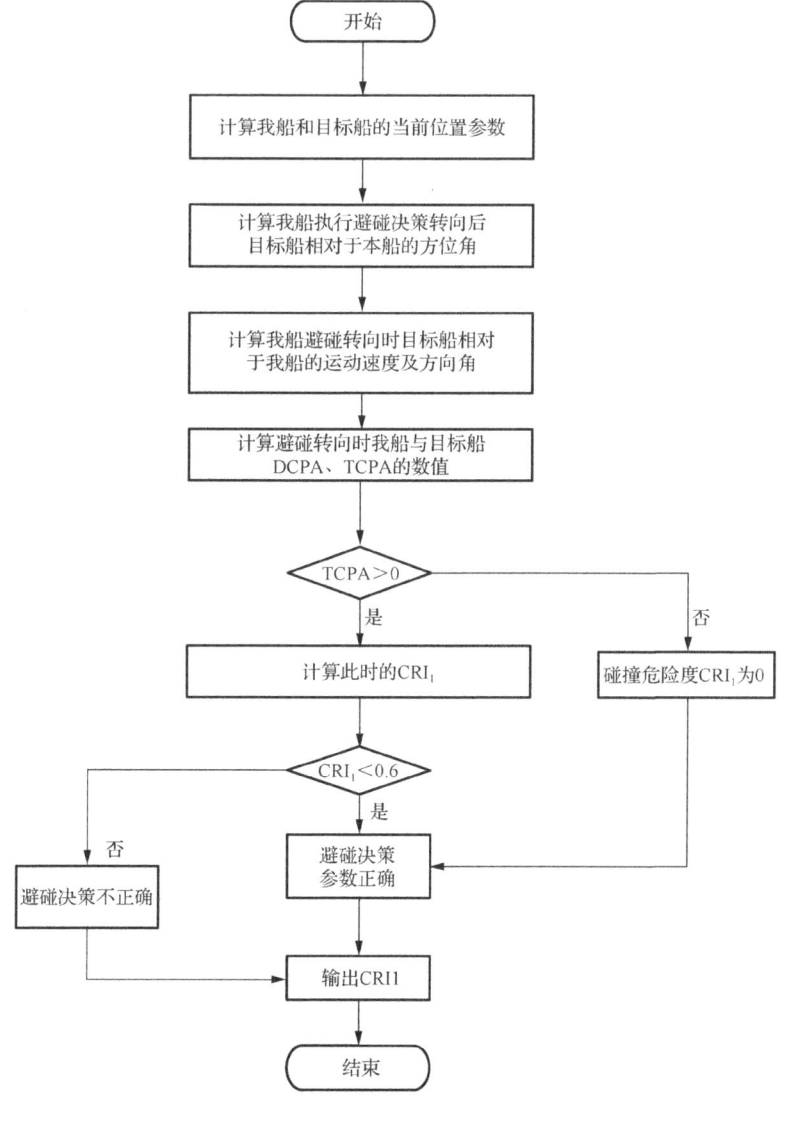

图 5.46 我船避碰前碰撞危险度模型

我船在一定避碰时间内执行避碰操作,此时与我船开始避碰转向决策时相比,两船的航速、航向均未改变,但由于两船的经纬度发生了变化导致目标船相对于我船的方位角以及两船的距离发生了改变,会引起 DCPA、TCPA 的变化,从而导致船舶碰撞危险度随之发生了改变,判断过程如图 5.47 所示。通常,在我船以避碰角开始航行时,较避碰转向航行时相比,与目标船的碰撞危险度会降低,这时可以再次确定我船的避碰转向决策正确。

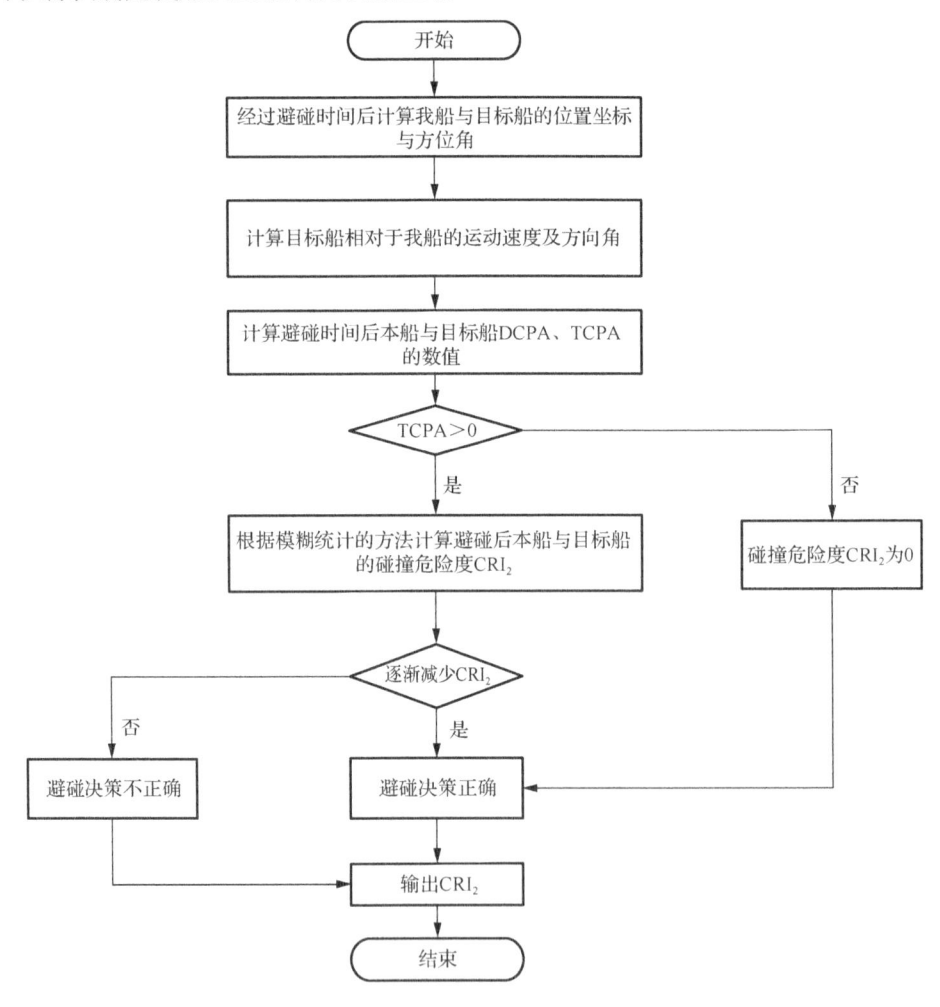

图 5.47 我船避碰后碰撞危险度模型

2) DCPA 和 TCPA 复航前后几何建模

我船在避碰航向上运动一段时间(避碰时间)后,完成了避碰行动,我船在确定和目标船之间不存在碰撞危险的情况下,开始执行复航行动,此时两船的位置坐标与上一阶段避碰结束时相同,但由于复航时我船的航向发生改变,则此时目标船相对于我船的运动速度也发生改变,从而影响我船与目标船之间的碰撞危险度,可能引起我船在复航过程中对目标船构成二次碰撞危险。因此,要检测我船复航操作的可行性。其实现过程也分为复航前和复航后,首先执行复航前我船的运动建模碰撞危险度分析,如图 5.48 所示,此过程中仍然要保证碰撞危险度小于 0.6,才能确保方案正确。

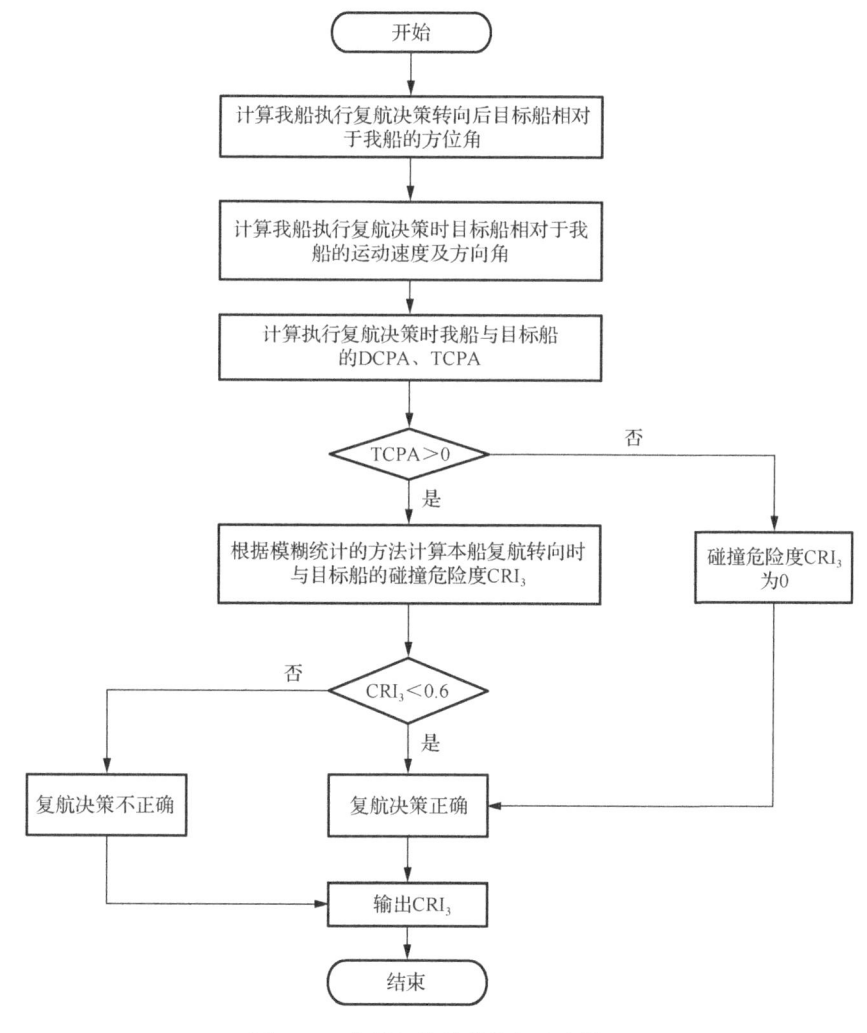

图 5.48 我船复航前碰撞危险度模型

根据两船各自的运动速度,得到复航一定时间后我船和目标船的位置坐标,此时较我船执行复航转向决策时相比,两船的航速、航向均未改变,但由于两船的位置发生了变化,导致目标船相对于我船的方位角以及两船的距离发生了改变,会引起 DCPA、TCPA 的变化,从而导致 CRI 随之发生了改变。通常情况下,采用避碰转向，并按照该航向航行时，与避碰转向前相比，与目标船的碰撞危险度会升高，但若仍小于 0.6，则这时可以再次确定我船的复航转向决策正确。

5.3.4 两船避碰方案评估建模与仿真

确定避碰方案的有效性，通常是指避碰行动的客观效果是否符合《国际海上避碰规则》的要求，以及能否达到避碰目标船的目的。且依据有三个：一是采取的行动是否符合《国际海上避碰规则》的要求或规定；二是采取的行动能否被目标船用视觉或雷达观测到；三是采取的避碰行动是否能保证两船在安全距离上驶过。若上述三个条件同时满足，那么避碰行动便是有效的。由于船舶领域反映的是船舶周围不同方向上距离的概念，所以在核查避碰行动有效性时应该时刻注意目标船的方位，保证目标船的相对距离大于该方位上船舶的安全领域。

1. 两船避碰方案评估建模

结合上述我船在避碰目标船各阶段的描述，通过初始化避碰方案参数，并针对整个避碰过程中相关的评估参考点，避碰过程中遵守《国际海上避碰规则》，以及配合判断目标船运动的协调性，如能见度不良时我船与目标船是否同时采取避碰行动等因素，给出该避碰方案的可行性评估。两船避碰方案可行性评估分析如图 5.49 所示，该船舶避碰方案可行性分析模型，基于碰撞危险度确定避碰时机，并通过输入避碰方案中的关键参数，输出各个阶段的 DCPA、TCPA、CRI 变化曲线，从而核查避碰行动的有效性，直到最后我船和目标船驶过让清为止。若在避碰阶段出现错误，那么输出错误的报告以及错误的内容，方便方案的进一步调整，若在复航阶段出现了错误，那么判断出现的错误是否能人为调整，给出错误报告和调整报告，方便船舶驾驶员在复航阶段修整。

2. 两船避碰方案可行性仿真与分析

船舶驾驶员输入我船和目标船的初始化信息，确定我船执行的避碰方案中的相关参数。从五个阶段，即直航阶段、避碰前阶段、避碰后阶段、复航前阶段、复航后阶段，判定船舶避碰方案的准确性和可行性。该模型避碰方案的参数在已知我船和目标船基本信息的基础上，由避碰角度、复航角度、直航时间、方案执行时间组成。基于避碰过程示意图（图 5.50），经计算得到避碰时间和复航时间。

由图 5.50 可知，已知总时间为 t，由避碰角度 α 和复航角度 β 可得避碰阶段的时间 t_a 和复航阶段的时间 t_r，关系式如下：

$$t_a \cdot \sin\alpha = t_r \cdot \sin\beta \tag{5.53}$$

以右舷小角度交叉情况为例，具体说明该过程决策检测模型的构建过程。该交叉相遇局面两船运动参数如下：我船航向 0°，航速 8kn，位置坐标为（0,0）；目标船航向 250°，航速 12kn，位置坐标为（6,8）；目标船对我船的避碰角度 35.88°，复航角度 18.59°，直行时间 5.2632min，避碰总时间 55.0211min。经过计算得到避碰时间为 0.3231h=19.386min；复航时间为 0.59 h=35.4min，在保持航速不变的情况下，能够得到我船与目标船运动到各个点的位置坐标。基于上述参数得到我船避碰各目标船的示意图如图 5.51 所示。

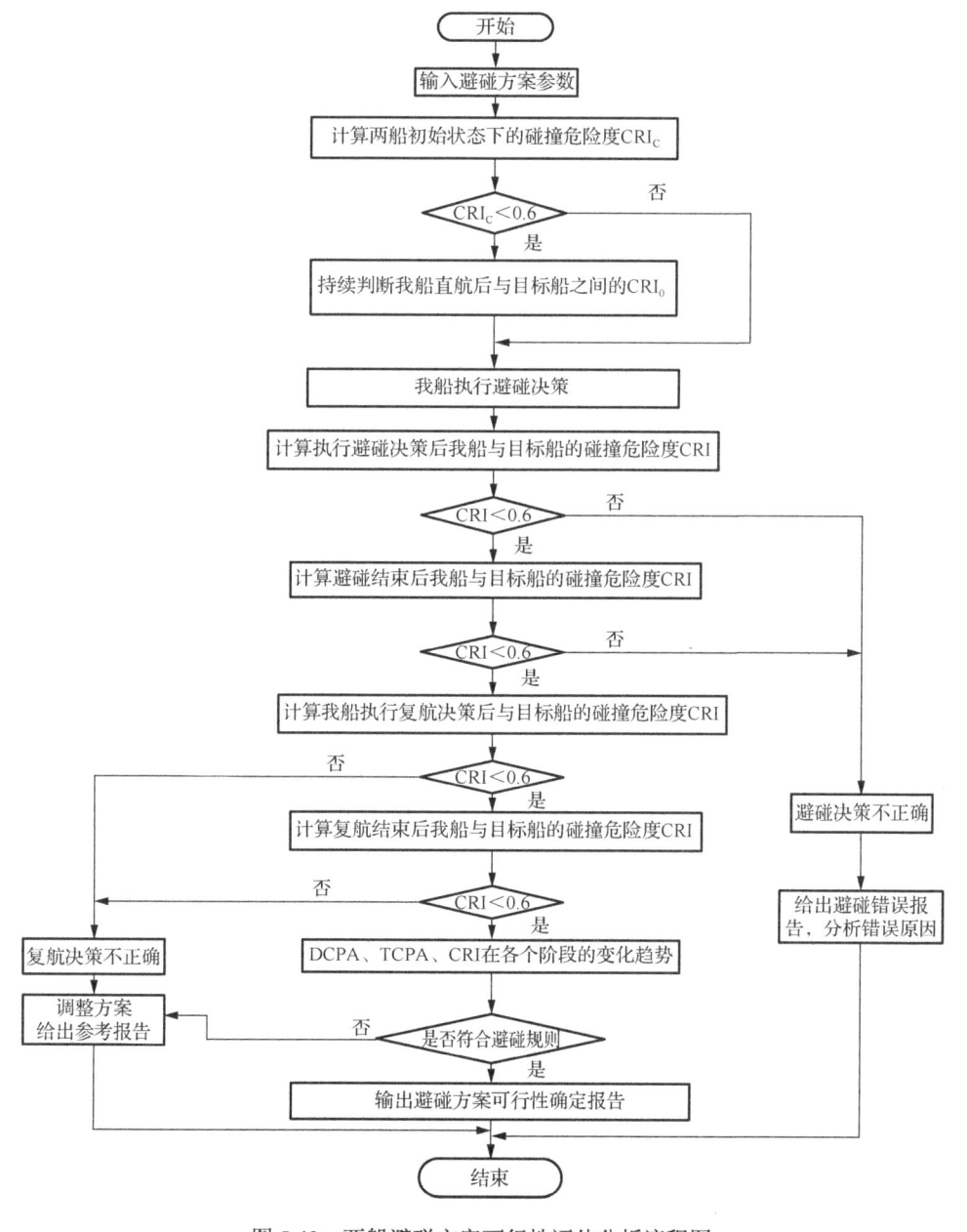

图 5.49 两船避碰方案可行性评估分析流程图

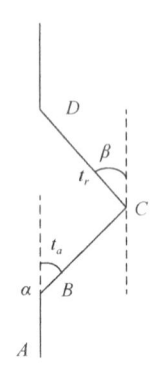

图 5.50　避碰过程示意图

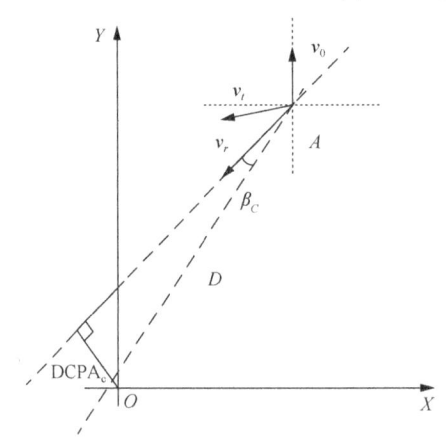

（a）两船在初始参数设置下的运动模型

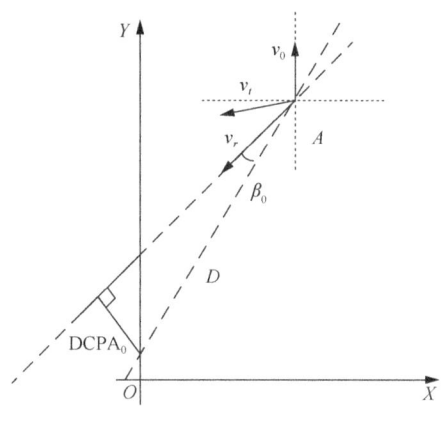

（b）我船在保持航向航速直航时两船运动模型

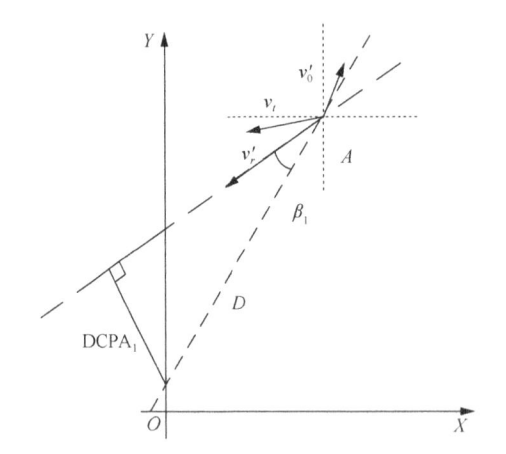

（c）我船在避碰转向时的两船运动模型

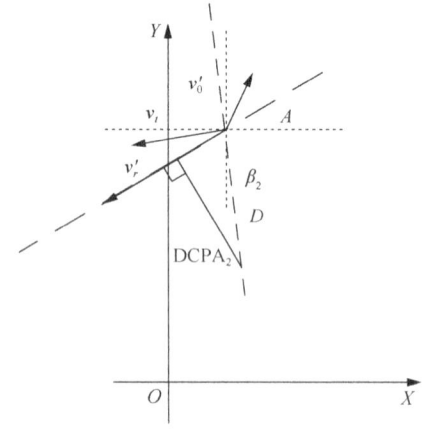

（d）我船在避碰转向阶段结束时的两船运动模型

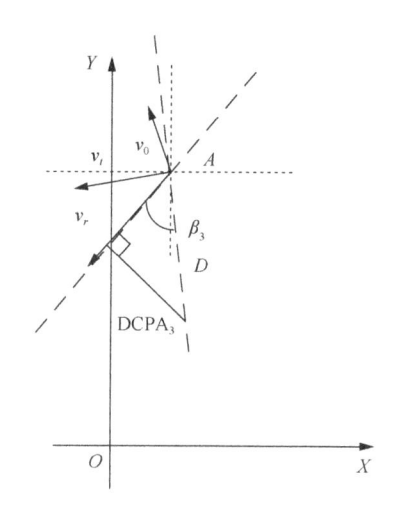

第 5 章　船舶智能避碰建模与仿真

（e）我船在复航转向时的两船运动模型 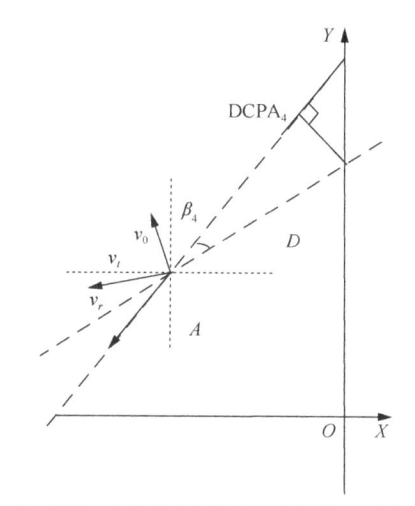　　（f）我船在复航转向阶段结束时的两船运动模型

图 5.51　各阶段避碰目标船示意图

从图中可知，一方面基于上述避碰的参数，得到我船避碰目标船各阶段的避碰示意图，从图中可以明显看出，在我船直航一段时间后 DCPA 明显变小，碰撞危险度增加，我船开始执行避碰，初始避碰阶段相比较执行完避碰后的 DCPA 明显增加，并在复航阶段也看出我船与目标船运行过程中不存在碰撞危险。另一方面基于图 5.50 的两船碰撞评价模型，输出避碰过程中，影响碰撞危险度变化的各个参数的变化曲线，得到我船在初始时、直航阶段、避碰前阶段、避碰后阶段、复航前阶段、复航后阶段 6 个不同阶段船舶避碰决策评价模型。输入的初始参数相同，得到的变化曲线如图 5.52 所示。

仿真结果显示：初始状态下两船碰撞危险度为 0.54<0.6，不存在碰撞危险，两船继续保持航向直行，10min 后两船碰撞危险度达到 0.61>0.6，此时我船转向与目标船进行避碰，转向后两船碰撞危险度降至 0.21<0.6，判断此次避碰转向决策正确，我船在避碰时间后，执行复航转向，从图中可得转向后我船与目标船的碰撞危险度升高至 0.58<0.6，此阶段两船碰撞危险很小，判断我船复航决策正确，复航完成后我船回到最初航线，此时两船碰撞危险度为 0，说明我船已驶过两船最近会遇点（TCPA<0h），即两船将不存在碰撞危险。因此，不仅证明了避碰方案的可行性，同时也证明了该确定性船舶避碰评估模型的有效性。

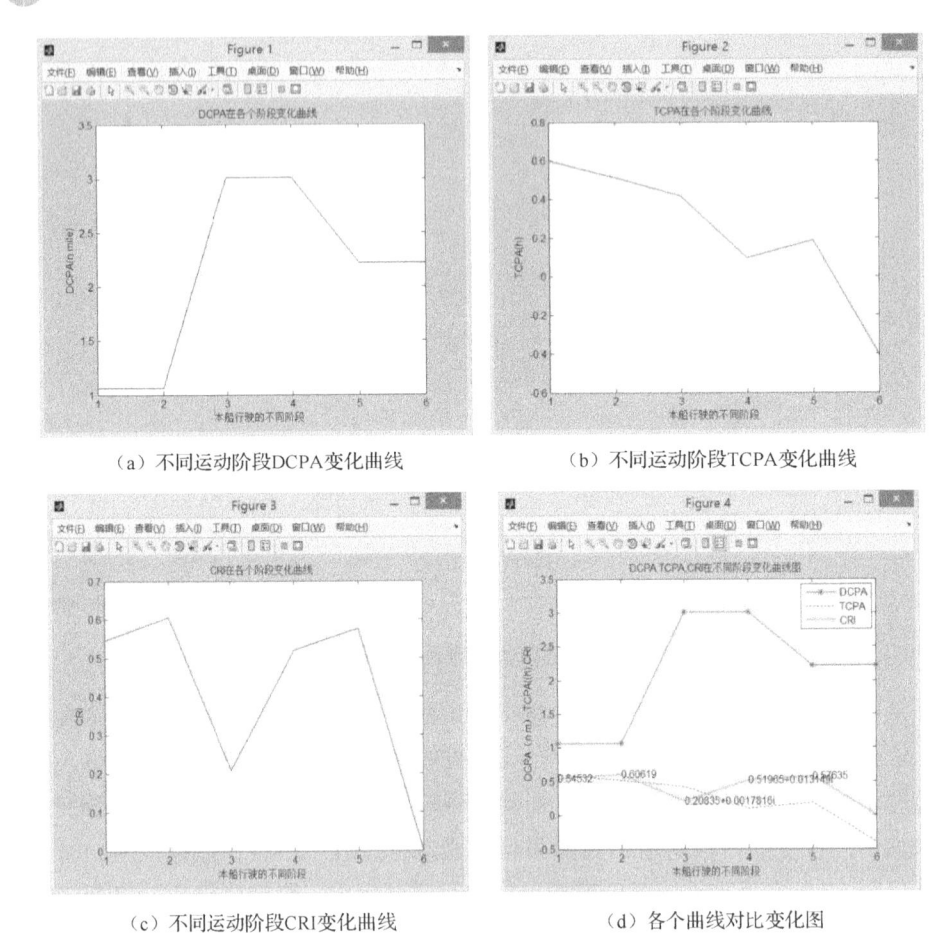

(a) 不同运动阶段DCPA变化曲线 (b) 不同运动阶段TCPA变化曲线

(c) 不同运动阶段CRI变化曲线 (d) 各个曲线对比变化图

图 5.52 各阶段避碰目标船参数曲线变化图

5.3.5 多船避碰方案评估建模与仿真

多船会遇是一种特殊的船舶会遇态势,《国际海上避碰规则》中也并未对多船相遇的避碰情况进行详细说明与规定,因此基于一种具体的会遇情况,对三船避碰决策评价模型进行构建和分析。

1. 多船避碰方案评估建型

根据《国际海上避碰规则》将船舶划分为相对于我船为直航船的船舶和相对于我船为让路船的船舶,本节主要是以我船为让路船进行避碰决策以及避碰分析。输入第一次避碰方案的相关参数,基于确定性船舶避碰评估模型,得到我船避碰目标船 1 的过程中评价参数的变化曲线,同时输出我船在避碰目标船 1 过程中与其他目标船之间的参考曲线,以此类推,直到判断完成我船避碰目标船的所有避

第 5 章 船舶智能避碰建模与仿真

碰方案，输出整体的避碰过程的流程图，以及每一次的避碰曲线，判定我船避碰各个目标船的方案是否可行，并进行可行性分析。总的来说，在两船评价模型的基础上实现我船避碰多个目标船的船舶智能避碰评估体系，具体的实现过程图如图 5.53 所示。

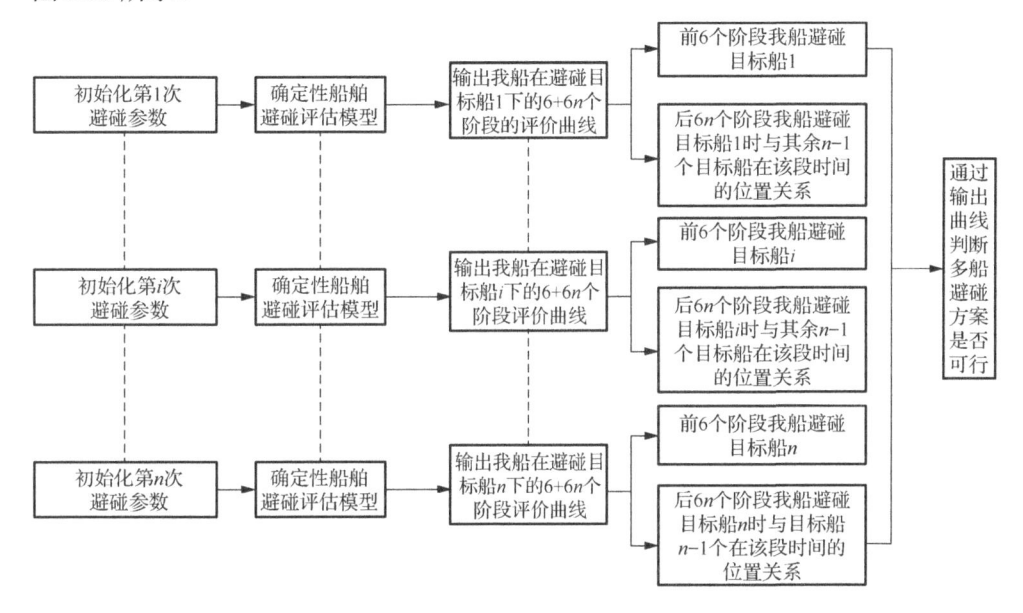

图 5.53 多船避碰方案可行性评估框图

2. 多船避碰方案可行性仿真与分析

为了能够完成对避碰评估模型的仿真与分析，本节利用具体的三船会遇情况进行实现与验证。具体参数如下：我船航向 0°，航速 8kn，位置坐标（0,0）；目标船 A 航向 310°，航速 14kn，位置坐标（4,0）；目标船 B 航向 245°，航速 4kn，位置坐标（4,8）；根据碰撞危险度判断，第一次避碰目标船 A，避碰时间 43.2min，避碰角度 85°，复航角度 40°；第二次避碰目标船 B，避碰时间 52.46min，避碰角度 70°，复航角度 45.377°。基于上述我船与目标船的避碰参数，依据我船避碰目标船过程中各个阶段的划分以及航向变化等得到避碰两目标船的运动过程示意图，如图 5.54 所示。

上述运动避碰过程中，O 为我船的位置，A、B 为两艘目标船的位置，具体实现过程如下所述。基于我船避碰运动中航向的变化过程如图 5.55 所示。

（1）我船与两艘目标船 A、B 在初始参数设置下的运动模型如图 5.54（a）所示。此时我船同时与两艘目标船处于会遇情况，A 船为右舷大角度交叉相遇，B 船为右舷小角度交叉相遇，分别计算此时会遇情况下两船与我船的船舶避碰决策参数 DCPA、TCPA 和 CRI，从而确定避碰目标船的顺序。基于上述参数可得我船初始状态下与 A 船的船舶碰撞危险度较大，所以我船先与目标船 A 进行了避碰。

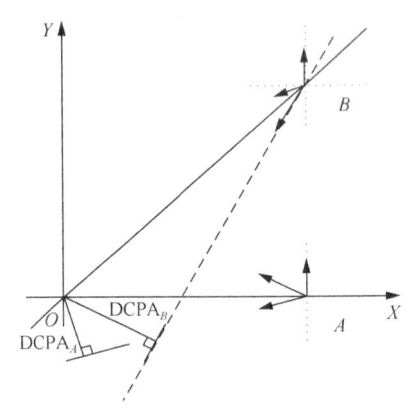

(a) 我船与两个目标船的初始状态

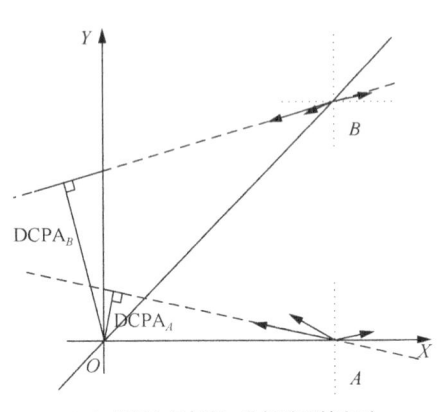

(b) 我船与目标船A进行避碰转向时的两船运动模型

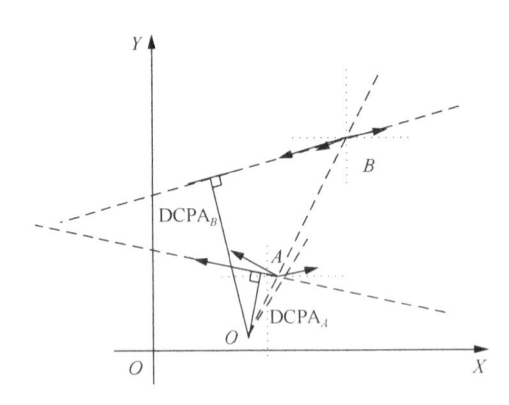

(c) 我船与目标船A避碰转向阶段结束时的三船运动模型

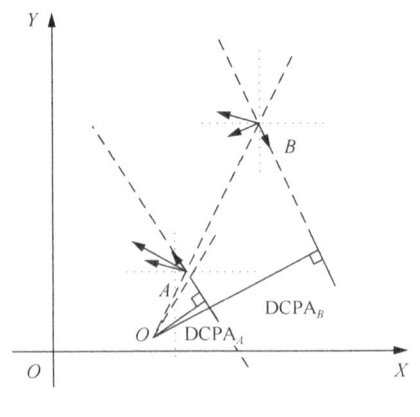

(d) 我船进行第一次复航转向时的三船运动模型

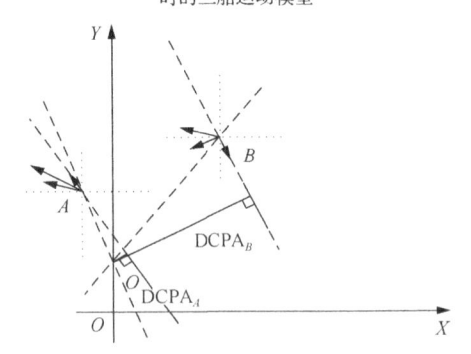

(e) 我船在第一次复航转向阶段结束时的三船运动模型

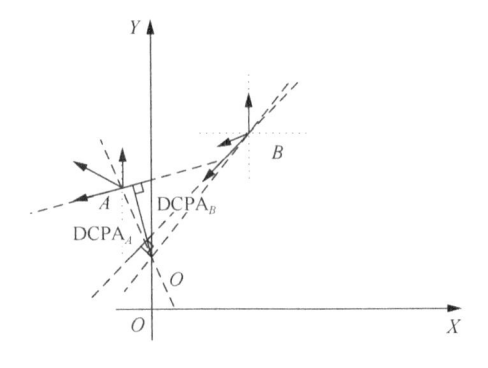

(f) 我船回到最初航线

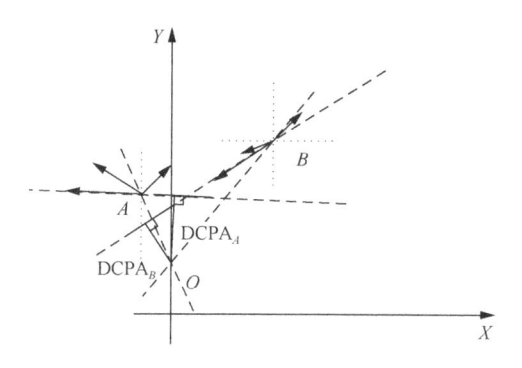

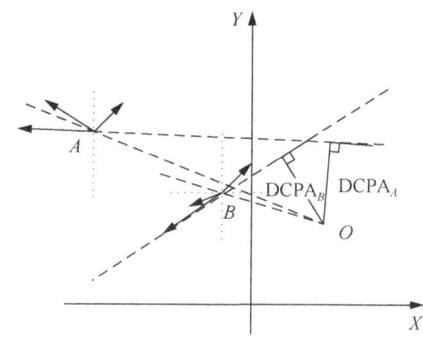

（g）我船与目标船B避碰转向时的两船运动模型　　（h）我船与目标船B避碰转向结束时的三船运动模型

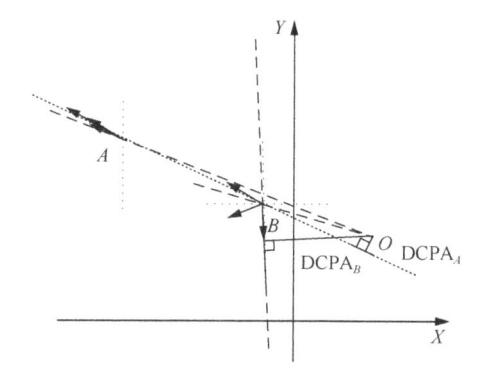

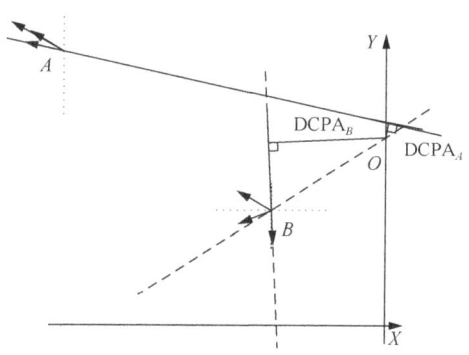

（i）我船进行第二次复航转向时的三船运动模型　　（j）我船在第二次回到最初航线时的三船运动模型

图 5.54　我船避碰两目标船的运动过程示意图

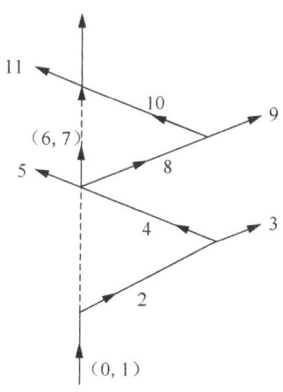

图 5.55　我船运动过程航向变化示意图

（2）我船与目标船 A 进行避碰转向时的两船运动模型如图 5.54（b）所示。此时我船开始与目标船 A 进行避碰，执行第一次转向避碰的决策，两艘目标船以初始的航速航向继续航行，分别计算此时我船与两艘目标船的碰撞危险度等参数。

（3）我船与目标船 A 避碰转向阶段结束时的三船运动模型如图 5.54(c)所示。

此时我船结束了与目标船 A 的避碰过程，且我船与两艘目标船经过一段时间的运动，位置坐标均发生了改变。分别计算此时三船的位置坐标，同时三船的航向和航速与上一阶段相同，分别计算我船与目标船 A 与目标船 B 此时的碰撞危险度大小。

（4）我船进行第一次复航转向时的三船运动模型如图 5.54（d）所示。此时我船需复航回到最初的航线上，则进入我船第一次复航转向阶段。此时我船转向，两艘目标船仍按照初始航向航线继续行驶。根据当前的运动参数情况，分别计算此时我船与目标船 A、B 的避碰决策参数包括相对运动速度及 DCPA、TCPA 的大小，从而计算此时的船舶危险评估参数。

（5）我船在第一次复航转向阶段结束时的三船运动模型如图 5.54（e）所示。此时我船与目标船经过复航时间的行驶，到达新的位置坐标，我船回到了最初的位置坐标，计算三船此时的位置坐标，并得到此时我船与另外两艘船的碰撞危险度大小，到该阶段为止，我船完成了与目标船 A 的避碰全过程，根据以上五个阶段的结果判断我船与目标船 A 的避碰决策是否正确。

（6）我船回到最初航线，转回至最初航向时的三船运动模型如图 5.54（f）所示。此时我船回到最初的航线，转向至最初的航向，即航向为 0°，分别计算此时我船与两艘目标船 A、B 的碰撞危险度。我船与目标船 A 完成了避碰，计算两者的碰撞危险度的目的是确定我船再向前行驶，与目标船 A 不再构成危险局面。而按照给定的参数，此时我船与目标船 B 的碰撞危险度大于 0.6，需要我船进行第二次避碰。

（7）我船与目标船 B 进行避碰转向时的两船运动模型如图 5.54（g）所示。此时我船开始与目标船 B 进行避碰，执行我船的第二次转向避碰的决策，目标船 A 和 B 按照初始的航速航向继续航行，分别计算此时我船与两艘目标船的碰撞危险度大小。

（8）我船与目标船 B 避碰转向阶段结束时的三船运动模型如图 5.54（h）所示。此时我船经过第二段结束了与目标船 B 的避碰转向，且我船与目标船经过一段时间的运动，位置坐标均发生了改变。分别计算我船与目标船 A 与目标船 B 的碰撞危险度大小。

（9）我船进行第二次复航转向时的三船运动模型如图 5.54（i）所示。此时我船需要再次转向进行第二次复航决策，但由于我船航向的再次改变，导致避碰决策参数都发生了变化，进而再次计算此时我船与其他两船的碰撞危险度大小。

（10）我船在第二次复航转向阶段结束回到最初航线时的三船运动模型如图 5.54（j）所示。此时我船与目标船经过第二次复航时间的行驶，再次到达新的位置坐标，而我船重新回到了最初的位置坐标，计算三船此时的位置坐标，并得到此时我船与另外两艘船的碰撞危险度大小，到该阶段为止，我船完成了与目标船 B 的避碰全过程，根据以上五个阶段的结果判断我船与目标船 B 的避碰决策是否正确。

3. 多船避碰方案评估模型仿真验证与分析

基于上述的我船与各个目标船的避碰信息和避碰参数，得到我船与目标船 A 和 B 在避碰过程中轨迹图，如图 5.56 所示。

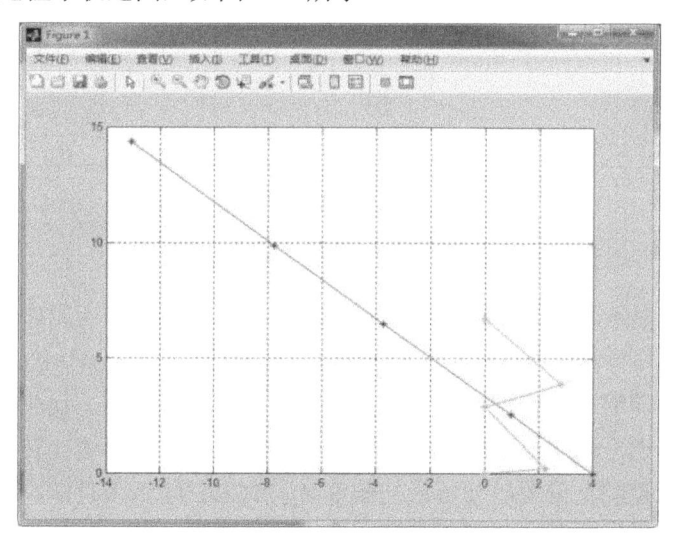

(a) 我船避碰目标船 A 轨迹图

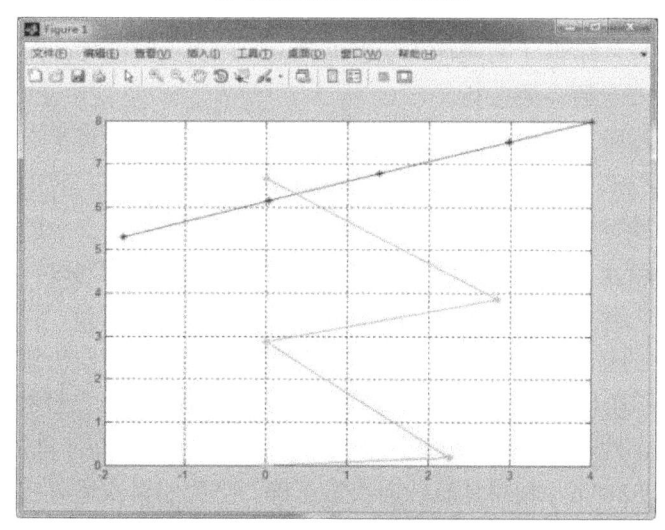

(b) 我船避碰目标船 B 轨迹图

图 5.56 我船避碰各目标船轨迹图

基于多船避碰方案评估模型，验证上述两次避碰过程的可行性和有效性，如图 5.57 所示。

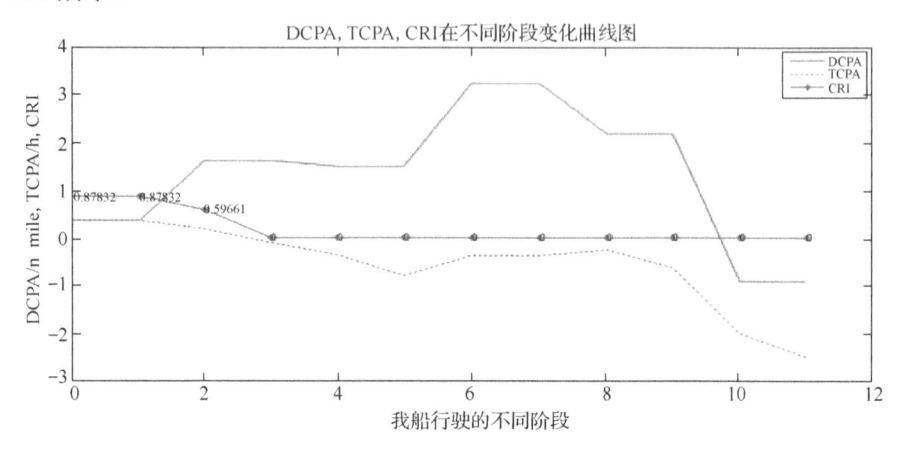

图 5.57　避碰目标船 A 的评估曲线

仿真结果显示我船与目标船 A 首先进行避碰，初始状态两船碰撞危险度高至 0.87832>0.6，与目标船 A 进行避碰后，碰撞危险度降至 0.59661<0.6，说明避碰转向决策正确，两船继续行驶，避碰时间结束时，TCPA 为负，我船已驶过此时两船的最近会遇点，说明该阶段两船并不存在碰撞危险。我船避碰转向结束，进行复航转向，至复航结束我船驶回最初航线时，TCPA 始终为负值，说明我船已经驶过了上述阶段的两船间的最近会遇点，说明我船与目标船 A 的避碰决策正确，使两船有效避免碰撞。由图 5.57 可知，我船在 6~11 阶段（即我船与目标船 B 进行避碰阶段）与目标船 A 的碰撞危险度均为 0，判断我船在与目标船 A 避碰时与目标船 B 处于安全的会遇态势。

基于多船避碰方案评估模型，验证上述两次避碰过程的可行性和有效性，如图 5.58 所示。仿真结果显示，我船与目标船 A 首先进行避碰，我船在此阶段与目标船 B 间的船舶碰撞危险度一直低于 0.6，即两船始终处在安全的会遇局势中。当我船与目标船 A 完成避碰后回到最初航线且转回至最初航向时，我船与目标船 B 的船舶碰撞危险度高至 0.9>0.6，我船即对目标船 B 进行避碰，我船第二次转向后与目标船 B 的碰撞危险度降至 0.43<0.6，判断此次避碰转向决策正确，避碰结束后，两船在该阶段的 TCPA<0h，即我船在该方向位置上，已经驶过与目标船 B 的最近会遇点，判断此时两船并无碰撞可能。我船复航转向后，与目标船 B 的碰撞危险度为 0.52<0.6，判断复航转向决策正确。当我船再次避碰完成驶回最初航线时，我船与目标船 A、B 的碰撞危险度均为 0，即我船成功与两艘目标船相继完成避碰。

综上所述，确定性避碰评估模型验证了我船在与多船会遇情况的避碰方案的可行性，且判断结果与上述我船避碰各个目标船的运动过程示意图相符合，验证了该多船避碰方案评估模型的有效性。

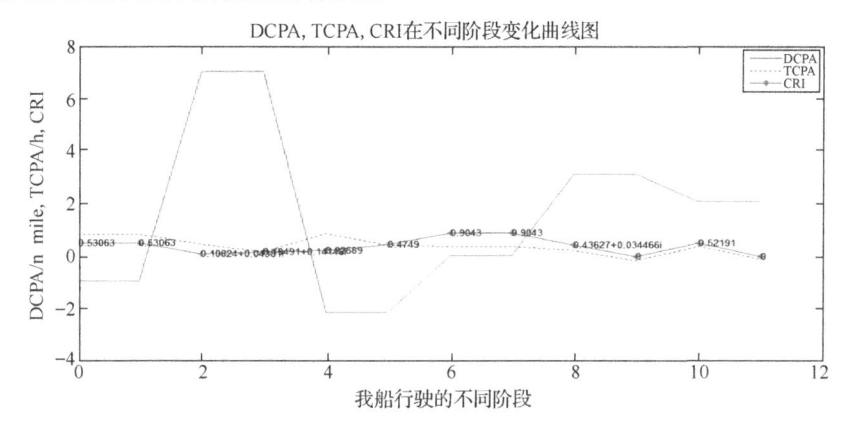

图 5.58　避碰目标船 B 的评估曲线

参 考 文 献

[1] 吴虎胜, 张凤鸣, 吴庐山. 一种新的群体智能算法: 狼群算法[J]. 系统工程与电子技术, 2013, 35(11): 2430-2438.
[2] 马文耀, 杨家轩. 基于细菌觅食算法的避碰航路优化研究[J]. 大连海事大学学报, 2013(2): 21-24.
[3] 薛彦卓, 魏伊, 孙淼. 基于避碰重点船算法的多船避碰模拟[J]. 大连海事大学学报, 2014(1): 13-16.
[4] 李啸雨. 多船会遇自主避碰算法研究[D]. 上海: 上海交通大学, 2018.
[5] 郑道昌. 船舶会遇危险度的评价[J]. 大连海事大学学报, 2002, 28(2): 14-17.
[6] 张金奋. 船舶碰撞风险评价与避碰决策方法研究[D]. 武汉: 武汉理工大学, 2013.